山东省农村和城市社区
基层干部学历教育系列教材

乡村文化建设

XIANGCUN WENHUA JIANSHE

主　编　李树志　左兴俊
副主编　滕欣欣

山东人民出版社
国家一级出版社　全国百佳图书出版单位

图书在版编目（CIP）数据

乡村文化建设 / 李树志，左兴俊主编. -- 济南 ：山东人民出版社，2017.9（2023.1重印）
ISBN 978-7-209-11078-5

Ⅰ. ①乡… Ⅱ. ①李… ②左… Ⅲ. ①农村文化－文化事业－建设－中国－干部教育－学历教育－教材 Ⅳ. ①G127

中国版本图书馆CIP数据核字(2017)第221825号

乡村文化建设
李树志　左兴俊　主编

主管单位　山东出版传媒股份有限公司
出版发行　山东人民出版社
社　　址　济南市市中区舜耕路517号
邮　　编　250003
电　　话　总编室（0531）82098914
　　　　　市场部（0531）82098027
网　　址　http://www.sd-book.com.cn
印　　装　山东华立印务有限公司
经　　销　新华书店

规　　格　16开（169mm×239mm）
印　　张　15.5
字　　数　260千字
版　　次　2017年9月第1版
印　　次　2023年1月第7次
ISBN 978-7-209-11078-5
定　　价　31.00元

目　录

CONTENTS

第一章　导　论

学习目标

1.了解我国乡村文化建设历史沿革的大致情况，尤其是具体了解改革开放后乡村文化建设的突出成就；

2.熟悉当代乡村文化建设的路径和方略；

3.熟悉当代乡村文化建设的作用及意义；

4.掌握乡村文化的概念、特点和功用；

5.掌握当代乡村文化建设的主要内容和基本任务。

导　读

定陶加大农村文化建设　满足群众精神文化生活

2014年8月25日，走进定陶县冉堌镇冉堌集村农家书屋，只见宽敞明亮的书屋里，10多位村民在翻阅图书。“自打村里建起书屋，俺在家闲着没事时就来这里转转、看看书。这日子真是越过越有味道了！”冉堌集村村民李庆国乐呵呵地说道。

为满足群众对精神文化生活的追求，近年来，定陶县不断加大农村文化建设力度，全力打通农村文化建设“神经末梢”，群众幸福指数不断攀升。目前，定陶县已在全县12个镇（办事处）建起杜堂“孝廉”、冉堌“冉子”、陈集“山药”、马集“左山寺”等26处文化广场，让群众休闲娱乐有去处；建成综合文化站12处，农村文化大院300余处、农家书屋240余个，基本实现了“村村有文化大院、乡乡有综合文化站”的目标；组织12支放映队，深入到各镇村，免费为群众播放电影，实现了“一村一月一场电影”的目标。

（资料来源：“新浪菏泽”2014-08-27）

|提　示|

改革开放以来，随着农民生活水平、知识水平的不断提高，他们对精神文化生活的追求，也越来越强烈，越来越多样。定陶县多方筹集资金，在全县12个镇广泛开办农家书屋，兴建综合文化站、农村文化广场和文化大院，组织电影放映队，为农民举办丰富多彩的文体娱乐活动，有力地促进了农民精神面貌的改变和幸福指数的攀升，让农民从心底发出这样的感叹："这日子真是越过越有味道了！"

这则报道，从一个侧面印证了文化的力量，印证了乡村文化建设的作用和意义；说明了乡村文化建设，不是无足轻重、可有可无，而是关系到社会主义新农村建设事业能否成功的重要前提和关键举措。所以，只能加强，不能削弱。

第一节　概　述

一、乡村文化的概念

要想知道什么是乡村文化，首先必须了解什么是乡村，什么是文化。

所谓乡村，就是农村。与城镇相对而言，又称非城市化地区。它是人类社会生产力发展到一定阶段时产生的，具有特定经济、社会、自然景观特点的劳动者聚居村落。

和城镇相比，乡村在经济、社会、自然景观等方面，都独具特点。就经济形态而言，乡村居民主要从事农业活动兼及农林牧副渔业。故按照乡村经济活动的主要内容，乡村可分为农业村、林业村、渔业村、牧业村等。就社会形态而言，乡村人口密度较小，聚居规模不大，而且以家族为核心聚居的现象比较普遍。就自然景观形态而言，乡村自然景观及环境被破坏、污染的程度相对较低，原始田园风光得到不同程度的保留。

文化的概念有广义与狭义两种界定。广义的文化指精神文化、物质文化，或精神文化、制度文化与物质文化；狭义的文化仅指精神文化。精神文化是文化的核心，包括思想学说、伦理道德、文学艺术、宗教、科学等；制度文化是精神文化的规范化，包括国家制度与乡规民约；物质文化是精神文化的物化表现，以实物形式存在、传承。

每个国家或民族都有自己的文化。不同国家、民族的文化只有姹紫嫣红之别，而无高低优劣之分。在5000多年文明发展中孕育的中华优秀传统文化，积淀着中华民族最深层的精神追求，是中华民族独特的精神标识，是中华民族发展壮大的内在驱动力，支撑着中华民族生生不息、薪火相传。建设社会主义现代化国家，实现中华民族伟大复兴的中国梦，需要弘扬中华优秀传统文化，从中华优秀传统文化中汲取滋养，增强文化自信。

所谓乡村文化，是指在一定的社会环境中形成的、建立在乡村社会生产方式基础之上的、以农民为载体的文化。

乡村文化主要包括物质文化、精神文化、行为文化、制度文化四方面的内容。

物质文化是与精神文化相对而言，特指农民为了满足生存和发展需要而创造的物质产品，包括饮食、服饰、建筑、交通、生产工具等。精神文化是农民在改造自然及社会过程中，所呈现的思维活动和精神活动，是各种意识观念形态的集合，具体表现在农民对伦理道德的践行、对美好事物的感知、对生活品位的追求和对精神世界的淬炼等方面。精神文化是文化的核心。行为文化是农民在日常生产、生活和人际交往中，共同建立、遵守的行为模式，包括生产习俗、生活习俗、节庆习俗、生养方式、亲缘关系、人际关系等。制度文化是农民为了自身生存、社会发展需要而创造的有组织的规范体系，主要包括乡村行政管理体制、乡规民约、族训家风等内容。

就像乡村是与城镇相对而言一样，乡村文化也是与城镇文化相对而言的。乡村文化是由农民创造、传承，源于乡村并存活于乡村的文化。乡村文化只有和农民的生产、生活相对接，才具有生命力和存在价值。也正因为乡村文化总是和农民的生产、生活相维系，所以乡村文化带有明显的乡土意识和乡土情结。

二、乡村文化的特点

我国是一个传统农业大国，中华文明的核心和实质是农业文明。所以从某种意义上说，乡村文化就是以农民为载体，以农业文明为特征，由村落文化演变而来的一种农民文化、大众文化。它除了具有文化的一般属性和表征外，还具有区别于其他文化形态的独有特点。

（一）乡土性

以家庭为单位自给自足的小农经济，是我国封建社会的主要经济形态和生产方式。这种生产方式和经济形态，把广大农民束缚在土地上，让他们世世代代过着面朝黄土背朝天的农耕生活。因为随地而居，靠地吃饭，农民视土地为自己的命根子。有了土地，他们才得以生存绵延；失去土地，就意味着失去一切。我国乡村文化主体的这一生存特点，就决定了乡土性是其最根本、最突出的特点。费孝通在《乡土中国》中曾经指出："靠种地谋生的人才明白泥土的可贵。城里人可以用土气来藐视乡下人，但是乡下，'土'是他们的命根。""从基层上看去，中国社会是乡土性的。"[①]

在乡土社会中，农民世世代代比邻而居。古代绝大多数农民一生的活动半径，不超过百公里。他们对外面的陌生世界，抱着本能的恐惧，不敢也不愿离开熟悉的人群和村落。由此带来的，是他们封闭的、重复的生活方式和易于满足、安土重迁的人生态度。"鸡犬之声相闻，老死不相往来。""金窝银窝，不如自己的狗窝。"这些都是过去农民生活状态、心理状态的真实写照。

1949年后特别是改革开放后，随着联产承包责任制的完善，农业机械化水平的提高，乡镇企业的蓬勃发展，特别是城乡一体化进程的加快和新型农民的大量涌现，传统农民那种循规蹈矩的生活状态，落后陈腐的生活观念，逐步被冲击、被瓦解。乡村文化的乡土性特点，也随之被侵蚀、被改变，并被赋予新的时代内涵。在现代农民身上，开始形成"离土不离乡""离土又离乡"的新的生活方式和乡土观念。

（二）群众性

乡村文化是由全体农民创造、参与、传承和发展的，因而具有广泛的群众性基础。其内容是群众性的，具有兼容并包的特点，涉及农民的组织形态、日常生活、生产劳作、人际交往、休闲娱乐等各个方面。其形式是群众性的，具有通俗化、生活化的特点，为广大农民群众所喜闻乐见。其参与主体更是群众性的，具有开放、广泛的特点，所有农村大众既是参与者，又是接受者。

许多乡村文化事项、文化活动，不受阶级、性别、年龄的约束，得到广大农民群众的一致认可、共同参与。乡村文化和农民生活，相互渗透，相互融合，让人分不清哪是生活，哪是文化。如在胶州和海阳一带流行的胶东秧歌，表现的是胶东农民熟悉的生产、生活场景，参与者是当地广大的农民群众，观看的也是四邻八舍的普通农民。其内容、形式接地气，群众性参与，规模宏大，成为胶东秧歌的最大特色。每逢节日或庙会，尤其是在举办大型庆典活动

① 费孝通：《乡土中国》，上海人民出版社，2007年版。

时，胶东地区的农民都会以扭秧歌大联欢的形式来庆贺。当秧歌队伍穿行在各个乡镇的大街小巷时，村里的百姓都会涌上街道争相观看，人山人海，热闹非凡。胶东秧歌，已经成为当地农民生活中不可或缺的一项重要内容，同时也成为他们感官愉悦、情感宣泄和精神升华的一道文化大餐。所以说，群众性是乡村文化的起点，也是乡村文化的归宿。

（三）地域性

我国疆域辽阔，地形地貌千姿百态，自然条件也千差万别。就山东来说，东部是半岛，西部及北部属黄泛平原，中南部为山地丘陵。其中平原约占全省总面积的77%，山地和丘陵约占33%。俗话说，“一方水土养一方人”。同样，在不同的自然地理条件下，也会形成不同的文化种类和文化模式，所谓“百里不同风，千里不同俗”。

乡村文化在形成发展过程中，除了受政治、经济、历史、科技等因素的影响外，还深受气候、土壤、水文、地形地貌等自然环境和自然条件的影响，并被深深打上地域烙印，带上鲜明的地域特点。如最早产生于陕西的梆子腔，后来流传到山西、河北、河南、山东、安徽、江苏等十多个省份。梆子腔流传到哪里，都会很快与当地的乡音土调结合起来，形成各具特色的地方戏剧。仅仅在山东地区，梆子腔就分为山东梆子、莱芜梆子、章丘梆子、汶上梆子、枣梆、潍县梆子等。不同地区的梆子腔，不但演出的剧目内容有差异，唱腔、板式甚至伴奏乐器，也都有明显变化。莱芜梆子和枣梆的唱腔音乐均属于板腔体，但莱芜梆子女腔的尾音常用假声翻高八度唱“讴”，所以莱芜梆子又叫“莱芜讴”；枣梆的唱腔则使用真假嗓结合的唱法，真嗓吐字，假嗓拖腔。莱芜梆子的伴奏乐队，文场主奏乐器为梆胡和月琴；枣梆的伴奏乐队，文场主奏乐器则主要是头把（又名锯琴）和二把（类似头把）。

（四）民族性

文化根植于民族之中，总是与民族的发展相生相伴。一个民族在其长期生产、生活中创造、积淀而成的文化，是这个民族特有的物质文明、政治制度、社会形态、思想意识、行为规范和心理架构的突出表征。不同的民族有不同的民族文化。

乡村文化的民族性，是指以具有鲜明民族特点的文化形态、文化成果来反映有别于其他民族的社会生产、生活内容。更直接一点说，就是同一种社会生产、生活内容，不同的民族用不同的方式来反映。如同是欢度新年，我国各

图1-1　傣族的泼水节

民族的主要活动内容和习俗却千差万别。汉族的主要习俗是守岁、吃饺子、贴对联、放鞭炮等，壮族的主要习俗是做“压年饭”、烧“年根火”、抢“新水”等，藏族的主要习俗是家家户户倒脏水污物、举办“跳神会”、互赠哈达等，傣族的主要习俗是过“泼水节”，而侗族的主要习俗则是举办“芦笙会”。

总体而言，一个民族的历史愈悠久，社会生产力愈发达，其乡村文化的内涵就愈丰富，文化精神就愈强烈，民族性也就愈突出、愈鲜明。

（五）时代性

在人类发展的历史进程中，每一个时代都有自己典型的文化类型。时代的更迭必然导致文化类型的变异，以及新的类型取代旧的类型。若以生产力和科技发展水平为标志，人类文化大致可分为石器时代的文化、青铜器时代的文化、铁器时代的文化、蒸汽机时代的文化、电力时代的文化和信息时代的文化。

我国乡村文化，同样真实体现了我国各个时代的社会形态、政治制度、经济模式和生产力发展水平，其内涵和表征，随时代推进而演化，并被打上鲜明的时代烙印。由于农耕文化一直是我国乡村文化的主体，所以1949年前的乡村文化，一直带有封闭、保守、惰性大、变化慢的弱点。新中国成立后特别是改革开放后，传统农民的生产方式、生活观念和人生选择，发生急剧转变：由落后走向先进，由内敛走向开放，由守旧走向创新，由单一走向多元。农耕文化这棵古老的大树，也开始发新芽、抽新枝，绽放出新的活力。

（六）传承性

人类生息繁衍，血脉相连，文化也连绵不断，薪火相传。传承是文化的基础，也是乡村文化保存、发展的重要前提。乡村文化的发展、演化的历史，是一个连续、动态、不断继承又不断变革的过程。乡村文化今天的发展，是建立在继承昨天成果的基础之上。没有昨天的深厚文化土壤滋养，也就不可能有今天的蓬勃生长。

乡村文化在继承又变革的不断发展中，得到了乡村居民的广泛认可和积极参与。例如在今天的山东农村地区，仍然保留着过去农耕文化遗留下的许多生产习俗。“九九加一九，老牛拱地走”说的是“九九”节气之后，天气逐渐转暖，农民开始赶牛下田耕地。“谷雨前后，种瓜种豆”说的是谷雨节气一过，趁着雨水渐多，墒情转好，农民要把除麦田外其他的耕地，全都种植上农作物。“白露早，寒露迟，秋分种麦正当时”说的是白露季节种小麦太早，麦苗容易提前拔节，影响收成；而等到寒露后再种小麦又太迟了，因为天气转寒，小麦还未分蘖就停止生长，也会降低来年的产量。上述农谚、农谣所概括的农业生产习俗，都是山东地区农民在漫长的农业生产过程中，逐渐摸索、积累下来的有关农业生产的一些行之有效的良方妙策。农民们将这些切合山东地区土壤特点、季节变换规律和灌溉条件的生产习俗世代传承，付诸实践，并不断丰富和发展，对于提高土地利用效率，提高农作物产量，发挥了重要作用。即便是在农业科技高度发达的今天，这些生产习俗，仍然不失其参考价值。

三、乡村文化的功用

农民由于共同生活的需要才创造出乡村文化，乡村文化在它所涵盖的范围内和不同的层面，发挥着重要的功能和作用。

（一）规范功用

乡村文化的规范功用，是指其在协调、整合乡村居民的行为、思想、意志、情感时所发挥的规范、约束作用。主要体现在两个方面：

其一是规范社会秩序的功用。乡村文化是农民以往共同生活经验的积累，是他们通过比较和选择，认为是合理并被普遍接受的东西。某种乡村文化一旦形成和确立，就意味着某种价值观和行为规范的被认可和被遵从，也意味着某种社会秩序的固化。只要这种乡村文化在起作用，那么由这种文化所确立的社会秩序，就会一直被维持下去。

其二是规范人的行为的功用。每一种乡村文化，都含有带普遍性、约束性的行为规范。每个农民，在接受家庭启蒙、学校教育、社会示范、公众舆论等文化手段的教化、感染时，也必然会受到蕴含其中的行为规范的制约和影响。如果某个农民的言行特立独行，明显违背大家共同遵守的行为规范，就必然会给其生活、生存带来不便和困扰。譬如一个农民若破坏乡规族约，恣意妄为，其他农民肯定会对他憎恶、排拒，他在村落中就会处境艰难，甚至寸步难行。

（二）导向功用

乡村文化的导向功用，是指乡村文化能够为农民的行动提供前进的方向和选择的方式。

通过共享文化，个体可以感知自己的何种行为是适宜的，能引起他人的正面评价和积极回应；何种行为是错误的，会招致他人的负面评价甚至激烈反对。个体农民根据社会及他人的价值评价和道德评判，会做出既有利于自己同时也有利于社会、有益于他人的恰当行动方式。

乡村文化的这种导向功用，可以把农民普遍认同、遵循的价值体系和行为规范，内化为个体的是非感、正义感、羞耻感、责任感等，从而提高人们的思想境界、道德水准、认识水平和人生目标。也就是说，要全面继承传统乡村文化的优秀遗产，积极推进现代乡村文化的丰富和发展，使广大农民在文化上有一种归属感，在行动上有一种认同感，从而最终营造出惩恶扬善、褒美贬丑、除旧布新的文化氛围和社会风气。

（三）娱乐功用

乡村文化既具有规范、引导人们思想和行为的教化功用，同时也具有愉悦人们的感官、放松人们身心的休闲娱乐功用。这既和乡村文化的本质属性有关，更和乡村文化的起源、承载主体的特点密不可分。

在原始社会，人们既要忙于捕猎、耕种，又要应对自然灾害的侵袭和猛兽的危害，整天疲于奔命。为了调节疲惫的身心，闲暇之时，他们会围坐一起，唱歌跳舞。这种原始的歌舞，是乡村文化最早的构成元素和表现形式之一。而原始人唱歌跳舞，其出发点和根本目的，不是为了传授劳动技能和生活经验，也不是为了教化同类并规范和引领人们的思想、行为，而是为了消除

图1-2　山东平邑县温水镇前贯庄村群众在跳健身舞

疲惫，消磨时光。

同样在今天，乡村民众在节假日，在工作之余，他们热衷从事的诸多文化活动，如打牌、跳舞、唱歌、喂鸟，甚至包括观看电影、电视和各种文艺演出，其初衷和动因和原始人类并无根本差异，即不仅仅是为了开阔眼界、丰富知识、陶冶情操、享受美感，更主要的，还是为了放松身心、休闲娱乐。

（四）经济功用

乡村文化的经济功用，是指乡村文化本身就蕴含着经济因素，是一种特殊产业、资源，具有经济意义和经济价值。如果把它当作一种资源来开发、产业来经营，会发挥出其他产业、资源所不具备的社会效益和经济效益。

步入知识经济时代，文化和经济的关系日益密切。文化产业创造的经济价值，对经济发展的拉动作用，也越来越明显。在许多发达国家，文化产业已经成为其支柱产业。在我国，文化产业的产值，占国家GDP的比重也不断上升。

发挥乡村文化的经济功用，大力发展乡村文化产业，可以及时调整农村产业结构，加快农村经济转型升级的步伐，培育和确立农村经济持续增长、农民收入持续增加的新动能、新亮点。

第二节 我国乡村文化建设历史沿革

一、新中国成立前的乡村文化建设

（一）古代乡村文化建设

距今一万多年前，在中国北方地区的一些山前谷地中，先民开始种植粟和黍；与此同时，在南方水田中开始种植水稻。我们的祖先步入农耕定居生活，村落随之出现，乡村文化肇兴。农耕定居生活使得先民的血缘关系根深蒂固，深深地影响着此后中国文化的发展，并最终使中国文化走向“伦理本位”。

进入奴隶制时代，尤其是周人入主中原后，以神为本的文化逐渐开始向以人为本的文化过渡。周代确立的宗法制度和礼制，对以后我国的制度文化、行为文化和观念文化，产生了巨大而深远的影响，中国文化以及乡村文化的走向也大致确立。

封建社会，是中国文化及乡村文化的定型、演变时期。随着秦汉一统帝国的建立，文化也逐渐由多元走向一统。经过魏晋南北朝的短暂动荡与嬗变，到唐宋，中国文化的各个领域、各种形态，全面走向繁盛。辽夏金元是游牧文化与农耕文化的冲突与融汇的时期，明清则是中国传统文化走向衰落并向现代文化转型的时期。

中国一直以农业立国，小农自然经济一直是占据主流的经济形态。农业文明、乡村文化，也一直是中化文明、中国文化的基本特征和主要构成部分。在勤劳智慧的广大农民的精心培育、悉心呵护和热心传承中，古代乡村文化在诸多领域，特别是在物质文明、行为规范、伦理道德、文学艺术、手工技艺、乡风民俗等方面，取得了令人瞩目的成就。但是，由于乡村文化创造、传承的主体——农民社会地位的低下，乡村文化在古代文化历史舞台上，总是处于附庸地位，摆脱不了被边缘化的命运。一直处于支配地位并发挥决定性影响的，是士子文化，或者说是贵族文化。历代统治者高度重视的，也是士子文化而非乡村文化。进行大规模、系统、主动性的乡村文化建设并取得显著成就的朝代，更是极为罕见。古代乡村文化建设，基本处于自然生发、自我壮大和自觉传承状态。

（二）现代乡村文化建设

1.乡村建设运动

20世纪二三十年代，以梁漱溟、晏阳初为代表发起的乡村建设运动，是中国乡村社会发展史上一次十分重要的运动。梁漱溟认为，近代中国农村问题，主要根源在于文化失调、失序，因此，他主张立足于中国传统优秀文化，对农村社会进行改造和建设。晏阳初认为，中国农民普遍存在四大缺点："愚、穷、弱、私"，即愚昧、贫穷、软弱和自私。针对这些问题，他提出以文艺教育治愚、以生计教育治穷、以卫生教育治弱、以公民教育治私的四大教育手段和学校教育、社会教育、家庭教育相结合的三位一体的教育方式，对农民进而对整个农村进行综合治理和改造。

在乡村破产、民族危亡的历史时刻，梁漱溟、晏阳初试图从文化入手，推行平民教育，改革社会风俗，实行乡村自治，寻找医治千疮百孔的农村社会和农村经济的灵丹妙药，探索出一条适合中国国情的乡村现代化之路。其理论和实践，在当时产生了一定的影响，并引起了社会的关注。但是，他们试图在不触及封建地主土地制度的前提下，开展社会改良运动，注定缺乏生命力，也最终难逃失败的厄运。

2.大革命时期乡村文化建设

中国共产党诞生以后，为了提高农民的思想觉悟、动员最广大的农民参加反帝反封建的革命斗争，针对当时农民文化程度普遍不高的现状，共产党采取办农民夜校、识字班等形式，提高农民的思想觉悟和文化素质。如1925年，毛泽东在湖南韶山创办了20多所农民夜校。为了培养干部，并推动农民运动的开展，第一次国共合作形成后，根据共产党人的提议，由国民党中央农民部出面，在广州开办了六届农民运动讲习所，彭湃、毛泽东等先后担任该所所长。1927年，毛泽东又在武昌创办中央农民运动讲习所。这些遍布全国各地的农民讲习所和训练班，培养了大批农民运动干部。他们深入农村，发动群众，成立农会，组织农民自卫军，参加革命战争，推动了全国农民运动的开展，支援了北伐战争。

3.土地革命时期苏区乡村文化建设

土地革命是中国共产党领导中国工农红军和中国人民，为反对国民党蒋介石集团的反动统治，废除封建土地制度，建立工农民主政权而进行的革命斗争。在土地革命时期，我党为了在农村壮大革命军队，建立革命政权，在革命根据地开展斗地主、分田地、废除封建剥削和债务的运动的同时，对农民进行了广泛的宣传、教育。1931年，中央苏维埃政府制定了根据地文化发展的基本方针和策略，建立了文化委员会，主张在根据地全面废除国民党政府的封建、买办、法西斯文化教育制度，大力推行针对工农大众的革命教育和文化教育。在川陕根据地，工农大众不仅提升了政治地位，改善了经济生活，而且获得了享受文化教育的权利。学校教育、干部教育及社会教育，都在激烈残酷的战争环境中得到长足发展。

4.抗日战争时期边区乡村文化建设

在抗日战争时期，毛泽东深刻阐述了中国新民主主义文化的基本纲领是“民族的、科学的、大众的文化”。在实践中，为了推动抗日文化的兴起，中国共产党在各抗日根据地发动群众开展了一系列轰轰烈烈的文化建设活动。

在陕甘宁边区，党中央到达陕北后，高度重视边区的文化建设，制定和实施了一系列促进文化教育发展的政策和举措：通过创办大批中小学校和冬学，开展识字、扫盲等文化教育运动，提高了边区人民群众的科学文化水平；通过创作、演出《白毛女》《兄妹开荒》等反映新主题、新生活的文艺作品，提高了边区人民群众的思想觉悟和审美趣味；通过将文化下乡与帮扶农民自办群众文化活动相结合，充分调动了农民参与文化活动的积极性，丰富了农民的精神文化生活。

另外在太行边区，根据党中央指示和毛泽东在《在延安文艺座谈会上的讲话》的精神，太行分局对农村文化工作做了具体部署，提出了“开展国民教育，开展农村文化运动，开展农村戏剧运动”[①]的任务。具体而言，就是大力发展农村教育包括学校教育和成人教育，活跃农村戏剧创作和演出，提高科技、医疗卫生及体育事业水平，努力“把太行山建成华北新文化运动的根据地，领导及推动全华北的抗日民主的新文化”[②]。

这一时期党领导的边区农村文化建设，实现了对广大农民的近代启蒙，提高了农民的民族意识、抗日觉悟，为抗日战争的胜利奠定了广泛的群众基础。

5.解放战争时期解放区乡村文化建设

解放战争时期解放区的乡村文化建设，主要在以下几方面取得了突出成就。

在基层政权建设方面，经过“反奸清算”、减租减息、耕者有其田等运动，农民在政治上逐步成熟起来，他们选举乡（村）政府干部，管理解放区的农村事务。

在教育方面，各解放区引进苏联先进的理论和学说，在农村广泛开展包括低等教育、中等教育等新型正规化教育，提高农民教育的层次。

在文艺方面，为了宣传党的方针、路线、政策，密切配合土地改革、拥军优属、支前作战等，党和政府宣传、动员解放区群众，积极投身文艺创作、演出活动。例如山东解放区在1945年至1946年间，胶东地区有农村俱乐部、剧团12500多个，滨海区莒南县有农村剧团143个，鲁中区沂南县有农村剧团110个。这些农村剧团，除了引进、演出《白毛女》《过关》《兄妹开荒》《改邪归正》等优秀剧目外，还自编、自演歌舞、杂耍等。丰富多彩的演出活动，在动员百姓参军、支前，鼓舞前方战士士气等方面，起到了积极作用。

在农业科技推广方面，党和政府设置专门机构，派出专业人员，教育、引导农民种植农作物优良品种，使用新型农具，防治病虫害，从而提高了粮食产量。

解放区乡村文化建设取得的丰硕成果，为我党夺取全国解放战争的胜利、建立新中国，奠定了坚实的思想、组织、文化、物质基础，并对1949年后党

---

① 山西省档案馆：《太行党史资料汇编》第六卷，山西人民版社，2000年版。

② 彭德怀语。山西省文联：《山西文艺史料》第一辑，陕西人民出版社，1959年版。

和政府的农村文化建设，产生了深远影响。

新中国成立前，与中国共产党在各个历史时期的奋斗目标和战略任务紧密相关，乡村文化建设的主要内容和根本目的，虽然各有侧重，但有一点贯穿始终，就是教育农民，发动农民，唤醒农民，提高农民的思想觉悟、民族意识、革命精神，让他们积极参加反帝反封建、打败日本侵略者、推翻国民党反动统治的斗争，实现人民解放、民族独立和创建新中国的伟大理想。乡村文化建设涉及的领域，还有一定局限性。给予乡村文化以应有的地位，大规模全面深入开展乡村文化建设事业并取得丰硕成果，有待中国共产党领导广大人民群众建立新中国以后。

二、新中国成立后至改革开放前的乡村文化建设

新中国成立后，得益于党和政府的正确领导，乡村文化建设的各个领域，都得到了空前发展。

在思想道德领域，党和政府提倡用马列主义、毛泽东思想和历史唯物主义来武装农民的头脑，大力开展除旧布新、移风易俗的农村道德重建和文化改造运动。“黄赌毒”被取缔，封建迷信、会道门等反动帮会被扫除、取缔，以血缘关系为纽带的宗法势力被削弱，新的意识形态、道德风尚被大力提倡，农民的思想觉悟、道德水准有了很大提高，精神面貌、社会风气焕然一新。

在教育领域，农村普遍建立起符合近现代教育制度、具有崭新教育内容的中小学，以取代传统的私塾教育，亿万农民真正享有了接受文化教育的权利。三场声势浩大的识字扫盲运动，不但使相当一部分农民摆脱了目不识丁的噩梦，打开了通往知识文化殿堂的大门，而且为广大农民通过技术革命改变农村的落后面貌，进行了重要的知识积淀和技术储备。

在体育卫生领域，党和政府把增强人民的体质，提高全民族的健康水平作为社会主义体育、卫生事业的首要任务。1956年6月，首届全国农村体育工作会议召开，提出了农村体育工作的原则和方针。要求根据农村的实际，坚持业余、自愿、简便易行的原则，积极开展农村体育活动。同时还要求建立县一级的体育运动委员会，依靠青年团领导和组织农村体育工作。党和政府的一系列政策、措施的贯彻、落实，使农村体育工作出现了前所未有的新气象。在“面向工农兵、预防为主、团结中西医、将卫生工作与群众运动相结合”四大原则指引下，农村卫生事业也取得了显著成绩。首先，遏制了各种传染病特别是天

花、鼠疫、霍乱等烈性传染病流行蔓延的趋势，各种传染病的发病率大大降低。其次，积极防治血吸虫病、布氏菌病、克山病、大骨节病、甲状腺肿大等地方病，有效控制了地方病疫情发生的频次和危害程度。再次，大力建设乡村卫生院和妇幼保健院，构筑农村公共卫生医疗体系，农村医疗条件明显改善，产妇及婴儿死亡率大幅降低，农民预期寿命、体质和健康水平显著提高。

在文艺领域，由于党和政府的提倡、“双百”方针的指引，农民参与文艺创作、演出的热情空前高涨。如以“大跃进”为背景，全国各地的农民，为了把在农田水利建设中战天斗地的豪情抒发出来，同时也为了鼓足干劲、提高劳动效率，将生产口号歌谣化，创作出了大量新民歌，并以此为触发点，在全国掀起了一场群众性诗歌创作运动——大跃进民歌运动。另外，每逢农闲季节，或者遇到重大节庆活动，农民往往自发地组织起来，采用各种文艺形式，像扭秧歌、踩高跷、对山歌、说快板、演唱地方戏等，歌颂党，歌颂毛主席，歌唱新社会，歌唱新生活。

知识拓展

“双百”方针

“双百”方针是“百花齐放、百家争鸣”的合称，它是毛泽东在1956年提出来的繁荣文化事业的基本方针，也是中国共产党领导文学艺术、科学研究工作的基本方针。具体而言，就是在文艺创作上，允许不同风格、不同流派、不同题材、不同手法的作品同时存在，自由发展；在学术理论上，提倡不同学派、不同观点互相争鸣，自由讨论。“双百”方针是一个充分发扬民主、促进团结、符合文化事业发展内在规律的方针。

在传统民间手工技艺领域，在党和政府的扶持、帮助下，许多举步维艰甚至濒临失传的民间手工技艺，又重新焕发出生机和活力。如作为山东三大民间年画之一的潍坊杨家埠年画，1949年前绝大多数画店因经营困难而关门歇业，生产几近中断。1949年后，党和政府成立专门机构，派出专业人才，到杨家埠指导业户进行年画改革和新年画创作，使杨家埠年画得到迅速恢复和发展。仅1952年一年，杨家埠生产的年画就达到了780万张。

在文化基础设施建设领域，群众艺术馆蓬勃发展，农村俱乐部大量涌现，农村有线广播站、收音站遍布千山万水，农村电影放映队纷纷成立。仅在1955年，全国农村放映队就有2300多个，农民观众达38亿多人次，极大地丰富和活跃了农民的精神文化生活。

从1966年开始的“文化大革命”期间，文化遭遇浩劫，乡村文化建设事业同样遭受重创。“左”倾政治思想禁锢并横扫整个文化领域，文化的政治性被凸显。“左”倾教育思想、政策的强制灌输和推行，严重降低了农村教育水平和农民的学习积极性。随着读书无用论的沉渣泛起，广大农村又出现了一批新的文盲和半文盲。“破四旧”等运动的接连开展，割断了乡村文化传承、发展的历史，传统的民风民俗被视为糟粕而被禁止。唯成分论和阶级斗争扩大化，造成了农村血缘纽带扭曲、人际关系紧张和人性的压抑与变态。农民群众在乡村文化建设中的积极性、创造性，受到极大遏制。

尽管“文化大革命”导致乡村文化发展陷入失落、失衡状态，但总体而言，从1949年到改革开放前这30多年时间内，我国乡村文化建设所取得的成就仍然有目共睹。单就农村教育事业发展而言，农村文盲半文盲的人数，便从1949年前的80%，锐降到改革开放前的38%。

三、改革开放后的乡村文化建设

党的十一届三中全会以后，社会主义乡村文化建设柳暗花明。尤其是在2005年中共中央、国务院下发《关于进一步加强农村文化建设的意见》后，我国乡村文化建设事业，更是进入了一个高潮迭起的崭新阶段。

（一）农村各类教育事业有了更大发展

1986年,《中华人民共和国义务教育法》颁布实施。1999年，国务院批准了教育部制定的《面向21世纪教育振兴行动计划》。2002年，国务院下发了《关于完善农村义务教育管理体制的通知》。2003年，国务院颁布了《关于进一步加强农村教育工作的决定》。2005年，国务院又发出了《关于深化农村义务教育经费保障机制改革的通知》。这一系列法规、文件的制定、推行，对尽快普及农村义务教育、推动农村教育事业发展，起到了极大促进作用。到2011年底，全国所有县（市、区）和其他县级行政区划单位、所有省级行政区全部通过普及九年义务教育和扫除青壮年文盲的国家验收，初中阶段毛入学率达到100%，青壮年文盲率下降到1.08%，顺利实现党的十四大提出的“两基”目标（基本普及九年义务教育，基本扫除青壮年文盲）。

（二）农村各种文化基础设施得到不断完善

为解决广大农民群众听广播、看电视难的问题，1998年党中央、国务院决定启动广播电视村村通工程。到2005年第一轮工程结束，中央和地方财政累计投入资金34.4亿元，基本解决了全国11.7万个已通电行政村和8.6万个自然村共计9700万农民群众听广播、看电视的问题。2006年，文化部确立了以政府为主导，以乡镇为依托，以村为重点，以农户为对象，发展县、乡、镇、村文化设施和文化活动场所，形成较为完备的农村公共文化服务网络的建设目标。具体而言，就是在全国广大农村，实现县有文化馆、图书馆，乡镇有综合文化站，行政村有文化活动室的目标。随着农村公共文化服务设施和服务体系的不断完善，农村文化服务种类和服务水平也不断提高。

（三）农村文化生活更加丰富多样

随着农民收入增加，物质生活生平的不断提高，其精神生活需求也越来越迫切、多样。各地农村两委，适应农民对文化生活的需要，立足本地文化人才、文化设施的优势，广泛组织、大力引导当地村民，开展积极向上、健康文明的各种文化娱乐活动。如组织民间舞蹈队、民间乐队、民间曲艺团、家庭演出团等农村文艺队伍，通过歌舞晚会、地方戏会演、歌舞比赛、才艺比赛等形式，走街串巷，为广大农民演出，极大地丰富了农民的业余文化生活，树立了社会新风尚，传播了正能量。正如2016年6月12日《人民日报》头版在《山东公共文化服务体系建设走在前列》一文中所报道的那样：“‘早晨听鸡叫，白天听鸟叫，晚上听狗叫。’这是以往山东农村文化生活的真实写照。……如今的山东农村，白天可以去农家书屋上上网、看看书，晚上可以到文化大院听大戏、看电影、跳跳舞。多姿多彩的农村文化生活，越来越有时髦味。”

（四）农村文化市场和文化产业逐渐培育

随着农村交通条件的改善和农民文化产业意识的增强，改革开放以来，农村文化市场不断壮大，农村文化产业也渐成规模。许多乡村，利用当地特有的自然风光、文物古迹、乡风民俗及动植物种养业，开发旅游等特色文化产业。到乡村旅游、休闲、度假，成为当今市民的一大爱好和潮流。

典型案例

山东费县农村文化建设奏响“三部曲”

山东省费县地处沂蒙山区腹地，为东夷文化的发祥地，靠山梆子、剪纸等民间艺术源远流长，著名的《沂蒙山小调》也诞生于此。近年来，费县农村文化活动遍地开花，农村公共文化服务建设，得到了省委宣传部、文化厅的肯定。

费县县委常委、宣传部长侯占夫坦陈：2011年以来，费县在推进“乡村文明行动”过程中，着力推进了搭建舞台、培育人才、开展活动“三大工程”，为农村文化搭建了适宜舞台，培养了农民演员，举办了多样性活动，形成了有费县特色的农村文化建设“三部曲”。

搭群众舞台：建设接地气的活动场所

侯占夫说，繁荣农村文化，搭建“舞台”是基础，然而农村基础不一、财力有限，若按同样标准推进，不切实际。因此，费县确定了“立足区域实际、搭建适宜舞台”的思路。

选择经济基础好的“区域中心村”，建设“乡村大舞台”，配套建设精神文明宣传栏、运动场地等设施，安装健身器材、座椅等，将其打造为覆盖周边“20分钟区域”的农村休闲文化广场。目前，费县已建成106处村级文化广场。在一般村庄，继续推进文化大院、农家书屋等群众舞台建设，现已实现了村级全覆盖。

同时，费县电视台经常对本县精彩文艺活动、比赛等，进行报道、录制播出，为农村文化搭建“电视舞台”；利用文化大篷车、民间巡演等形式，搭建“移动舞台”；利用集市、村民大会、红白喜事等集会，搭建“集会舞台”。

育农民演员：组建有特色的农民演出队

薛庄镇安定村50岁的农民王庆刚，现在已经是费县家喻户晓的农民演员了。“俺去年差不多接了有20场演出，光‘出场费’也挣了有1万多元了。”王庆刚笑着说。

说起王庆刚的“成名史”，他最感谢的是2013年1月举办的“费县首届民间文艺人才选拔大赛”。该大赛全县共设20个分赛区，遴选1000名农村文化爱好者参赛，共评选表彰100名优秀民间文艺人才。费县以此为主体，成立了费县民间艺术团，建立了费县文艺人才库。

通过加强对农村文化人才的培训，费县整合了各乡镇、行政村的文艺团体，组建了360支农民演出队，鼓励农民演出队自编自演反映农村新变化、倡导文明新风等内容的文艺作品，以富有地方特色的小品、靠山梆子、秧歌等形式表现，实现了“一村一支文艺队伍、一村一种文化特色”。

办精彩活动：经常性与竞技性“良性互动”

“通过经常性活动搭建舞台、服务群众，通过竞技性活动提升水平、锻炼队伍，是费县举办文化活动的思路。”侯占夫说，“费县充分利用搭建的各类舞台，组织农民演出队伍开展多样性的文化活动。”

利用“乡村大舞台”，该县定期举办文化活动，组织农民演出队登台演出，2013年累计演出153场；利用举办广场文化艺术节、民间文化艺人才选拔大赛等契机，组织演出节会和比赛，2013年举办了20多场；利用“电视舞台”，已有三十多支农民演出队登上了荧屏；利用文化大篷车等“移动舞台”，去年至今已演出43场；利用农村集市等“集会舞台”，去年至今已演出210多场。

同时，费县坚持“送文化下乡和农民演出队进城”互动推进，丰富农村文化演出层次。以费县艺术团为依托，在“乡村大舞台”和乡镇集市进行送文艺演出，去年至今已举办43场；在县城指定场所，以农民演出队为主体，以反映本区域经济建设、风土人情等群众喜闻乐见的艺术形式进行表演，去年至今已演出30场。

（资料来源：《农民日报》2014-06-13）

第三节　当代乡村文化建设

一、当代乡村文化建设的基本内容和主要任务

乡村文化的内涵极为丰富复杂，当代乡村文化建设，或者说社会主义新农村文化建设的内容和任务，同样也是包罗万象。

择其要者而言之，包括以下几个方面：

（一）规章制度建设

就全国范围来说，中央已经制定、下发了一系列有关文化建设包括农村文化建设的专门的规划和意见，如《国家“十一五”时期文化发展规划纲要》《国家“十二五”时期文化改革发展规划纲要》《国家“十三五”时期文化发展改革规划纲要》（以下简称《纲要》）《关于推进基层综合性文化服务中心建设的指导意见》《关于加快构建现代公共文化服务体系的意见》《关于实施中华优秀传统文化传承发展工程的意见》等，特别是2005年11月7日中共中央办公厅、国务院办公厅制定、下发的《关于进一步加强农村文化建设的意见》（以下简称《意见》），更是一个全面推进社会主义新农村文化建设的具有战略意义的纲领性文件。

根据中共中央、国务院对新农村文化建设的指导原则和总体要求，各级

党委和政府，也把农村文化建设列入重要议事日程，并紧密结合当地自然条件、经济发展水平和农民的实际需要，制定出了短、中、长期发展目标相结合的农村文化建设的总体规划或实施意见。如山东省委、省政府，就先后制定、下发了《山东省实施〈国家“十一五”时期文化发展规划纲要〉的意见》《山东省“十二五”时期文化改革发展规划》《山东省“十三五”时期文化改革发展规划纲要》等，明确提出了山东农村文化改革、发展的主要目标、中心任务、改革路径及推进措施。

总之，在党和政府的正确领导下，在一系列规章、制度的引领、约束下，当代乡村文化建设，正逐步走上制度化、常态化的道路。

（二）法治文化建设

经过多年持续开展普法教育，法治观念逐渐深入人心。运用法律手段解决矛盾纷争，维护自身合法权益，正在成为越来越多的农民的自觉选择。但是，在当前个别农村地区，由于长期受自然经济形成的传统观念影响，不少农民的法治观念依然比较淡漠，法律在调整和化解社会矛盾、建设基层民主、促进基层和谐和改善基层社会环境方面，还未能充分发挥其应有的作用。法治文化建设的相对滞后，在一定程度上制约了农村经济和社会事业往纵深发展。

建设社会主义法治国家，建设社会主义和谐、民主的新农村，离不开法治文化的支撑。当前和今后农村法治文化建设的主要任务，是通过深入开展农村法治文化宣传，营造依法办事的社会氛围；通过完善农村民主制度，构筑安定有序的法治屏障；通过加强道德文化建设，提升农民的思想觉悟和规范意识；通过健全利益协调制度，建立行之有效的法治机制；通过多渠道培育法律骨干，壮大农村法治队伍。

只有彻底消除阻碍农村民主法治进程、影响现代法治文化建设的各种因素，逐步把农村经济、政治、文化和社会建设纳入法治化轨道，社会主义新农村及乡村文化建设，才能够做到稳定、持久、健康和有序进行。

（三）经济基础建设

乡村文化属于上层建筑，而经济基础决定上层建筑。只有首先提高农民的物质文化生活水平，才能保证他们有足够的物力、财力投入乡村文化建设活动中，才能激发他们参与文化活动的积极性、创造性，也才能稳步拓展乡村文化活动的领域，提高乡村文化建设的水平，进而建立起文化发展与经济发展互相协调、互相促进的良性循环机制。可以推想，在一个贫穷落后的原始村落，农民参与文化活动的意愿不会高涨；同样，在一个富裕发达的现代乡镇，农民的文化生活，也绝对不会荒凉、贫瘠。乡村文化建设的水平，与农村经济建设的水平，呈现明显的正相关关系。

如今，在乡村文化建设领域，各地之间存在明显落差。就全国范围来说，中西部地区的农村，落后于东部特别是东南沿海地区的农村；就山东地区来说，菏泽、滨州等地的农村，赶不上烟台、威海等地的农村。追根究源，就在于各地农村经济发展水平的不同，农民经济基础的厚薄和财力的高下。所以，各级政府要想搞好乡村文化建设，一个首要前提或者说根本任务，就是千方百计发展农村经济，提高农民收入，厚植乡村文化建设的根基。

（四）思想道德建设

受市场经济大潮的影响及农村生产经营方式的变革，承载乡村传统伦理道德的经济基础受到冲击，影响和改变着农民的思想观念、价值观念，进而导致小农意识还魂，金钱万能、个人至上主义抬头，传统伦理道德失落，行为失范。其感性显现，就是曾经销声匿迹的偷盗抢劫、黄赌毒犯罪及黑恶帮派、邪教组织，在农村某些地方潜滋暗长，蛊惑人心，祸害百姓。

有鉴于此，当前乡村文化建设的当务之急，是对农民进行正确的人生观、价值观和道德观再教育。通过加强爱国主义教育，强化农民热爱祖国、热爱人民、热爱中国共产党的信念。通过加强科学社会主义教育，坚定农民走社会主义道路的信念，并在实践中完善社会主义新农村建设的途径和方法。通过加强集体主义教育，引导农民正确处理国家、集体、个人三方利益之间的关系，让农民意识到只有将个人利益与集体利益紧密结合，个人利益才能得到有效保障。通过强化社会主义新型荣辱观教育，增强农民的诚信意识、孝养意识、睦邻意识，构建扶老爱幼、宽容和谐、助人为乐的道德理念，弘扬科学、文明、高雅的社会风尚，让农民牢固树立并积极践行社会主义核心价值观。

（五）伦理、家族文化建设

中国是一个宗法社会，也是一个伦理社会。宗法社会讲究地位有别、尊卑有序，伦理社会讲究血缘、亲情和人与人关系的稳定、和谐。宗法秩序与伦理关系，在传统文化的规范、引领下，构成了一个不可分割的有机体。多子多福的生育观念，既带来了中华民族瓜瓞绵绵、繁衍不息，同时也带来了人口的不断膨胀，给自然环境和社会发展造成极大压力；由孝道观念导出的代际孝养方式，维系了亲情融洽、家庭稳定，但这种建立在道德自觉基础上的养老方式，在弱化社会养老责任的同时，也增加了养老的道德、经济成本，并随着社会、经济的高速转型和人们道德观念的急剧蜕变，越来越难以为继；在小农经济基础上形成的邻里关系，曾经在扶弱济贫、减少人际冲突和缓和社会矛盾方面，起过积极作用，但随着商品经济的发展和居民迁徙幅度、频次的加大、加快，原来世代相望相守的邻里，变成了如今“熟悉的陌生人”。

宗法社会是以家庭为“细胞”、以家族为“骨架”建立起的，在宗法社会中形成的家族文化的某些行为规范和价值准则，如以血缘亲情为纽带的伦理观，以振兴家族为目的的人生观，尊祖敬宗的团体意识，以及在此基础上升华出的家国情怀、忠孝观念，成为国家振兴、民族团结的强大凝聚力和感召力。但是，农村家族势力在今天的农村政权建设中产生的负作用，如在村内争政、扰政和执政的现象，同样应当引起我们高度警惕。

伦理文化、家族文化作为乡村文化的重要构成部分，是我们今天建设社会主义新农村文化的重要内容和宝贵资源。而建设新的伦理文化、家族文化的关键，则是充分发挥传统伦理文化、家族文化的积极因素，大力宣传国家最新人口政策、农村养老保险政策及社会主义人际关系准则，消解家族势力对新农村政权建设的负面影响，树立符合社会发展需求的新型生育观、孝养观、家族观和邻里观，创设符合我国国情的人口生育机制、养老机制，建立新型家族关系和睦邻友好关系，从而切实解决农村人口发展，农民养老，家庭、家族、人际关系的维系与重构等系列难题，构建稳定和谐的农村社会秩序，推动基层政权建设和民主发展。

（六）文化设施建设

文化设施是开展文化活动的前提条件。只有乡村文化设施建设到位，乡村文化活动的开展才能广泛、深入和持久。改革开放以来，国家每年都投入大量人力、物力、财力，用于支持县（市）、乡（镇）、村三级文化基础设施建设，但由于历史欠账太多，目前仍有部分县（市）无文化馆、图书馆，一些乡（镇）无文化站，许多村无专用文化活动室。针对乡村文化基础设施建设的速度和规模滞后于城市、滞后于经济发展的现实，《意见》中要求：“坚持以政府为主导，以乡镇为依托，以村为重点，以农户为对象，发展县、乡镇、村文化设施和文化活动场所，构建农村公共文化服务网络。”《纲要》也强调：“增加农村文化服务总量，缩小城乡文化发展差距，以农村和中西部地区为重点，加强县级文化馆和图书馆、乡镇综合文化站、村文化室建设。”

针对个别村庄农民看书报、看电视、看电影及收听广播难的问题，《意见》和《纲要》都提出要加快推进广播电视村村通、文化信息资源共享、农村电影放映、流动综合文化服务车和农家书屋等重点文化惠民工程建设的进度。到2010年，全国20户以上的已通电自然村要全部通广播电视，每村每月至少放映1场电影。到2015年，农家书屋基本覆盖全国的行政村。

知识拓展

农家书屋工程

图1-3　山东东营市东营区胜利街道兰庐山小区农家书屋

2007年3月，新闻出版总署会同中央文明办、国家发展改革委、科技部、民政部、财政部、农业部、国家人口计生委联合发出了《关于印发〈农家书屋工程实施意见〉的通知》，开始在全国范围内实施“农家书屋”工程。

农家书屋是为满足广大农民群众文化需要，切实解决其“买书难、借书难、看书难”的问题，在行政村建立的、农民自己管理的、能提供农民实用的图书报刊和音像电子产品阅读视听条件的公益性文化服务设施。每一个农家书屋原则上可供借阅的实用图书不少于1000册，报刊不少于30种，电子音像制品不少于100种（张），具备条件的地区，可增加一定比例的网络图书、网络报纸、网络期刊等出版物。

工程计划“十一五”期间在全国建立20万家农家书屋，到2015年基本覆盖全国的行政村。

（七）文化产业建设

文化产业，是指主要或专门从事文化产品的生产及提供文化服务的经营性行业。乡村文化产业，则主要是指在乡镇、村行政区域内开展活动的文化产业。其基本特征是把人类知识、智力、精神、艺术的活动及成果以一定的物质形态为依托，转换成供人们欣赏、享用、交换、买卖的文化产品。文化产业是一种投资少、见效快、效益高、辐射影响面广、增长潜力大、绿色环保的新兴产业。

乡村文化建设既包括公益性的文化事业，也包括经营性的文化产业。发展乡村文化事业和文化产业，是繁荣社会主义新农村文化，满足农民日益增长的精神需求的主要途径，也是促进农村经济结构调整、转型和产业升级的重要抓手。

我国乡村文化遗产底蕴深厚、形态多姿，尤其是其中的许多非物质文化遗产，如各地农村特有的传说故事、表演艺术、民俗风情、村寨园林、民居艺术、宗族祠堂、风味餐饮、自然景观等，更是独具特色、魅力十足，与现代城市文化形成了强烈的反差，成为农村发展以旅游观光为主的文化产业的重要资源。近年来，随着人们经济意识的增强、农业转型升级步伐的加快，对农村物质和非物质文化遗产的开发、利用，也越来越受到各级政府的重视，并得到农民的热烈欢迎和积极响应。各地农村，依照建设社会主义新农村、新文化的要求和目标，充分利用当地文化资源，瞄准不同消费群体，大力开发具有民族传统和地域特色的民间艺术、民俗表演、生态旅游等特色乡村文化服务项目，涌现出了一大批享誉全省乃至全国的文化名镇、名村、名园、名人。为发展当地农村经济，提高农民生活水平，做出了突出贡献。如坐落在临朐大山深处的寨子崮村农民，原本世代过着清苦、简单、纯朴的耕织生活。随着山东省“乡村记忆”工程的开展和乡村旅游的发展，寨子崮村充分发挥当地生态资源优势，整修道路、房舍，办起了农家乐。原本藏在深闺无人知的小村落，如今被越来越多的人熟悉，一年四季慕名而来赏桃花、摘柿子、摄影、写生的人群络绎不绝，村民收入不断增多。

（八）人才队伍建设

我国乡村文化工作者，长期扎根农村，熟悉乡村文化，热爱乡村文化，为乡村文化事业的传承、发展，做出了巨大贡献。但是，由于农村生活环境差，工作待遇低，致使乡村文化队伍不稳定，人才流失严重。现在的许多乡镇，都面临专业乡村文化人员队伍小、年龄老、素质低的窘况。

各级党委、政府等领导干部，必须充分认识到乡村文化人才队伍建设的紧迫性和重要性，想方设法健全组织机构，配足专业人员，完善人才队伍结构。深入挖掘、精心培养乡村文化领军人物，改善乡村文化工作者的生活待遇、工作环境，努力打造一支业务精湛、素质优良、品格高洁、结构合理、规模适度、留得下、用得上的专业乡村文化人才队伍。

（九）生态文明建设

改革开放以来，农村经济得到迅猛发展。但是，由于传统种养业的无序发展，乡镇企业的过度扩张，以及农村环境治理投入不足、农民生态意识薄弱等原因，随之而来的，是广大农村的自然资源、自然环境，遭到严重破坏和污染。近年来，通过新农村建设、美丽乡村建设及农村环境综合整治等，农村的生态环境，有了明显改善；生态文明建设，取得了可喜成效。不过，与党中央、国务院制定的生态文明建设的战略目标相比，仍有较大差距。个别村庄，甚至成了新的“生态灾区”。在生态文明建设上，农村生态文明建设，既是关键环节，也是薄弱环节。为了真正贯彻、落实党中央、国务院《关于加快推进生态文明建设的意见》和《生态文明体制改革总体方案》两个重要文件的精神，必须从农村入手，从农民入手，狠抓农村生态文明建设。通过转变生产方式，发展生态农业；通过科学规划，建设生态村庄；通过加强宣传，提高农民的环保意识，打造生态文化；通过建设美丽乡村，最终实现建设美丽中国的梦想。

二、当代乡村文化建设的路径和方略

当代乡村文化建设，必须坚持以邓小平理论、“三个代表”重要思想、科学发展观为指导，全面贯彻、落实习近平总书记的系列重要讲话精神和治国理政新理念新思想新战略，牢牢把握社会主义新农村和社会主义先进文化建设的大方向，制定相应的规章制度，深化文化领域体制改革，加大政府和各类资金投入力度，完善农村文化基础设施，构建农村公共文化服务体系，积极发展农村文化产业，培养和壮大农村文化人才队伍，保护并适度开发历史文化遗产，破除人治文化和宗法势力的消极影响，实现农村物质文明、政治文明、精神文明、生态文明和谐、健康发展。

（一）把乡村文化建设纳入新农村建设的总体规划

乡村文化建设的目标任务，是党中央、国务院根据建设社会主义新农村的战略目标和根本任务，紧扣国民经济和社会发展的规划纲要，结合当前我国乡村文化建设的实际情况而安排、提出的，并且已经纳入了社会主义新农村和社会主义先进文化建设的总体规划中。

在《意见》《纲要》中，党中央、国务院就乡村文化建设与物质文明、精神文明、政治文明建设的关系，乡村文化建设的指导思想、总体思路、基本内容、主要目标和具体措施等，进行了全面、深入、科学、切实的谋划、布置，成为全国进行乡村文化建设的方针、原则和纲领性文献。另外，中共中央宣传部、国家文化部等主管乡村文化建设的有关部门，为了贯彻落实党中央、国务院有关规划、文件的精神，针对《意见》《纲要》中涉及的重大活动、重大工程、重大项目，如文化科技卫生“三下乡”活动、广播电视村村通工程、电影放映“2131”工程、文化资源信息共享工程、农村文化建设专项资金设立、农家书屋建设标准及图书购置、大学生志愿服务西部计划和高校毕业生到农村服务计划等，规定了建设内容，制订了实施办法。同时要求各地政府及相关部门，结合当地和本部门实际，制定相应的工作方案、实施意见。做到顶层有设计、中层有办法、基层有落实。层层传导压力，层层分解任务。努力将当代乡村文化建设，开展得扎实、深入、有序、高效。

知识拓展

农村电影放映“2131工程”

农村电影放映“2131工程”是党中央、国务院为加强农村文化建设、发展农村电影事业，满足广大农村人民群众日益增长的精神文化需求而实施的一项重点文化工程。1998年，国家文化部、广播电影电视总局提出了农村电影放映“2131”目标，即在21世纪初，在广大农村实现一村一月放映一场电影的目标。

图1–4　农村电影放映

（二）发挥党委、政府在乡村文化建设中的主导作用

根据党中央、国务院的要求，各级党委和政府，应把乡村文化建设纳入重要议事日程，纳入经济和社会发展规划，纳入扶贫攻坚计划，纳入干部晋升考核指标，确保乡村文化建设各项目标任务的实现。

1.重构各级党委、政府的政绩考核体系

当前一项重要的基础性工作，是尽快健全、完善对各级党委、政府政绩的考核评价体系。新的考评体系中，应当弱化某些经济建设、发展的硬指标，增加诸如乡村文化建设、发展方面的软指标的比重，使新的考核体系，符合最大多数人民群众的根本利益，更全面、更真实地反映社会发展、经济进步、人民生活水平提升的面貌。

由于农村基层干部的工作业绩考核和评价权，掌握在乡镇基层党委、政府手中，建立科学、全面的政绩考评体系，对于引导乡镇党委、政府转变工作观念，调整工作重心，具有重要意义。实行乡村文化建设目标责任制，把乡村文化工作列入创建文化先进县（市）、乡镇和文明城市、村镇等相关评价体系。健全基层文化单位的评价机制，将服务农村、服务农民情况，作为文化单位工作的重要考核内容。

2.增加政府在乡村文化建设中资金投入的力度

资金投入的力度，在某种程度上对乡村文化建设的深度和广度起决定性作用。因此，各级党委和政府，一方面要在思想上高度重视，将乡村文化建设事业纳入议事日程；另一方面，在财力、物力投入上，也要给予倾斜支持。要建立一种刚性的财政支出机制，以保障各级政府对乡村文化建设事业财政投入增长的速度，不低于当地政府财政收入增长的速度，也不低于当地城市文化事业建设费用增长的速度。在确保政府对乡村文化事业资金投入的前提下，调整资金使用方向，将更多的资金，投入到村级乡村文化建设事业上。

（三）确立农民群众在乡村文化建设中的主体地位

坚持农民群众在乡村文化建设中的主体地位，就是强化和保证农民参与乡村文化活动的独立性和自主性，发挥其能动性和创造性，让农民在建设自己的文化家园和精神家园时，有充分的发言权和决定权。回归与保障农民的文化权利，包括其知情权、参与权、评价权和享用权，是确立农民在乡村文化建设中的主体地位的前提和关键。而要做到这一点，各级政府和文化管理部门，就要大力开展符合农民生产、生活愿望、人生理想、审美趣味和休闲娱乐实际需求的文化活动。通过各种农民群众喜闻乐见的文化活动和文化产品，提升农民的思想品质和道德风范，激发他们改变生存现状、追求美好生活的信心和潜能，进而净化生态环境和社会风气，构建社会主义新农村的精神骨架和文化范式。

当前，农村文化建设普遍滞后于城市文化建设，农民的文化素质也普遍落后于城市居民，但农村不是文化的荒漠，农民也不是文盲的代名词。实际上，农村是一块孕育、发展乡村文化的沃土，农民是一个具有极强文化创造力、感受力的群体。农民不仅是乡村文化建设的受益者，也是乡村文化建设的基石和骨干。特别是散布于田野乡间的广大农民艺术家，更是乡村文化事业发展最活跃的因子。据国家文化部2012年的不完全统计，当时全国民营院团超过6800家，涵盖戏剧、曲艺、歌舞、杂技、魔术、马戏、木偶、皮影等众多艺术门类，年演出200万场以上，并涌现出了河南宝丰、浙江嵊州、辽宁沈阳、安徽临泉、江苏如皋、福建莆田等典型地区，以及河南小皇后豫剧团、吉林东北风二人转艺术团、江苏如皋市九华通剧团、北京一九九八国际青年艺术剧团、浙江省杭州三江越剧艺术团、四川德阳杂技团等优秀民营文艺表演团体。

（四）创新乡村文化建设的体制和机制

根据《意见》要求，遵循“试点先行、稳步推进”的原则，加快对基层文化单位，特别是对县文化馆、图书馆、乡镇综合文化站等公益性事业单位的改革进度，推动基层国有艺术团体、电影公司、电影院、新华书店等经营性文化事业单位转企改制，从而使其尽快转换机制，增强活力，提高经营能力和公共服务水平。

落实国家“民办公助、政策扶持”政策，鼓励农民开展各种面向农村、面向农民的文化经营活动，使农民群众真正成为乡村文化建设的主体。

探索乡村文化设施运行管理新机制、新办法。统筹文化、教育、科技、体育和青少年、老年活动场所的规划建设和综合利用，做到相关设施能够共建共享，着力解决农村文化设施分散、使用效率不高的问题。

（五）增升乡村文化活动的种类和品味

乡村文化建设的根本目的，在于最大限度地满足农民日益增长的文化生活需求，促进社会主义新农村精神文明建设。各级文化主管部门和文化单位，应根据时代特点、本地实际和农民需求，积极开展丰富多彩的文化活动。

首先，要坚持业余自愿、形式多样、健康有益、便捷长效原则，不断充实活动内涵，创新活动形式。可以充分利用农闲、节日和集市、庆典等，组织农民举办花会、灯会、赛歌会、文艺演出、体育比赛、劳动技能比赛等活动。可以紧密结合农民脱贫致富的迫切愿望，通过“三下乡”“2131”农村电影放映工程、广播电视村村通工程、农家书屋、社区教育、开放大学等形式，向农民普及先进实用的农业科技知识和卫生保健常识，引导农民学文化、学技能。可以把创建文明村镇、文明户等作为载体和契机，教育广大农民群众崇尚科学，破除迷信，移风易俗，抵制封建思想和腐朽文化，提高思想道德水平和科学文化素质，形成文明健康的生活方式和社会风尚。

知识拓展

“三下乡”

“三下乡”是指文化下乡、科技下乡和卫生下乡。具体内容包括：送图书、报刊、戏曲、电影、电视下乡，开展乡村文化活动；送科技人员、科技信息下乡，开展农民科普活动；送医务人员、医疗技术下乡，扶持乡村卫生组织，培训农村卫生人员，参与和推动当地合作医疗事业发展。

20世纪80年代初，团中央首次号召全国大学生在暑期开展“三下乡”社会实践活动。1996年12月，中共中央宣传部、国家科委、农业部、文化部等十部委联合下发《关于开展文化科技卫生“三下乡”活动的通知》，“三下乡”活动在全国正式开展。

“三下乡”活动的开展，促进了农村文化、科技、卫生事业的发展，密切了党群、干群关系，满足了广大农民的精神文化生活需求，推进了农村精神文明建设。

其次，要着力发展农村特色文化。应加强对农村优秀民族、民间文化资源的系统发掘、整理和保护，授予秉承传统、技艺精湛的民间艺人以“民间艺术大师”“民间工艺大师”等称号，并积极开展“民间艺术之乡”“特色艺术之乡”命名活动。逐步建立科学有效的民族、民间文化遗产保护、传承、开发机制。对那些原始文化生态保持较好的村落或区域，具有民族传统和地域特色的剪纸、绘画、陶瓷、泥塑、雕刻、编织等民间工艺形式，戏曲、杂技、放风筝、划龙舟、扭秧歌、踩高跷等民间表演项目，进行有组织、有计划的发掘和保护。实施特色文化品牌战略，培育文化名镇、名村、名园、名人、名品。

开展乡村文化活动，还应积极引导、鼓励政府相关部门、团体和个人，创作、提供更多更好的农村题材文化产品。主要包括：加强选题规划和内容建设，把农村题材纳入舞台艺术生产、电影和电视剧制作、各类书刊和音像制品出版计划，保证农村题材文艺作品在出品总量中占一定比例。有关专项资金要加大对农村题材重点选题的资助力度，每年推出一批反映当代农村生活、农民喜闻乐见的文艺精品。购买适合农村需要的优秀剧本版权，免费供给基层艺术团体使用并演出。报刊、电台、电视台对优秀农村题材文艺作品，在刊发、播出、宣传评介等方面给予重点支持。

（六）壮大乡村文化市场的活力和规模

乡村文化市场是农村文化活动的场所和平台。文化不进入市场，就很难实现其特有的社会、经济价值。因此，必须把发展乡村文化市场，作为乡村文化事业建设的关键点和突破口。

乡村文化市场的主体包括农民、各级政府、文化管理部门、民间文化组织和社会文化中介等。农民是乡村文化的主体，也是乡村文化市场的主体。应按照市场经济的要求，培养和提高农民参与乡村文化市场建设的自主意识、创新意识、经营能力和盈利能力。各级政府是乡村文化市场建设的主导，负责制定并完善有关乡村文化市场建设的规章制度，依法依纪对乡村文化市场进行规范与管理，保证乡村文化市场有序、健康发展。设计并推进乡村文化市场管理体制改革的方向和目标，统筹并鼓励各种、各类资金，不断加大对乡村文化市场建设的投入力度。政府应摆脱计划经济思维束缚，扮演好乡村文化市场投资者、参与者与监督者的多重角色。文化管理部门代表政府对乡村文化建设进行具体组织、实施，应增强大局意识、服务意识，因地制宜，分类指导，督促、检查各项工作的贯彻、落实。做到在位不失位，到位不越位。民间文化组织是乡村文化市场的主力军，是乡村文化服务的提供者，同时也是政府及各类资金投入、扶持的主要对象。应该在政府、文化管理部门的领导下，广泛参与农村文艺业、教育业、体育业、旅游业、娱乐业、餐饮业等各个业态的开拓和发展。从某种程度上说，民间文化组织的完善、成熟程度，决定着乡村文化建设事业的深度和广度。社会文化中介不仅是联系政府、文化管理部门、民间文化组织和农民个体的桥梁，也是促进乡村文化资本流动、文化资源开发与利用、文化人才培养与交流的重要渠道。社会文化中介一方面为文化交流提供资源、信息、场所和平台，同时也降低了文化交流的成本和文化消费的价格，从而扩大乡村文化市场的规模与效益。

总之，确立并理顺乡村文化市场各个参与者的地位与关系，从农民的需要出发，从当地的基础和条件出发，将政府力量作用于社会力量，唤醒农民的参与热情，调动沉睡于乡野的文化资源，形成生生不息的文化创造力，就会有力地推动乡村文化建设事业的全面发展。

（七）净化乡村文化市场的秩序和环境

坚持一手抓繁荣、一手抓管理的方针，大力强化对乡村文化市场管理的力度，营造扶持健康文化、抵制腐朽文化的社会环境和市场秩序。

首先，健全乡村文化市场管理体系，加大监管的宽度、深度，努力实现对乡村文化市场进行全方位、多层次、及时、精准监管的目标。

其次，充实基层文化市场行政执法队伍，发挥乡镇综合文化站等基层文化监管部门的工作积极性、主动性，提高监管人员的执法能力和执法水平。

另外，规范经营活动，整顿市场秩序。加强对娱乐演出、电影放映、出版印刷和商店、网吧等的管理，坚决打击传播色情、迷信、邪教等违法犯罪活动。取缔无证经营，制止无序竞争。确保乡村文化市场健康有序发展。

政府和文化监管部门，要切实从源头抓起，坚决堵死“文化垃圾”污染农村、祸害农民的后路，使乡村文化市场“美加净”，为农村青少年健康成长，为农民享受积极、健康、丰富的精神生活，提供一个良好的文化环境。

三、当代乡村文化建设的作用与意义

文化是一个民族的根、一个民族的魂。就社会主义新农村建设而言，文化具有其他社会要素无法取代的作用，即凝聚、整合、同化、规范社会群体行为和心理的功能。因此，建设社会主义新农村，重要的是需要农村基层政权组织和广大农民在加快经济发展、改善自然和社会环境的同时，建立起一种适合新农村建设的文化观念。一旦这种文化观念形成并深入人心，就能够在思维方式和行为习惯的层面上发挥其广泛、稳定而持久的影响。因此，必须以建设社会主义新农村为方向，以建设社会主义先进文化为主导，发展社会主义新农村先进文化。只有这样，才能进一步激发农民的创造热情，为农村的发展提供精神动力与智力支持。

（一）加强乡村文化建设，是建设社会主义先进文化的迫切需要

社会主义先进文化，是在社会主义核心价值观念指导下，与先进生产力和生产关系相适应，符合现代科学精神，以培养有理想、有道德、有文化、有纪律的“四有”公民为目标的文化，也即党的十六大报告强调指出的“面向现代化、面向世界、面向未来的，民族的，科学的，大众的社会主义文化”。这种先进文化是中华民族几千年优秀文化的积淀，是我们党和人民长期革命和建设的实践经验的总结。

我国大部分居民生活在农村，乡村文化是文化事业的基础。乡村文化建设的水平，直接影响着整个社会文化建设的水平。当前农村的物质文明建设成就斐然，精神文明建设却相对滞后。加强乡村文化建设，可以用先进文化教育

覆盖农村教育阵地，加快推进以社会主义先进文化为主要内容的农村精神文明建设的广度和深度。

（二）加强乡村文化建设，是建设社会主义新农村的动力源泉

随着文化与经济的一体化进程逐步加快，文化对经济的推动作用也日益明显。乡村文化建设作为农村精神文明建设的一个重要组成部分，不仅直接影响着农民文化生活的质量，还影响到政治文明和物质文明建设的成效。

由于受传统落后文化的影响，许多农民在思想上保守，不愿接受新观念、新事物；在生活上随波逐流，不思进取；在经济上小富即安，不敢扩大再生产。加强乡村文化建设，可以发挥社会主义先进文化的导向和激励作用，用社会主义世界观、人生观、价值观和荣辱观，改造和武装农民的头脑，帮助农民形成新的思想观念，确立新的生产、生活方式，把传统意义上的旧式农民，转化为现代意义上的新式农民，为建设社会主义新农村，提供源源不断的精神动力。

（三）加强乡村文化建设，是增强乡村社会凝聚力的重要手段

革命战争年代，在中国共产党的组织、领导下，农村基层政权建设，规范严密；农民与基层政权及农村干部之间的关系，水乳交融。改革开放以来，个别地区的农村，出现了重经济发展、轻组织建设的苗头。农民与基层政权、基层干部之间的关系，变得疏远甚至紧张。农村社会的向心力、凝聚力，有所弱化。

加强乡村文化建设，丰富农村文化生活，可以充分发挥文化所特有的感化、教化功能，给农民特别是农民中的弱势群体带去人文关怀和文化抚慰，提高社会管理系统运行的效率与公平，缓解社会两极分化扩大后产生的部分社会成员尤其是社会底层人员的被剥夺感和被边缘感，在农民之间、农民与基层政权之间架起思想沟通、情感交流的桥梁，疏导乃至消除思想上的矛盾，拉近甚至黏合情感上的裂痕，化解心理危机和社会矛盾。

（四）加强乡村文化建设，是提高农民素质的关键举措

农村发展的关键在农民，农民发展的关键在于自身素质的提高。现阶段我国农村人力资源的突出表征，是受教育程度较低、科学素养较差、劳动技能单一，远远不能满足现代高科技农业对高素质劳动力的需求。农民素质问题，已经成为严重阻碍农村经济纵深发展的瓶颈。

中共中央、国务院在《关于推进社会主义新农村建设的若干意见》中指出："培养造就有文化、懂技术、会经营的新型农民，是建设社会主义新农村的迫切需要。"加强乡村文化建设，可以促进农村教育的发展，提高农民的智

力水平和科学素养，培养、造就大批有知识、懂技术、会经营的新型农民，为农村产业升级换代，为全面实现社会主义新农村建设的宏伟蓝图，提供强有力的劳动力支持。

（五）加强乡村文化建设，是增加农民收入的切实办法

诗情画意的乡村自然风光，淳朴生动的乡村民俗风情，千姿百态的乡村民间艺术，风味独特的乡村烹饪美食，风格迥异的乡村民居建筑，等等，积淀和传承着中国农业文明的成果，并在思想内涵与审美趣味上，与现代城市文化形成鲜明对比，吸引着市民向往农村，回归田园。丰富多彩的乡村文化资源，为大力发展以乡村旅游为代表的新型经济业态，提供了优越条件。同时，也为广大农民增收致富，带来了崭新契机。据《人民日报海外版》2017年4月17日报道，2016年，全国休闲农业和乡村旅游共接待游客近21亿人次，营业收入超过5700亿元，带动672万户农民受益。

休闲观光农业和乡村生态旅游，已经成为促进我国农村经济转型升级、农民迅速脱贫致富的有效办法，也成为拉动我国经济特别是旅游经济快速增长的重要抓手。

（六）加强乡村文化建设，是建设和谐农村的有效途径

社会主义新农村建设的目标能否顺利实现，很大程度上取决于农民道德素质的高低和农村社会风气的好坏。毋庸讳言，当前我国农村社会中，在个别人身上，确实存在着是非、美丑、善恶界限模糊，不孝不仁、损人利己、恃强凌弱、拐卖坑骗、贪腐享乐、赌博、迷信甚至吸毒等丑恶思想和行为。乡村某些人、某些地区道德滑坡、人格失衡、行为失范的直接后果，就是导致人与人关系紧张，社会风气败坏，社会矛盾激化，社会不安定因素增加。

加强乡村文化建设，可以倡导爱国守法、文明守信、团结守礼、勤俭守德的道德规范，使农民自觉践行社会主义核心价值观；加强乡村文化建设，可以用优秀、先进文化净化农民的心灵，使其自觉抵制腐朽、落后文化的侵蚀，为社会主义新农村建设，营造积极向上、健康文明的社会氛围；加强乡村文化建设，还可以向农民深入宣传党和国家构建和谐农村的政策和理想，引导他们正确认识社会发展规律，认同广大人民群众根本利益，凝神聚力，为建设社会主义和谐农村共同奋斗。

（七）加强乡村文化建设，是打破宗法势力藩篱的有力武器

过去农村那种以血缘、宗族为中枢建立起来的社会运行模式，和以家庭

为单位建立起来的经济运行模式，在一定的历史时期内，有其合理性和必然性，但在商品经济和社会化大生产条件下，这种社会和经济运行模式，不仅成为农村经济转型升级、农民发家致富的羁绊，而且在其基础上建立起来的行为规范、人际关系，极大地阻碍了农民之间的交流和农村凝聚力、向心力的形成，影响了农村基层政权建设和社会秩序的和谐稳定。

加强乡村文化建设，转变我国农民传统的人际关系和行为模式，可以让农民走出狭小的个人空间，打破家族桎梏，挣脱宗法势力藩篱，关注集体利益，积极参与基层政权建设，增强发展农村经济的合力和活力。

典型案例

山东公共文化服务体系建设走在前列

实现中华民族伟大复兴的中国梦，必须是物质文明和精神文明相互促进、均衡发展。物质财富要极大丰富，精神财富也要极大丰富。山东省在发展经济的同时，注重弘扬和繁荣文化，在公共文化服务体系建设上出新招、打“组合拳”，形成了以各级政府为主导、以文化设施为载体、以重点工程为抓手、以文化惠民为核心的公共文化服务机制，给广大老百姓带来切实的文化福利。

一、背景

“早晨听鸡叫，白天听鸟叫，晚上听狗叫。”这是以往山东农村文化生活的真实写照。这些年，文化贫乏对于城乡发展的制约作用越来越明显，已经到了不可忽视的地步。文化缺失往往容易造成社会氛围不和谐、为人不友善、邻里不互助，甚至还会导致犯罪率上升，影响和谐社会建设。

如今的山东农村，白天可以去农家书屋上上网、看看书，晚上可以到文化大院听大戏、看电影、跳跳舞。多姿多彩的农村文化生活，越来越有时髦味。类似的变化，不仅出现在乡间农家，也发生在城市社区。山东省公共文化服务体系建设找准了城乡协调发展的重要关节点，在大力推动城乡经济发展的同时，更重视“软实力”建设。如今，越来越多的普通人参与到公共文化生活之中，学会品味生活、品味文化。崭新的文化地标，多彩的文化活动，公共文化服务在齐鲁大地上绽放出美丽的花朵，为经济和社会协调发展奏出了美妙的乐章。

二、做法

1.构建15～20分钟城乡公共文化服务圈

“生男生女一样好，女儿照样能防老……”夜幕降临，山东省广饶县崔寨村文化大院内欢歌笑语，热闹非凡。前来观看演出的贾大爷高兴地说：“原先晚上就是在家看看电视、拉拉呱，现在咱庄户人家生活好了，也想过过文化瘾，大伙儿凑在一块儿乐和乐和！”

夏家村是山东省临沂市的一个小村子，种植鲜花是延续多年的农业项目。由于缺乏技术，看着大片的非洲菊被病虫祸害，村民夏宗明不知咽下了多少泪水。为了学技术，他经常骑车到20多里外的城里书店找书、买书，这一来回就是一个多小时。农家书屋在村里落户后，各类花卉种植图书让夏宗明如获至宝。他在反复钻研之下，养花技术大进，新培育的非洲菊TM9在中国花卉博览会上一举夺魁。

在城里唾手可得的文化服务和文化产品，在很多农村地区却是那么地可望而不可即。山东省提出，要形成覆盖城乡的五级公共文化服务网络，即省、市有公共图书馆、艺术馆、博物馆，县有图书馆、文化馆，乡镇有综合文化站，村和社区有文化活动室或文化大院。

2013年，借助第十届中国艺术节的东风，山东省围绕“五级覆盖”，不断加大资金投入力度，加快省、市、县综合性文化中心及图书馆、文化馆、博物馆等建设。全省行政村文化大院建成数量增加到5.9万个，占全省行政村总数的84.5%，文化信息资源共享工程建成覆盖到村的服务网络，基层规范化站点达到40%以上，打通了公共文化服务“最后一公里”。

“十二五”期间，山东公共文化设施建设投入300多亿元，是中华人民共和国成立以来投入最集中、投资额最大、水平提升最快的时期。山东省会文化艺术中心大剧院、山东美术馆新馆等一大批场馆建成使用，公共文化服务硬件水平居全国前列。省市县乡村“五级覆盖”体系基本建成，一个个“15～20分钟文化圈”逐渐形成，正在悄然改变普通群众的生活，将他们的文化生活装扮得多姿多彩。

2.培养扎根基层的文化人才

“我们已经参加3届啦，今年是5个村参加秧歌展演。别看都是四五十岁的人，精气神可一点儿都不差！”在龙口市兰高镇大张家村张玉莲家里，巾帼文明队的队员们又自发地聚集在一起。

早在2000年，张玉莲感觉到农村生活变好了，但文化活动却很匮乏。“心中一直埋藏的文艺种子，又开始发芽了。”因戏结缘的夫妻俩一合计，组建自己的文艺队。张玉莲自编自导所有节目，并带领大家走出去参加比赛。每当有活动有比赛，从丈夫到儿女再到小孙子，全家齐上阵。

张玉莲的基层文艺队，不仅丰富了村里的精神文化生活，也带动了文化队伍的发展。目前，龙口市的秧歌队、庄户剧团等基层文化活动队伍达650多个，这些队伍像种子一样遍地开花、结果。

300公里外的肥城市实施了文化志愿者“递进培养工程”，对县域内3200多名文化爱好者逐一登记，建立业余文化人才信息库，并组织其参加农村文化艺术节、消夏广场文艺演出、桃花节等各类文化活动。

更多的市、县通过吸收志愿者建立群众文化辅导团，面向群众开展辅导、培训、咨询等公共文化服务活动。据统计，全省群众文化辅导员已发展到20万人，壮大了公共文化服务队伍。

在专职文化人才的培养上，山东省出台了公共文化人才队伍建设规划，将重点放在落实乡镇文化站人员编制和村（社区）文化管理人员队伍上。同时，开展了文化从业资格考核和认证，以此激发从业人员学习业务技能的积极性。全省共确定了100个基层公共文化辅导工程示范点，市、县也分别确定辅导点开展辅导培训活动。

目前，山东省乡镇（街道）综合文化站专职人员达到3100多名，每个村（社区）基本都有1名专职或兼职文化管理人员。这些具有专业水准的人才扎根基层，使得当地的文化工作水平有了明显提升，乡镇（街道）综合文化站的运行和管理得到进一步规范。

3.让文化资源“流动”起来

“以前从来没有去过剧院，更别说看什么演出了，不过近些年不一样了，省里市里的艺术团经常到镇上和县城里来，大家看得可起劲了。”现在只要听说有演出，莱芜市莱城区寨里镇居民王海健几乎每次必到。

为了让文化资源“流动”起来，山东省按照“政府埋单、农民看戏”的原则，省财政安排专项资金用来丰富农村文化活动的形式和内容。习惯于在殿堂里演出的文艺院团，也不再局限于坐等观众上门，而是主动上门将文化送到了乡村社区。

山东省还专门安排财政资金，购买流动舞台车，解决了基层群众看戏难和文艺表演团体下乡演出搭台难、转场难的问题，受到了基层群众的热烈欢迎。一部车就是一个舞台，走到哪儿就能演到哪儿。从车开进村里，到舞台全部搭建好，只需要半个小时。2013年3月，首批14辆流动舞台车已经发放到基层文艺院团。

“‘一本图书一村看’变成‘一本图书全市看’，让图书流转起来，提高了图书利用率，让群众能够及时方便地看到新书、好书。”文登市一张图书交流的大网将全市的农家书屋串联起来。图书的流转满足了广大人民群众精神文化需求，一辆辆“科技大篷车”满载着各式各样的展品，更是深入乡村社区，为人们传播着科学的奥秘。

“水自天上来”“穿针引线”“手摇发电”“听话的小球”等科普仪器，为农村孩子送上一道集科学性、知识性、趣味性、参与性为一体的“科普大餐”。这是自2010年起，山东省启动的“流动科技馆县县通工程”。

“流动”舞台，“流动”图书馆，“流动”科技馆，“流动”学校……山东省按照“重心向下、面向基层、共建共享、惠及全民”的思路，不断创新服务形式，让公共文化服务在城市乡间畅快地“流动”起来，形成了“天天有活动、周周有演出、月月有主题”的深厚文化氛围，让群众更好地享受公共文化服务。

三、启示

山东省不断推动基本公共文化服务均等化发展，切实保障了人民基本文化权益。这启示我们：

其一，要坚持物质文明和精神文明协调发展。人民向往的美好生活，不仅是家家仓廪实衣食足，而且是人人知礼节明荣辱。要坚持“两手抓、两手都要硬”，坚定文化自信，增强文化自觉，加快文化改革发展，建设文化强国。

其二，要把统筹城乡贯穿到各项工作中去。按照全面均等的原则，不断创新理念思路、服务方式、机制体制，把资源向农村倾斜，使城乡公共文化服务体系建设同步发展，让广大群众共享文化发展成果。

其三，要在推动基本公共文化服务均等化过程中发挥政府的主导作用。通过政策扶持和资金导向，建设必要的文化设施，完善人才保障机制，满足全体公民的文化需求。

（资料来源：《人民日报》2016-06-12，本书略有删节）

本章小结

我国是一个传统农业大国，中华文明的实质是农业文明。以农民为载体，以农业文明为特征，由村落文化演变而来的乡村文化，就成为中华文化的核心。基于此，只有了解了乡村文化的内涵、特点和功用，才能真正领会中华文化的基本内涵、主要特点和重要功用；只有熟悉了我国各个历史阶段乡村文化建设的成就及缺失，才能切实认知当代乡村文化建设的内容与任务、作用与意义；也只有全面把握、深入贯彻了党和国家制定、下发的一系列有关文化建设特别是农村文化建设的文件的精神，社会主义新农村建设的宏伟蓝图才能尽快绘就，中华民族伟大复兴的“中国梦”才能尽早实现。

本章将课程涉及的主要概念、知识点，做了阐释和补充；同时，也把将要讲授到的主要理论、观点，做了概括和提示。意图引导读者尽快进入教材，融入角色，为全面、深入理解和把握教材，进行知识积淀和理论储备。

思考题

1.简要叙述乡村文化的特点。

2.举例说明乡村文化的功用。

3.试述当代乡村文化建设的基本内容和主要任务。

4.结合本地实际，谈谈乡村文化建设的策略。

第二章　乡村伦理文化建设

学习目标

1. 了解我国传统的生育观念；
2. 了解我国传统孝养观念和农村特有的养老方式；
3. 了解伦理文化的类别，能够批判性地继承中国传统道德规范的精华；
4. 熟悉我国当代的生育政策，树立正确的、符合时代发展的新型生育观；
5. 熟悉当代邻里关系的特征，能够在工作、生活中建立和睦的邻里关系；
6. 掌握伦理文化的概念、特点；
7. 掌握国家最新农民社会养老保险政策；
8. 掌握邻里的含义及传统邻里关系的特点。

导　读

山东建成乡村儒学讲堂逾9200个

近日从山东省十二届人大六次会议秘书处获悉，目前山东正进一步完善“图书馆＋书院”模式，加快城乡儒学讲堂建设。截至2017年2月，山东省内公共图书馆已全部建成尼山书院，乡村（社区）儒学讲堂达到9200多个，举办各类活动逾4万场次，参与群众超过500万人次。

山东乡村儒学讲堂源于几位学者的试验。2012年，颜炳罡、赵法生等传统文化研究学者来到山东省济宁市泗水县举办乡村儒学讲堂，为民众面对面讲解国学。其间，学者通过多种方式吸引民众前来听课。此后，试验点陆续拓展至潍坊市、聊城市等地。这一举措对弘扬赡老敬亲的传统美德，改善乡风民俗，营造和谐农村、和谐社区，发挥了重要的文化启智作用。2014年起，山东开始以基层综合性文化服务中心为主阵地建设乡村（社区）儒学讲堂，并列入公共文化服务体系建设目录。

2014年至今，山东省文化厅组织各市、县尼山书院充分发挥优势，整合师资力量，定期派驻优秀讲师到本区域内贫困村儒学讲堂现场授课。针对贫困村存在的实际问题，面对面为群众答疑解惑，提升道德素质和文明水平。

（资料来源：山东省文化厅http：//www.sdwht.gov.cn/2017-02-15）

|提　示|

在经济物质条件快速改善的今天，人们对于传统文化的态度经历了从漠视到重新重视的过程，传统文化中的孝道、仁爱、和谐、礼让等思想精髓在今天越来越多地被提及，乡村儒学讲堂将儒学送教下乡，对重塑乡村文明起到了很好的推动作用。结合案例思考：你的家乡有哪些优良的美德传统、美德故事？怎样将这些美德进一步宣传、弘扬以引导乡风建设？

第一节　概　述

中国是文明古国、礼仪之邦，在五千年的文明发展史中，中国的传统伦理道德源远流长、博大深厚，为维护和推动社会的发展，为人们遵守和践行普世的行为准则和道德规范，起到了重要的规范、引导作用。

一、伦理文化的概念

“人伦”一词最早见于《孟子》。孟子在叙述尧舜时代的历史事迹时说：“人之有道也，饱食暖衣，逸居而无教，则近于禽兽。圣人（指舜）有忧之，使契为司徒，教以人伦。”（《孟子·滕文公上》）在伦理学中，伦指人伦，即人的血缘辈分关系，伦理指调整人伦关系的条理、道理或原则。而我们通常在生活中所说的伦理，就是指处理人们之间的相互关系所应遵循的道理和规则。人在社会生活中，必须建立共同遵守的行为规范，然后社会秩序才能维持，团体利益才能确保，人类理想才能实现。

中国传统伦理道德是中国传统文化的构成要素，其地位与作用举足轻重。它主要是以儒家伦理为观念架构、以宗法血缘关系为社会依托、给予传统中国人的道德价值观和行为道德抉择以导向性作用的伦理体系。自先秦降及明清，其历史传承绵延不断。中国文化一向重视人伦道德。中国无“国教”，而有“国德”：没有国人普遍信仰的宗教，而有国人普遍崇尚的伦理道德。中国哲学是伦理型的，中国文化也是伦理型文化。伦理道德是中华传统文化的核心。伦理道德是做人的根基，是人们的精神家园。中华传统文化的主干——儒家思想，强调营造个体生命在此岸历史中的真实价值。其最明显的物态表现，就是我国传统的村镇大都有祠堂。祠堂记录着血缘传承、伦理次序，是伦理文化的载体。至今在我国南方地区，很多年轻人成婚，还要进祠堂拜祭祖先。中国人把祖传姓氏放在个人名字之前，不像欧美的国家把姓氏放在名字之后，而且中国人在名字中要显示辈分，一听名字就知道是第几代。

典型案例

2015年世界李氏宗亲会祭祖大典主题曲《李》

2015年歌手李玉刚推出的歌曲《李》，不到200字，却唱出了李氏姓氏文化的风采，被指定为2015年世界李氏宗亲会祭祖大典主题曲。歌曲引用诗词和历史典故达36处，每一句歌词皆指一位李姓历史文化名人。

《李》歌词如下：

一部《道德经》　逍遥函谷行
一曲《将进酒》　饮者留其名
一阙《漱玉词》　云中叹飘零
一双稻草鞋　《本草纲目》集大成
一骑飞将军　塞外引雕弓
一代天可汗　四海纳英雄
一方有佳人　顾盼倾人城
一条双节棍　中国功夫出太清
一个天下的歌圣　正是江南好风景
一位千古的词帝　小楼昨夜又东风
歌一曲中华盛世　井水处皆有唐人
追根溯源《百家姓》　血浓于水一脉相承
一朝春蚕丝方尽　雏凤清于老凤声
一首《我住长江头》　此时此夜难为情
歌一曲中华盛世　井水处皆有唐人
追根溯源《百家姓》　血浓于水一脉相承

传统伦理道德的内涵主要有两个方面，每个方面又有两个层次：

第一个方面是尊卑有等。区分尊卑的两个层次就是：一为区分等级。全体国民划分为若干等级，在国家层面，区分君与臣；在社会层面，区分长与幼、男与女；在家庭层面，区分父与子、兄与弟、夫与妇。上述只是主要的等级区分，还有更细小的分等，如官吏之间还有等级划分，家庭之中还有母与子、兄弟与姐妹以及妯娌等区分。二为恪守名分。每个等级皆须恪守自己的责任与义务。

第二个方面是上下有序。这个方面又分为两个层次：一是相互关怀。先将人群做两两划分，如君臣、父子、兄弟、夫妇等，再规定两者之间关怀的重点："父慈、子孝、兄良、弟弟、夫义、妇听、长惠、幼顺、君仁、臣忠。"二是以下承上。虽然各等级之间要相互关怀，但更强调以下承上，强调下一级对上一级的责任与义务。

二、伦理文化的分类

自给自足的自然经济是中国传统伦理产生的经济基础，而家国同构的社会结构则是它赖以依存的社会载体，有学者认为中国传统伦理型文化与小农经济生产方式、家国同构宗法社会政治结构密切相关，正是在此基础上，中国传统伦理道德得以逐步发展起来。当中国告别原始社会时，宗法血缘关系依然存在，在宗法血缘关系与自然经济共同作用下形成了宗法伦理。就其结构体系而言，它包含封建家族伦理、社会伦理、国家伦理。其具体内涵则体现为君臣、父子、兄弟、夫妇、朋友五种社会关系，儒家把这五种最具典型性的人际关系直接归纳为"五伦"，每一种社会关系都有其一定的准则。父子关系（父母与子女的关系）的准则是"亲"，即相互亲爱；君臣关系的准则是"义"，即君臣都应遵守道义；夫妇关系的准则是"别"，即夫妻之间挚爱而又内外有分；长幼关系是年长者与年幼者及兄弟之间的关系，其准则是"序"，即先后的次序；朋友之间的准则是"信"，即相互讲真话并遵守诺言。孟子认为人伦是人区别于禽兽的关键所在。"五伦"是人生正常永久的关系，是任何人不能回避、不应回避的关系，其中的每一个方面都有个体应尽的道德责任和义务。儒学中的"五伦"是以血缘、宗法、等级等为内容构建起的人际关系的网络，是以血缘关系为起点和核心外推扩散而形成的人际关系。需要注意的是中国传统伦理道德中的经典纲常主要以儒家为主体，同时还体现为儒家与法家、墨家、道家、佛家等的冲突与融合。

有了“五伦”就有了相应固定的规则——“五常”，即仁、义、礼、智、信，它是用以调整、规范君臣、父子、兄弟、夫妇、朋友等人伦关系的行为准则。仁者，爱人也。就是说，一个人要有仁爱之心，不能自私自利，凡事不能光想着自己，要多设身处地为别人着想。义，本意是在别人有难时要出手帮助。引申言之，即为人处世要合乎道义。礼，本意是示人以曲也。自己弯腰则别人就显得高大，因此敬人即为礼。引申言之，是指言行举止要恭谨、恰当。智，本意是知道日常的东西。引申言之，能明辨是非、曲直、邪正、真妄，就是智。信，人言也。人言不爽，方为有信。引申言之，言无反复，诚实不欺，即为信。

在历史发展过程中，秦汉以后，汉儒提出三纲（君为臣纲、父为子纲、夫为妻纲）之说，强调君对于臣、父对于子、夫对于妻的主导地位及臣对于君、子对于父、妻对于夫的服从关系。然而中国历史上提倡“三纲”的学者从未主张绝对服从，或绝对的等级尊卑；相反，他们无论从人格、生平还是思想上看，都表现了顽强的人格独立性和谏诤品格。事实上，被现代人批判了一百多年的“三纲”，本意只是一种强调从大局出发、小我服从大我的精神，这种服从，不是人身依附，而是对伦理道德的恪守。近代以来，在西方文明的冲击下，整个封建文化慢慢由盛而衰。中华人民共和国成立后，传统文化和传统伦理道德中的糟粕部分被扬弃，社会主义新的伦理道德开始建立。

三、伦理文化的特点

中国传统伦理道德，是中华民族在长期社会实践中逐步凝聚起来的民族精神之所在，是从先秦到辛亥革命时期，融汇儒、墨、道、法等各家伦理道德学说为主要内容的伦理思想和行为规范的总和。从一定意义上来说，以儒家伦理思想为基础的中国传统伦理道德，是中华民族思想文化的核心。弘扬和培育民族精神，复兴中华文明，离不开对中国传统伦理道德的了解。概括地说，中国伦理文化的基本特征，主要表现在以下四个方面：

（一）以德为本

在社会意识形态中，伦理道德占有十分重要的位置，它与哲学思想和政治学说融合在一起，成为社会意识形态的关键要素。科学、教育、文化、艺术、音乐都披上了道德的外衣，都要以伦理道德的标准作为评价、衡量的首选尺度，成为培养良好道德情操的工具。这种讲求德行的处事态度，渗透在人们的日常生活当中，融化在人们的血液里，成为影响人们价值观念、行为方式和言谈举止的重要力量。

（二）整体主义

我国传统伦理道德重视忠君孝亲，强调整体和服从，具有浓厚的血缘关系和宗法制度的色彩，其中所体现出来的为民族、为国家、为人民的整体主义思想，是中国传统伦理道德的精华。从岳飞的“精忠报国”，到文天祥的“留取丹心照汗青”；从顾炎武的“天下兴亡，匹夫有责”，到林则徐的“苟利国家生死以，岂因祸福避趋之”：这种整体主义思想，显示了强烈的为国家、为民族、为整体献身的爱国主义精神，是中国传统伦理道德的一个重要特点。王岐山同志在中国共产党第十八届中纪委第四次全体会议上的讲话中提及：“国家”是中华传统文化独有的概念，国与家紧密相连、不可分离。

（三）慎独自省

重视道德修养、慎独自省，是我国伦理道德的一大传统。我国历史上的伦理学家，大都把道德修养放在十分重要的位置，提出了一整套内容丰富、独具特色的道德修养理论和学说。道德修养、慎独自省是一种对道德的认知和实践活动，是个人把外在的社会道德规范和要求，内化为自我的道德品质、道德情操和道德境界的一种手段、途径和方法。在现实社会生活中，要求人们无论在何时何地都要小心谨慎，秉持自己的道德操守，反省自己的思想和行为，不管是否有外部监督的存在，都不做违反道德的事情，恪守本分、洁身自爱。

（四）贵和尚中

中国人的处世态度别具一格，既与我国传统文化中的尚德倾向有关，也与中国人的思想方法和处世观念相连，中国人主张“贵和尚中”。“和”指“和谐”，“中”为“中庸”，即推崇和谐、崇尚中庸。中国人的处世态度有着强烈的协调、中庸气息，表现为进退有度、不偏不倚、言论和行动合乎人应该具有的基本伦理规范。在社会交往中，以和为贵，使人际关系趋于和谐。“己所不欲，勿施于人”“将心比心，推己及人”，如果连自己都不愿意做的事情，就不要强求别人去完成。对于帮助了自己的人，要怀有感激之情；自己帮助别人的行为，不要求别人的回报；甚至当别人做了对不起自己的事情，也不要耿耿于怀、以怨报怨，相反，应当采取宽厚的态度，以德报怨。

对于中国传统伦理道德，我们既要正视其封建糟粕的一面，更要看到它作为传统文化的思想精华的一面。这种思想精华就是以“仁者爱人、以德立人”“自强不息、厚德载物”“和而不同、和谐相处”等为代表的中华传统美德。中华民族正是通过不断地摒弃糟粕、传承美德，才对人类文明发展做出了直到今天也不容忽视的突出贡献。

第二节　生育文化建设

一、我国传统生育观念

人类的生育观念主要体现在如何看待生育孩子这一事件上，具体可以通过反映人口生育意愿的信息数据来体现。中国传统生育文化，是指中华民族在绵延生息的历史长河中，一代又一代集体创造出的、具有浓郁民族特色的、有关“生”与“育”的种种社会现象，以及与之相关的一系列操作方式。

中国传统生育文化是对人类早期生育文化的继承和发展。人类早期生育文化的核心是生殖崇拜，生殖崇拜是原始人追求幸福，希望家族兴旺发达的一种表现，许多出土文物和崖画仍然保留着生殖崇拜的遗迹。生殖崇拜经历了由母阴崇拜向男根崇拜的转变过程，在其影响下产生的习俗与遗迹，广泛存在于民间节日和宗教生活中。由原始社会过渡到奴隶社会后，生殖崇拜逐步向传统生育文化发展，进入封建社会之后，逐步形成了系统的传统生育文化。

中国传统生育文化的产生和发展，有深厚的政治、经济、文化背景。一方面，中国社会特有的观念形态，特别是在儒家“孝”文化主导下形成的、以宗族法制和伦理制度为保证的神圣的生育心理定式，两千多年来一直以其极大的张力影响着中国人的兴衰福祸，以其深厚的承载力支撑着民族的持续发展。另一方面，中国传统社会以小农经济结构为经济主体，生活条件相对恶劣造成人口高死亡率，需要大量劳动力的补偿，逐步形成了以“早、多、男”为特征的生育观点。在两千多年的封建社会中，多数封建王朝都奉行了鼓励生育的制度，民间形成了种种鼓励生育的风俗习惯，最终形成了独具特色的传统生育文化。

中国传统生育观，主要体现在以下几方面：

（一）传宗接代

“百善孝为先”是中国传统生育文化的旗帜，封建社会人们经常挂在嘴边的一句话“不孝有三，无后为大”，是人们对繁衍后代重要性的写照。“孝”成为人们最基本、最强劲的生育动机。婚姻重视繁衍、重视家族、家庭发展，子女成为父母的私有财产。只要门当户对，有“父母之命，媒妁之言”就能够组成家庭，而忽略了男女双方的感情需求。婚姻的目的是生子，生育的目的就是传宗接代、保持家族的香火不断。

（二）重男轻女

“无子不成家”“女儿不是后”，男女在传统社会和家庭中的地位不平等，男性起主导和支配作用。传统伦理、法律、小农经济和土地所有制这四个因素，塑造了中国传统的父权宗族制度。在这种制度下，母亲在家族中基本上没有人权、财权、事权，更不用说女儿了。儿子承担着传宗接代、养老送终、维护生产生活秩序、情感回馈等家族重大责任。在婚姻关系和生育行为上，形成“女嫁男、从夫居”的婚姻家庭模式，妇女处于依附的地位，也是世代相沿几近固化的思想观念。

（三）多子多福

中国是农业大国，小农经济长期占主导地位。繁重的田间耕作、抗旱排涝等劳动主要依靠家庭男丁。儿子多，劳动力就多，创造的财富就多，父母晚年生活就有保障。因此，鼓励生育，看重男性，既是主观的选择，也是客观的需求。中国古代提倡“五子登科”（来源于民间故事，五代后周时期，燕山府有个叫窦禹钧的人，他的五个儿子都品学兼优，先后登科及第）、“五男二女”（家庭中有子五人，有女二人，表示子孙兴旺、有福气），多子多福成为人们的心理定式。

（四）早婚早育

在封建社会中，女子十三四岁、男子十四五岁结婚生子是相当普遍的事情，早婚早育、早生贵子在封建社会成为人们的一种普遍心态。一方面，古代人们夭折率高、平均寿命短，需要人们珍惜生育时间；另一方面，封建统治者出于经济和军事的需求，为了防止人口过少，影响劳动力、兵力，还会用法律来设置结婚上限年龄（现在的婚姻法是设置结婚下限年龄），防止晚婚。

我国传统的生育文化经过数千年的积累和传承，逐渐渗透到人们意识的最深处，其中明显的局限和不足，从深层次上制约着社会经济的发展。在今天构建新型生育文化的过程中，我们应该审慎地吸收其精华，大胆地扬弃其糟粕。

二、当代国家人口政策

新中国在不同历史时期，采用了不同的人口政策。具体而言，经历了鼓励生育阶段、计划生育酝酿阶段、计划生育发展阶段和计划生育调整阶段。结合新中国生育政策的历史沿革，可以发现不同时期生育政策的不同特点。

（一）鼓励生育

从1949年到1953年，因先前遭受战争破坏，百废待兴，当时人们普遍抱有这样的观点：只有资本主义国家才有人口过剩问题，中国应以地大物博、人口众多为荣。政府着力于战后恢复，发展工农业生产，对人口生育持放任的态度。从1950年出台的《机关部队妇女干部打胎限制的办法》和1952年发布的《限制节育及人工流产暂行办法》可以看出，这一时期政府是鼓励生育的。在这种思想、政策的影响下，我国人口快速增长，1953年人口数量就达到6亿，出生率37%，自然增长率23%。

（二）酝酿计划生育

1953年中国进行了第一次人口普查，普查结果显示，远远高于预期的人口数与当时国家有限的资源、落后的综合国力形成反差。因此，在1954年到1959年这段时期，学术界提出了一些节制生育的主张。1957年，马寅初在第一届全国人民代表大会第四次会议上做了《新人口论》的书面发言，随后《新人口论》在《人民日报》全文发表，其核心观点是控制人口数量，提高人口质量。但因为此时中国的生育高峰还未来临，节制生育的主张并未得到足够的重视。

（三）计划生育

在“节制生育”与“反节制生育”斗争中，中国政府做出最终的选择，决定实行计划生育政策。我国于1971年开始推行计划生育政策，但把计划生育确定为基本国策并写入宪法是1982年。

1971年7月，国务院批转《关于做好计划生育工作的报告》，把控制人口增长的指标首次纳入国民经济发展计划。1973年正式成立了国务院计划生育领导小组，全国开始普遍开展计划生育工作。生育口号从1973年的“晚、稀、少”转变为1978年的“一个不少、两个正好、三个多了”。

1980年9月，党中央发表《关于控制我国人口增长问题致全体共产党员、共青团员的公开信》，提倡“一对夫妇只生育一个孩子”的做法。

1982年9月，党的十二大把计划生育确定为基本国策，同年12月写入宪法，生育控制逐步趋紧。该时期生育文化的主题是控制人口数量、提高人口质量。自20世纪80年代推行“一孩政策”以来，“计划生育、晚婚晚育、少生优生”被作为科学、文明、进步的婚育观念广为宣传，并逐渐深入人心。“晚婚、晚育、少生”也在职级晋升、社会交往、考核评价中成为正面示范。

2000年《中共中央、国务院关于加强人口与计划生育工作稳定低生育水平的决定》发表后，人口与计划生育的主要任务开始转向稳定低生育水平、提高人口素质的轨道上。

根据原国家人口计生委的官方统计：预计我国因计划生育少生了4亿人口，我国生育率大幅降低，有效地控制了人口增长过快的问题。自20世纪70年代末实行计划生育以来，我国的人口自然增长率从1978年的12%，下降到2010年的4.79%。我国人口占世界比重从1980年的22.08%下降到2000年的20.84%，而印度人口则从1980年的14.93%上升到2000年的16.77%，中国计划生育政策的贡献可见一斑。

（四）调整计划生育

计划生育政策实施30年来，负面效应逐渐出现，主要表现在生育率过低、劳动力供给开始减少、人口老龄化快速发展、出生性别比畸形升高等，人口的“结构问题”代替“总量问题”成为人口发展的突出矛盾。鉴于其可能对社会经济发展产生严重的负面影响，计划生育政策调整的时机逐渐成熟。

2013年12月，党的十八届三中全会决定启动“单独二孩”政策，即一方是独生子女的夫妇可生育两个孩子。“单独二孩”政策虽在一定程度上释放了生育的空间，但仍没有走出政府管制的计划生育状态。

经过两年的“缓冲期”，2015年10月29日党的十八届五中全会将我国计划生育政策调整为“全面二孩”，即所有夫妇，无论城乡、区域、民族，都可以生育两个孩子。“全面二孩”于2016年1月1日起正式实施。实施“全面二孩”政策，是继“单独二孩”政策之后我国生育政策的进一步调整完善，是中央基于我国人口与经济社会发展形势而做出的重大战略决策。

实施“全面二孩”政策后，国家将进一步改革完善计划生育服务管理，取消二孩审批，实行生育登记服务制度，准确掌握生育信息，重点加强优生优育、避孕节育、妇幼健康的咨询指导，落实免费的卫生计生服务项目。生育第二个孩子的夫妻，可到一方户口所在地或现居住地办理登记，具体登记办法由各省（区、市）制订。

实施“全面二孩”政策后，国家对自愿生育一个孩子的夫妻，不再发放《独生子女父母光荣证》，不再享受独生子女奖励费等相关奖励优待政策。之前已经领取《独生子女父母光荣证》的，继续按规定的条件、标准、年限，享受各项计划生育奖励优待政策。已经领取《独生子女父母光荣证》要求再生育的，不再享受独生子女父母奖励优惠待遇，此前享受的奖励不用退还。

表 2-1　　2015 年我国人口总数及其构成分析

指标	年末数（万人）	比重（%）
全国总人口	137462	100.0
其中：乡镇	77116	56.1
乡村	60346	43.9
其中：男性	70414	51.2
女性	67048	48.8
其中：0～15岁（含不满16周岁）	24166	17.6
16～59岁（含不满60周岁）	91096	66.3
60周岁及以上	22200	16.1
其中：65周岁及以上	14386	10.5

资料来源：国家统计局

"全面二孩"政策的出台意义重大，它终结了强制性的、代价巨大的独生子女政策。但因为种种原因，政策调整发挥的作用不尽如人意，中国很难走出"选择性独生子女时代"和"超低生育率陷阱"。"全面二孩"政策落地一年来，全国二孩的生育数量低于预期。2016年全国出生人口1750多万，相比2015年的出生人口1655万，仅仅增加了95万；相比2014年的出生人口1687万，也只是增加了63万。总体来看，全国总体生育率逐年缓慢下降是一个大趋势，持续的低生育和少子化已经成为人口新常态。

"全面二孩"并不是我国生育政策调整的终点。随着人们生活方式的改变，结婚和生育年龄的一再推迟，人们的生育意愿和生育行为有进一步下降的可能，"单独二孩"的政策效应已经不如预期，目前更需要监测"全面二孩"后的生育指标变动。为避免落入"低生育率陷阱"，我国未来可能需要进一步放宽生育限制，甚至取消生育限制。

知识拓展

中国人口少子化危机

少子化有两个含义，一是生育的少子化，指生育率持续低于更替水平的状态或趋势；二是人口的少子化，即0～14岁少儿的人口比重低于20%，或人口规模不断下降的状态或趋势。根据国际人口统计学标准，一个社会0～14岁人口占比15% ～18%为“严重少子化”，低于15%为“超少子化”。少子化带来的直接后果就是未来内需不振以及劳动年龄人口减少。

中国人口形势已发生历史性转变，需要及早应对少子化危机。少子化危机更甚于老龄化危机。过去几十年来，中国0～14岁的少儿人口占总人口的比重在持续下降，1964年为40.7%，1982年为33.6%，1990年为27.7%，2000年为22.9%，2010年降为16.6%，到2014年更下降到15.3%。

三、农民新型生育观念的建立

生育观念对人们的生育行为具有决定性影响。到21世纪初，中国人的生育观念已发生了显著变化，由传统生育观念逐渐向现代化生育观念转变。

生育观点的转变，一方面受30多年来中国改革开放的影响，改革开放在使社会经济发生翻天覆地变化的同时，也使传统生育观念存在的基础发生了动摇；另一方面，中国实施的计划生育政策对人们的新型生育观的塑造产生了巨大的影响。目前生育观念在中国存在着不均衡现象，主要表现在城乡地域之间的不均衡、不同文化素质人口之间的不均衡。当代农村人的生育观念由于受到诸多条件的影响，也发生了根本性的转变。

（一）子女数量

首先，在生育子女数量观上，传统生育观念的核心是多生多育；而当代农村生育观念则是少生优生，“一个不少，两个合适”，打破了多生多育的传统观念。当代农村的发展已经打破了传统农业经济单一发展模式，使得农民的收入来源不仅仅局限于种养业，更多的人进入村、乡镇、县市的企业成为工人，固定工资成为其主要收入。小孩抚育成本（比如生活、教育、婚姻等）的迅速提升，也让许多农民逐渐意识到子女数量并非越多越好。统计数据表明，我国目前每个家庭平均理想子女数为1.6～1.8个。

（二）子女性别

在生育的性别选择上，传统生育观一直存在的重男轻女的性别选择偏好被逐渐弱化。当代农民的思想不断放开，逐步接受了计划生育的观点，尤其是青年一代，由于受教育水平不断提高，青年农民的生育观念中更是弱化了对性别的要求。很多村民生育的理想是能够生育两个，实现一儿一女的平衡状态；只生育一个的家庭认为“男孩女孩都一样，女孩也是传后人”；甚至有的人认为，“要生就生女儿，女儿是父母的小棉袄”。

（三）子女培养

在子女的培养上，传统观念认为子女成材与否，都是天生，不能改变和强求，当代农民则重视子女的后天培养和塑造。一方面，伴随着经济条件的改善，农村物质生活水平得到很大的提高，农活、家务活牵扯到的人力越来越少；另一方面，农村青年父母受教育程度不断提高，他们意识到教育对个人命运的重大作用，愿意花更多的财力、精力在子女的后天培养上，只要子女想学、想读，无论如何，都会尽可能满足其愿望。在部分经济发达的农村地区，孩子的各类业余培训班红火程度不亚于城市。即使在普通的农村地区，针对孩子的各类学习班、培训班也司空见惯。

（四）生育目的

在生育目的上，当代农民摒弃了“传宗接代”“养儿防老”的生育观念，生育目的由家族为中心转移到自己的生活上来，生育子女成为一种亲情的满足、自我需求的满足。国家近年在农村推行的新型农业合作医疗保障和新型农村养老保障机制，导致“养儿防老”的观点也在进一步淡化，很多村民表示：孩子就是生命的一个延续，与子女同住太不方便，自己老了以后住得离子女近些就好，“对他们好就是对自己好”。

典型案例

中国第一部诺贝尔文学奖作品:《蛙》

2012年10月，山东高密作家莫言凭借其小说《蛙》获得诺贝尔文学奖，成为第一个获得诺贝尔文学奖的中国籍作家，轰动全球。

《蛙》是莫言酝酿十多年、笔耕四载、三易其稿、潜心创作的第十一部长篇小说，与莫言的其他重要长篇作品，如《酒国》《檀香刑》《生死疲劳》等相比，《蛙》延续了这些作品对小说结构、叙述语言、审美诉求、人物形象塑造、史诗般反映社会变迁等方面的执着探索，在整体上达到了极高艺术水准，也是近几年中国原创长篇小说中最重要的力作之一。

莫言的长篇小说《蛙》的中心词是“计划生育”，但这只是浅层表象，在这一中心词背后，隐藏着的是莫言对生命（生殖、繁衍）的由衷敬畏和顶礼膜拜。

《蛙》通过幻觉现实主义，将民间故事、历史与当代社会融合在一起。《蛙》与“娃”同音，小说以新中国近60年波澜起伏的农村生育史为背景，主要讲述的是乡村医生“姑姑”的一生。“姑姑”的父亲是八路军的军医，在胶东一带名气很大。“姑姑”继承衣钵，开始在乡村推行新法接生，很快取代了“老娘婆”们在妇女们心中的地位，用新法接生了一个又一个婴儿。“姑姑”接生的婴儿遍布高密东北乡，可丧生于“姑姑”之手的未及出世的婴儿也遍布高密东北乡。“姑姑”一面行医，一面带领着自己的徒弟们执行计划生育政策。让已经生育的男人结扎，让已经生育的怀孕妇女流产，成了“姑姑”的两件大事。

图2-1　山东高密作家莫言

小说通过讲述从事妇产科工作50多年的乡村女医生“姑姑”的人生经历，描述国家为了控制人口剧烈增长、实施计划生育国策所走过的艰巨而复杂的历史过程。小说题材带有敏感性，但还是把握好了政治与文学之间的尺度，在表现这一历史事件时，很好地融入了作者自身的生命体验，能够引起人们的思考，对社会未来的发展，具有较强的现实意义。如今，国家的计生政策已经放宽了，而这部小说中的社会情景、历史过程，以及人们曾经有过的处境，却仍然有着别样的内涵。

（资料来源：百度百科等，本书有删改）

第三节　孝养文化建设

中国传统文化以孝道伦理为中心，孝道伦理在中国传统伦理文化中不但处于“百善孝为先”的引领地位，而且被认为“德之本也，教之所由生也”（《孝经·开宗明义》）。

一、我国传统孝养观念

中国传统“孝”文化的形成历史悠久。“孝”，是中华文化的重要内涵之一，忠孝节义向来被认为是中华传统美德，其中“孝”占有重要位置。

（一）原始社会的“孝”

在中国历史上，“孝”是一个不断变化的观念。它产生于原始社会末期，即母权制度向父权制度过渡的时期。由于血缘关系的明确和私有制的产生，子女可以从父母那里直接继承财产，为了表达对父母及长辈生育抚养的感恩、崇敬和哀思之情，便产生了“追孝”“享孝”“孝享”“孝祀”等观念。“孝”最初仅限于调整父母与子女之间的家庭伦理，并无社会规范的意义，其主要内容是祭祀祖先、善事父母。我国最早的诗歌总集《诗经》中有“率见昭考，以孝以享”之句，充分说明了“孝”的原始意义，即人们在生产劳动、与大自然的不断斗争中，为祈平安而进行的一种尊祖敬宗的祭祀活动。

（二）夏朝的“孝”

夏朝出现了“国家”这个词，王位世袭，公天下变成家天下。国家出现以后，原本仅限于崇敬祖先、善事父母的血缘家庭的“孝”，逐渐延伸到政治、宗教、社会的广阔领域，成为一种社会性的道德准则。儒家把孝由家庭推广到社会，移“孝”为“忠”，二者相辅相成、互为表里，“忠孝一体”把维护宗法血亲关系同维护封建等级制度联系起来，“孝”成为同时维系家族与政治的伦理纽带。孔子思想的核心是“仁”，他将“孝”作为“仁”之本；孟子提出了“老吾老以及人之老，幼吾幼以及人之幼”（《孟子·梁惠王上》）的观点。中国传统文化博大精深、源远流长，而无论在儒、释、道的哪一家的思想体系中，“孝”都是一个重要范畴。从某种意义上说，传统的中国文化就是“孝”的文化，传统的中国社会就是奠定于孝道之上的社会。

知识拓展

“孝”的最早含义

“孝”字最早出现在3300多年前殷墟甲骨文中。甲骨文中“孝”字，“老”在上，“子”在下。上部的老人，弯腰弓背，白发飘拂，手拄拐杖，一副老态龙钟的模样；下部的孩子，把两手朝上伸出，托着老人，做出扶持的样子。

图2-2　甲骨文中的“孝”字

（三）汉代的“孝”

汉以后，“孝”观念上的变化，一方面是“孝感”和“孝义”的提出。所谓“孝感”，是说人之大孝，可以感动上天，降福于身；不孝，则会受到鬼神的惩罚。所谓“孝义”，指的是行孝而重义。另一方面，汉代统治者主张“以孝治天下”，把家庭孝悌作为“治国平天下”的出发点，“孝”彻底走上政治舞台，被纳入封建道德体系中，成为中国封建君主专制统治的思想基础。从汉以后，历代统治者或思想家都自觉地把孝文化作为封建政治统治的精神基础。

（四）唐宋时期的“孝”

两汉以后，尤其是唐宋以来，人们愈加强调“臣忠”和“子孝”，而很少谈到“君明”和“父慈”，甚至提出“父为子纲”“君叫臣死，臣不敢不死；父要子亡，子不敢不亡”“君虽不君，臣不可以不臣；父虽不父，子不可以不子”等愚忠愚孝的绝对化的原则，封建社会树立的孝行典范“二十四孝”（如埋儿奉母、乳姑不怠）中就包含着许多愚昧、残忍的东西。“孝”不仅影响着中国历朝历代人们的思想，同时也成为支配人们行动的准则和评判人们德行的标准，成为统治阶级的“御用工具”。

知识拓展

《父母恩重经变相》

图2-3　大足石刻摩崖造像《父母恩重经变相》

《父母恩重经变相》是宋孝宗淳熙年间在重庆大足建造的石刻摩崖造像，隶属宝顶山石刻。石刻造像龛高700厘米、宽1450厘米、深250厘米，刻像44尊。上部刻“贤劫七佛”半身像，下部中央刻“投佛祈求嗣息”图。全龛造像的内容以中间一对夫妇“投佛祈求嗣息”拉开序幕，左右连环画式地刻出父母含辛茹苦抚育子女的十组雕像，歌颂了父母的十种恩德。整个造像情节连贯，形象生动，是佛教中国化后的产物。

总之，传统文化中的“孝”具有二重性，既包含着理智的养老、敬老，体现人类美好情操的“孝”，同时也包含着被统治阶级改造为“忠君尊王”御用品的“孝”。前者的存在，使我国历史上出现了许多如花木兰女扮男装、代父从军之类的可歌可泣的故事，使人们恪守养亲、敬亲的道德规范，使老人生活得到了很好的安顿；后者无疑有利于维护封建社会的统治秩序，历代统治阶级大力提倡孝道，以此作为衡量人们道德品质高下和国家选贤任能的标准，靠“孝”来控制人心、控制臣民、威慑社会、维系秩序，用以造就顺民。

二、农村特有的孝养方式

养老问题，是工业化后各国普遍面临的一种社会问题。养老问题不仅是我国农村社会发展过程中必然遇到的问题，也是社会主义新农村建设的重要内容之一。

（一）中华人民共和国成立初期

中华人民共和国成立初期，由于传统社会形态的延续，我国农村还存在着许多的大家庭。由分家形成的主干家庭、核心家庭，是中华人民共和国成立初期常见的家庭形式。在兄弟分家之后，受传统家庭观念的影响，老年人的赡养问题会得到妥善解决，即由家产在兄弟之间的分配比例，决定各自在赡养父母方面应尽的义务和责任。

（二）农业合作化时期

1953年以后，我国农村地区掀起了农业合作社化运动，到1958年底，99%的农户被编入了2.6万多个人民公社。人民公社的建立，尤其是在此基础上形成的农村社会分配制度，推动了由集体社队负担的农村养老保障制度的建立。通过人民公社体制下集体供给、个人报酬以及其他福利补助，公社成员的生活完全依靠集体社队来保障。在这样的制度下，一些没有劳动能力或劳动能力差的老年人也可以按照人均供给标准，从集体领取粮食、衣物等生活必需品，其基本生活得到了保障。这样的分配制度使得老年人得到了生产队几乎完全的支持与负担，极大地减少了对家庭的经济依赖。但需要注意的是，生产队对普通老人的生活保障仅仅限于物质的供给，老年人生活照料和精神慰藉仍然由家庭承担。

（三）改革开放后

1978年，在安徽小岗村的示范下，“联产承包、包干到户、统分结合、双层经营”的联产承包责任制在全国农村迅速展开，鉴于土地收入在农村家庭中的重要地位，绝大多数农村地区实行了土地的平均分配。土地的平均分配，决定了以土地收入为基础的家庭养老制度的回归。其一，农村老人可以凭借自己对土地的承包经营，通过自己的劳动来获得收入；其二，农村老人在年老不能参加农业生产时，将土地经营权转给子女，从而获得子女赡养；其三，当老人无法获得子女资助时，土地承包权可以转让给他人，以获得收入。可以说，土地是农村老人最为宝贵的经济资源，它不仅使得老年农民拥有了与其他家庭成员相同的经济地位，而且能够享有被赡养的权利。直到现在，依靠土地养老的情况依然非常普遍，尤其是在经济发展相对落后的地区。

人民公社解体后，乡镇政府成为农村基层政权，村民委员会成为村民自治组织。老年人的日常生活照料、医疗费用开支以及其他养老保障的职能也完全由家庭承担，家庭为这一时期的老人生活提供了养老的服务与支持。伴随农村家庭形式的变化，这一时期老年人在家庭中地位发生了改变，已不再是传统家庭中的一家之主，在家庭生活中处于从属地位。

自1978年国家实行改革开放至今，近四十年的光景，我国传统农村家庭养老的外部形势已发生了巨大的变化，但家庭养老仍是我国当前农村老人养老的首选。养老观念的“中国特色”，更准确地说是传统中国文化特色，莫过于“养儿防老”的信念。在中国人的传统观念里，孤老终生十分可怕，养儿防老才是正道，三代同堂最为理想。这种根深蒂固的孝养理念，是在千百年家庭养老、居家养老的实践基础上形成的。受传统观念的影响，农村老年人在劳动年龄阶段创造的财富基本上都用于子女婚嫁和盖房，而不是用来储蓄养老，甚至在年轻人外出务工时，还承担着主要的农业生产劳动，承担着抚养留守孙子女的任务。中国传统的家文化，尤其是作为其核心支柱的孝文化，造成了中国人对子女（尤其是儿子、儿媳）赡养的高度依赖，包括实质性的和观念上的依赖。大多数后辈都能在传统观念的影响下自觉地承担赡养父母的任务，即使存在个别不孝顺父母的现象，在农村这样一个熟人社会，这部分人也会在邻里舆论的压力下，改正和约束自己的行为。

表 2–2　　2010 年我国 60 岁以上农村老人身体健康状况

年龄	人数（万人）	健康		基本健康		不健康，但能自理		生活不能自理	
		人数（万人）	比例（%）	人数（万人）	比例（%）	人数（万人）	比例（%）	人数（万人）	比例（%）
60～69岁	568.5	298.8	52.6	207.0	36.5	54.6	9.6	7.5	1.3
70～79岁	320.7	89.6	27.9	143.2	44.7	75.5	23.6	12.3	3.8

（续表）

年龄	人数（万人）	健康		基本健康		不健康，但能自理		生活不能自理	
		人数（万人）	比例（%）	人数（万人）	比例（%）	人数（万人）	比例（%）	人数（万人）	比例（%）
80～89岁	109.8	18.1	16.5	43.2	39.3	37.4	34.0	11.2	10.2
90岁及以上	10.8	1.3	12.0	3.3	30.9	3.7	33.9	2.5	23.2

资料来源：根据2010年第六次全国人口普查长表数据整理

从上表可以看出，随着年龄的增长，农村老人的健康状况每况愈下。健康和基本健康的比例呈下降趋势，生活不能自理的比例呈上升趋势。

表 2-3　　2010 年我国东部地区农村老人主要生活来源

收入来源	小计		男		女	
	人数（万人）	比例（%）	人数（万人）	比例（%）	人数（万人）	比例（%）
劳动收入	126.9	39.0	77.9	49.5	49.0	29.2
离退休金养老金	19.8	6.1	14.5	9.2	5.3	3.2
最低生活保障金	11.7	3.6	6.7	4.3	5.0	3.0
财产性收入	0.6	0.2	0.3	0.2	0.3	0.2
家庭其他成员供养	160.4	49.3	55.3	35.1	105.1	62.6
其他	6.0	1.8	2.8	1.8	3.2	1.9
合计	325.3	100	157.5	100	167.8	100

资料来源：根据2010年第六次全国人口普查长表数据整理

从上表可以看出，即便在我国经济发达的东部地区，农村还是以家庭养老为主，社会化的养老水平还较低，但来源于离退休金养老金的比例较全国平均水平高出1.5%，主要是因为东部地区乡镇企业发展得早，一部分在乡镇企业工作的农村老人，在退休以后可以领取养老金。

三、国家最新农民社会养老保险政策

2009年起，我国一些经济发达的地区逐步开始探索实施新的农村养老保险政策、方法，到2010年底，全国27个省、838个县（市、区、旗）和4个直辖市部分区县纳入国家新型农村社会养老保险（以下简称“新农保”）试点范围，总覆盖面达到24%。到2012年年底，新农保制度实现全面覆盖。下面就2017年国家新农保政策进行介绍、分析。

（一）新农保的参保人员

农村养老保险是我国政府为保障农村居民年老时基本生活而制定出来的农村养老保险制度，是我国的一种新型保险。在我国，凡是年满16周岁（不含在校学生）、未参加城镇职工基本养老保险的农村居民，可以在户籍地自愿参加新农保。参加新农保的农村居民应当按规定缴纳养老保险费，年满60周岁、未享受城镇职工基本养老保险待遇的农村有户籍的老年人，可以按月领取养老金。

（二）农村养老保险基金的缴纳

1.个人缴费

参加城乡居民养老保险的人员应当按规定缴纳养老保险费。缴费标准设为每年100元、200元、300元、400元、500元、600元、700元、800元、900元、1000元、1500元、2000元、3000元、5000元等多个档次，参保人员自主选择缴费档次，多缴多得。由于各地经济水平和政策不同，具体缴费档次以当地社保局为准（全国劳动保障电话咨询服务专用号码为12333）。

2.集体补助

有条件的村集体经济组织应当对参保人缴费给予补助，补助标准由村民委员会召开村民会议民主确定。鼓励其他经济组织、社会公益组织、个人为参保人缴费提供资助，补助、资助金额不超过目前设定的最高缴费档次标准。

3.政府补贴

（1）政府对符合待遇领取条件的参保人全额支付城乡居民社会养老保险基础养老金。中央财政按照确定的基础养老金标准给予全额补贴，目前为每人每月70元。

（2）省、市、县人民政府应当对参保人缴费给予补贴。每人每年最低缴费补贴标准为：缴100元补30元，缴200元补35元，缴300元补40元，缴400元补50元，缴500元及以上的补60元。

（3）对重度（二级以上）残疾人、独生子女死亡或伤残（三级以上）后未再生育夫妻（女方年满49周岁）、节育手术并发症人员（三级以上）等缴费困难群体，县人民政府应结合本地实际，在缴费档次范围内确定标准为其代缴养老保险费，并按代缴养老保险费档次给予补贴。领取独生子女父母光荣证的独生子女父母和落实绝育措施的农村双女父母参保缴费，各地可适当提高补贴标准。

城乡居民社会养老保险制度实施时，距领取待遇年龄不足15年的，应当按年缴费，并允许补缴，累计缴费不超过15年。在2012年12月31日之前补缴的，其补缴年限享受政府的缴费补贴；距领取待遇年龄超过15年的，应按年缴费，累计缴费不少于15年。

（三）农村养老保险的领取

个人缴费、集体补助及其他经济组织、社会公益组织、个人对参保人缴费的资助，各级政府对参保人的缴费补贴，全部记入个人账户，完全积累，一步落实到位。当农村居民达到法定的年龄，并且已经缴纳养老保险满15年以上的，可以每月领取一定数额的养老保险，保障自己的老年生活。

其中，基础养老金由政府补贴，补贴标准如下：

1.按照缴费档次每月补贴标准为：第一档15元，第二档35元，第三档50元，第四档60元，第五档70元，第六档75元，第七档80元。

2.按照集体经济组织补助每月补贴标准为：第一档5元，第二档10元，第三档20元，第四档25元，第五档30元，第六档35元，第七档40元。

3.政府补贴累计不超过每人21600元。

城乡居民社会养老保险的养老金待遇与缴费年限和缴费标准都有关系。具体计算方法是：

城乡居民社会养老保险待遇由基础养老金和个人账户养老金组成，支付终身。

月养老金＝基础养老金＋个人账户总额÷139。

基础养老金＝标准为55元（今后随国家政策调整）＋缴费满15年后每多缴1年基础养老金增加1元。

个人账户总额＝个人缴费＋政府补贴＋集体补助＋社会和个人资助＋上述金额产生的利息。

计算系数＝139（与城镇职工养老保险系数相同）。

举例来说，假设王大叔今年50岁，缴费档次每年500元，缴费到60岁，那么退休后王大叔每月的养老金发放标准＝55＋（500元＋30元）×10年/139元

＝93.1元。（注：补贴标准按照集体经济组织补助计算）

假设小王30岁每年缴纳养老保险500元，一直缴纳到60岁，那么小王退休后每月老金发放标准＝55元＋（30－15年）×（1＋1%）＋（500元＋30元）×30年/139＝184.5元。（注：补贴标准按照集体经济组织补助计算）

我国人口老龄化的突出特点之一是速度惊人，人口结构从成年型进入老年型仅用了18年的时间。完成该过程，在经济发达的法国是115年，瑞士85年，美国60年，英国45年。发达国家人口老龄化的发展和应对的历史经验表明，老龄化对人类生活的经济、社会、政治和文化等方面都会产生重大影响。人口现象是一个长周期事件，解决人口问题必须要有足够的提前量。我国是失能老年人口最多的国家，也是目前世界上唯一一个失能老年人口超过1000万的国家。相对城镇来说，我国农村的失能老年人问题更加突出。根据2010年中国第六次人口普查数据显示，城市、乡镇和农村的老年抚养比已经达到15.03%、16.89%和22.75%。相对于经济发展进程较快的城镇，物质基础相对薄弱的农村面临的情况更为严峻。

知识拓展

失能老人

丧失生活自理能力的老人被称为“失能老人”。按照国际通行标准分析，吃饭、穿衣、上下床、上厕所、室内走动、洗澡6项指标，一到两项“做不了”的定义为“轻度失能”，三到四项“做不了”的定义为“中度失能”，五到六项“做不了”的定义为“重度失能”。据中国老龄办发布的《2010年度中国老龄事业发展统计公报》称，截至2010年底，中国60岁及以上老年人口已达1.7765亿，占总人口比重的13.26%。同时，中国城乡部分失能和完全失能老年人约3300万，占总体老年人口的19%，这些失能老人超过一半是农村老人。截止到2016年2月，我国失能老年人口规模突破了4000万。

四、农村新型孝养观念的建立

传统的孝文化是一个复杂的理论体系，既有合理的内核，也有过时的内容。随着传统社会向现代社会的变迁，我们应该继承和发扬传统孝文化中的合理因素，并在此基础上吐故纳新，赋予孝文化以新的内容，逐步培养符合时代需求的新型孝养观念。

（一）在奉养上以诚相待

在孝文化中，奉养父母，要求子女从内心发出对父母的真诚的敬养之情，以保证父母在精神上得到抚慰，在心情上得到愉悦。儒家所护卫的孝道，不仅仅体现于父母衣食住行的满足，而是更注重对父母的关爱是否出于真情流露。孝的核心在于一个“敬”字，“敬”所表达的是一种严肃认真、真心诚意的感情。当前，经济和社会的发展使得农村传统、封闭的生活方式向现代、开放的生活方式转变，老年人与子女之间的价值观念、兴趣爱好、生活习惯的差距日益增大。“代沟”的加深，影响着老年人与子女之间感情的交流，影响着两代人之间和谐共处和密切往来。提倡“以诚为孝”，对于解决当前农村养老现状有着直接的现实意义。

（二）在敬老上人格平等、互尊互重

平等，是构建农村孝文化新理念的重要前提。平等的亲情关系是社会平等、家庭平等的基础，传统孝文化的家庭伦理关系是以父权为中心，父为子天、父尊子卑，强调父权至高无上的地位，其家庭义务片面化、绝对化。作为子女小辈不分是非曲直，均要绝对听命，盲目顺从，这是一种不平等的关系。在现代社会父母与子女不仅社会地位是平等的，其家庭地位也是平等的。父母与子女之间既有父母对子女养育之恩的付出，也有子女对父母养育之恩的回馈。农村家庭的民主化使父母与子女之间不再是管教与被管教的关系，而是平等的伙伴关系、亲情关系。新时代的农村孝文化，要求人们以平等的心态，尊重他人、尊重家人。父母爱子女必须尊重子女的人格和尊严，尊重子女的需求和爱恶，不能因为爱而包办、甚至强制子女做他们不愿意做的事。子女爱父母也应考虑并尊重父母的心愿，体恤父母的良苦用心，多与父母沟通、交流。

（三）事业有成，报答父母

孝，作为德之本，教之所由生，不仅要求子女对父母要尽赡养义务，而且还要求他们立德、立言、立功。传统孝道，把对父母的“爱”与对国家的“忠”统一起来，主张人要在社会上建功立业，为社会做贡献，做对社会有益的人，这在当代社会仍然具有借鉴意义。在现代社会中，我们仍然强调子女要孝敬父母，为父母争光，为国争光，为社会效力。在现代家庭伦理建设中，爱国主义、集体主义与社会主义的人道主义是有机统一的，借孝敬父母之名而损害国家利益、集体利益的行为，或者借国家利益、集体利益之名不赡养父母，甚至虐待父母的行为，都应受到社会舆论的谴责。

（四）不断完善并确立新型老年价值观

我国正处于社会经济转型期，社会变迁对价值观念的影响在农村老年群体中的表现也比较突出。能否保证农村老年人公平地分享社会进步的成果，平等地参与社会发展，是农村老年人的人生价值能否得到实现的一个衡量尺度。随着人口老龄化的到来和人口高龄化程度的加深，农村绝大多数老年人仍然要处于家庭的照顾之下。现代社会积极倡导老年人要“老有所为”，老年人应该从被动消极的接受养老，转向努力寻求主动积极的自我养老，培养自信、自强和自立的生活方式。

（五）树立“厚生薄死”的观念

我国农村中对“死”极为看重，无论是老人自身还是子女均会在较早的时候准备一些老人百年之后的用品，并在老人去世后举行隆重仪式。在农村一些地区至今还保留着跪灵、守灵数日的习俗，甚至有要求“孝子”赤脚行走、几步一叩首等恶俗。与其死后饰哀，不如趁老人活着的时候，多给予、多陪伴，使其在物质上过得宽裕、精神上过得满足，注重“生”时的欢乐和享受，简化“死”时的铺张和表演。树立“厚生薄死”的观念，有利于新型孝养观念的养成，有利于社会的进步和发展，有利于社会主义精神文明建设。

知识拓展

美国主流养老模式

美国主流的养老模式，是在能自我照顾的时候独立生活，不能自理的时候就入住具有各种养老设施和护理服务的养老机构，如老年公寓、护理院等（现在都尽量设在离家近的当地社区）。也有在家护理的，但子女参不参与纯属自愿，除非有虐待老人的现象发生，法律一般不会加以干涉。养老模式与携幼模式密切相关。美国法律规定：从孩子十四周岁起（各州年龄界限不同），父母抚养责任开始减少，不再需要二十四小时陪伴，抚养责任到十八岁终止（若子女读大学，则提供帮助到二十一岁左右）。美国人在这些方面似乎也比较守法，很少有让成年子女继续啃老的（经济危机孩子找不到工作时会照顾一些），没有中国人那种普遍带大自己的孩子又继续带孙子的。中国老年人付出太多，对子女的要求和期望也自然高很多。

第四节 邻里关系建设

一、邻里的概念

中国自古就有一句俗语“远亲不如近邻”，很好地体现了邻里互助的重要性，也表明了中国人对邻里关系的倚重。“邻”“里”是中国古代社会最基层的居民组织，即古代的民户编制，就像现在的村、乡一样，在不同的朝代，其规模大小不同。

据我国第一部断代史《汉书》记载：“五家为邻，五邻为里，四里为族，五族为党，五党为州，五州为乡。”意思是，五户为邻，二十五户为里，五百户为党，一万二千五百户为乡。随着时代的推移，邻、里、乡、党这样的农村行政区域单位不再使用，但“邻里”“乡党”这一称呼却沿用了下来。邻里本身是建立在一定的地缘基础上的，邻里关系的远近也深刻地受到了地缘远近的影响，但邻里除了是地理上相邻而居的关系，更有在情感交流上相邻相交的关系。初唐王勃诗云“海内存知己，天涯若比邻”，以“知己”和“比邻”并提，彰显了好邻居的价值。

二、传统邻里关系的特点

在传统的中国农村，构成邻里的各个家庭在地域上非常靠近，甚至屋檐相连，邻里关系基于固定的生活范围而形成。在居住地相近的基础上，邻里乡亲守望相助，相互扶持，形成了现实的社会群体，乡土社会的生活是富于地方性和人情味的。地域的相近带来了往来的增强、关系的密切，邻里之间的信任是建立在彼此之间熟悉的基础上的。

传统邻里关系具有如下一些特点：

（一）邻里关系是以农业社会和乡村中国为背景的

传统社会受到经济发展的限制，虽然不能说传统社会没有城市邻里关系，但当时大部分人生活在乡村，邻里关系主要发生地集中在乡村社会。乡村土地广袤、自然环境恶劣，加上古代人口分布不均、人们平均寿命短等因素的影响，传统邻里守望相助的需要十分明显。少数生活在城邑中的达官贵人及商人，其安全保护则因有政府的力量而不需要借助民间的力量。

（二）邻里关系大多与家族关系密切相联

由于传统中国社会具有聚族而居的特点，因此，某些村落本身就是一个大家族，如盛家村、马家坡、王家沟、林杨村等，尽管也有一些杂姓村落，但由于中国社会是一个家族社会，邻里关系的精神是天下一家、视邻若亲，邻里关系是通过家庭成员之间的交往而建立起来的，在某种意义上可以看作是家庭关系的外在延伸。由于农村邻里本质的重合性，农村生活对家族、个人的紧密影响，使得家族精英、村庄精英层出不穷。

（三）邻里关系是基于熟人社会的熟人关系

同宗同族本身就是亲人，自然也是熟人，即便是不同宗族，传统社会中人们故土难离，迁徙意识很弱，人们彼此熟悉，互动频繁，大部分人对居住空间具有强烈的归属感；另一方面，在农业经济为主导的社会，由于社会的闭塞，再加上官府的户籍管制，人们往往世代居住一方，很多都是宗族聚居，即便是杂居，也多世代为邻。这种长期稳定的邻里交往关系成为仅次于血缘关系的人际交往关系。在被强化了的熟人社会的邻里关系大环境下，人们就更加有修好邻里关系的强烈愿望和内在需求。

（四）传统邻里关系承载了更多的社会功能和作用

由于传统邻里关系不仅是百姓因居住在一起而产生的日常交往关系，而且还是传统社会政治治理的基层组织，因此，它承载着更多的社会功能，具有更重要的社会作用。这种社会功能在不同的朝代有不同的体现，例如在隋朝，邻里主要功能在于组织亲邻纳税服役及维持社会治安；唐代的邻里，在发生抢劫、侵犯等治安事件时，负有互相救助的法律义务，并负有连带责任；隋唐五代时期，邻里在养老、待寡、抚孤、济贫、让财、散财、担保等方面，具有重要的经济互助功能。

（五）传统邻里关系受到传统乡村治理模式和乡规民约的影响

由于传统社会邻里关系不仅是人们的一种生活居住关系，而且还承担着诸多政治、法律、经济功能，因此，一个村落和地区的邻里关系是否良好，关系到该地区的民众教化，也就是说传统邻里关系是不是良好，是不是敦厚美善、和睦稳定，均能体现出当时社会的精神文明和社会文明程度。因此，历代统治者，上至皇帝下至地方官员，甚至一些思想家，都非常关心乡规民约的制定和落实，明代大思想家王阳明就是这方面的一个典型。

三、当代邻里关系的突出表征

近年来随着改革开放的逐渐深入，工业化带来了大范围的人口流动，这其中最明显的趋势就是农村中青年劳动力大量涌入城市，在城市生活、工作，而留守农村的主要是“老弱病残”；新农村建设改变了村庄原有的居住模式，最直接的变化就是村庄中的居民重组，使得邻里结构产生了巨大的变化。由于农村人口结构和邻里结构的巨大变化，必然导致农村传统生活方式的改变。这些改变慢慢地累积，使得邻里交往的方式以及邻里关系的特点也逐渐发生着改变。

（一）人口流动带来了邻里关系的冷漠

根据国家统计局公布的《2016年农民工监测调查报告》显示，截至2016年底，农民工总量达到2.8亿人，其中外出农民工近1.7亿人，本地农民工约1.1亿人。从年龄结构、体力上看，这些务工的农民工往往都是当地的劳动力精华，外出生活的这些农村中青年往往只有在农忙或年底时才会回到农村，必然会缺席村庄中的许多重要事件。农村生活的交往事件，包括日常的交流、家里的红白喜事，或者突发情况时的互助等，都需要家庭的“主体”露面。邻里关系相对于非血缘亲戚来说，没有强制的约束性，导致了“主体”缺席的经常发生。这些缺席必然影响邻里交往的情感，进而影响邻里交往的深度。

（二）农村生活内容的变化导致邻里关系交往内容的变化

首先，在传统的以农业为主的生产方式下，乡民们的生活步调极其相似，大家一起忙碌，一起清闲。如今，越来越多的身强力壮的农村中青年外出务工，不再参与农村劳动。由于缺少劳动力，农村的劳作内容、劳作形式等都发生了较大的变化。这些变化必然会导致邻里之间交往内容的改变。其次，传统农村家庭基本能够实现自给自足，邻里之间的交往更多是情感的、劳力的，较少牵涉金钱利益。近年来，伴随农村经济条件的改善，邻里之间开始涉及更多的金钱往来和经济利益，这必然影响整个农村交往的内容和形式，当然也包含邻里交往。

（三）农村房屋的整体规划建设动摇了邻里关系原有的建立模式

在传统的农村，各家房子之间相互交错，出门就能见到邻居，邻里之间联系非常频繁，人们端着饭碗就可以串几个门，邻里交流是彼此娱乐的一个重要方式。

随着新农村建设中房屋规划新方案的逐渐推行，传统的住房结构发生了变化，由过去的单门独户、相互交错的居住方式，转变为院落式、楼房式的居住方式，一家一户分别拥有相对独立的空间，居住方式由开放走向相对隔绝，邻里之间的关系也受到极大的影响。另一方面，随着家庭规模的缩小，以及人们对居住条件的越发讲究，不少家庭新房都是建立在新的宅基地上的，再加上外来人口的迁入，进一步变更了原有的邻里结构以及邻里关系。

概括而言，我们可以将由于社会变迁而带来的邻里关系的变化趋势总结为："局部强化、整体淡化。"所谓局部强化，指的是留在农村生活的邻里，由于大量青壮年离开农村，部分邻里由于相互需要和相互帮助，建立了比以往更为强化的邻里关系。所谓整体淡化，指的是由于生活方式的变迁，农村邻里之间的交往活动逐渐减少，这直接影响了邻里关系的紧密建立，造成邻里之间关系的淡漠。

四、建立和睦邻里关系的方略及意义

和睦邻里关系历来是中华民族的美德。在新时代，邻里关系发生了很大的改变，出现了诸多与传统社会不同的新特点。邻里和谐，文明祥和，才可能让人人心情舒畅，人人有归属感、安全感，生活才能丰富多彩。和睦邻里，建设符合新时代农村特点的邻里关系，低成本解决社会矛盾，是构建和谐社会的必要条件。

（一）睦邻友好的核心思想：宣扬仁爱

邻里关系虽未必具有血缘联系，但由于在居住空间上比邻而居，处理好邻里关系是人们的内在生活需要。构建和谐的邻里关系，政府要弘扬大仁爱的精神，摒弃狭隘的乡土观念，以"仁、义、礼、智、信、温、良、恭、俭、让"等儒家思想对百姓宣教，反对见利忘义，提倡公德，形成对邻里之间的道德约束。倡导邻里之间加强团结，互谅互让，亲仁睦邻，助人为乐。远水难救近火，远亲不如近邻，人们生活中的七灾八难、生老病死都难免需要他人的帮助，搞好邻里关系，不仅基于互利互助的实用功能，而且能使自己心情愉快，有归属感和认同感。如果邻里关系如仇敌，居住在这样的环境里，人不可能有好的心态和生活质量。

（二）睦邻友好的优先方向：帮扶弱者

弱势群体，由于人际交往障碍及缺乏经济、政治和社会参与机会，而在社会上处于不利地位。物质和精神两个层面的弱势群体，在农村中的典型代

表就是老弱病残群体，他们是社会重点帮扶对象。帮扶弱者，经济利益方面的施助固然重要，而文化、教育、政治等方面的权益保障同样值得关注，比如受教育权、选举权被选举权、福利待遇等，这才是更高层次的人文关怀。疾病相扶，患难相救，不仅是一种伦理要求，而且已经成为中国民众的生活方式和优良传统。

（三）睦邻友好的“法治”措施：乡规民约

无规矩不成方圆。要建设和谐的邻里关系，单纯依靠个体的自觉自律显然不够，还需要制度建设的保障。乡规民约作为一种制度化的组织形式，可以发挥对民众的组织、协调、整合功能，成为邻里交往的重要法则、国家治理的制度基石。今天的美丽中国建设应该加强邻里制度建设，邻里之间可以制定一些规则，成为居民的自律规范，成为法律的有效补充。例如，要求居民乐于助人，当邻居遇到困难时及时伸出援手，给予帮助；要求居民主动谦让，当与邻居发生矛盾时，将心比心，化解矛盾；要求居民注意做好环境卫生，保持自家门口的环境整洁，不乱丢垃圾等。

（四）睦邻友好的“德治”措施：礼与让

俗语说“低头不见抬头见”，邻里居住太近，生活中难免会有摩擦、矛盾。古人疏解纠纷之道，不是诉诸法律，而是相互“礼”“让”，这是一种生存智慧。生活中常见邻里的孩子在一起玩耍时出现争执，聪明的家长会制止、批评自己的孩子以息事宁人；而有的家长则是训斥别人的孩子，甚至帮自己的孩子打别人的孩子，这不仅不符合传统道德，而且对孩子的教育有百害而无一利。邻里关系的处理是一种道德规范，邻里关系的好坏也是评价一个人道德修养的重要标准。睦邻友好要以己之心，度人之心，对邻里要有同情心、体谅心，己所不欲，勿施于人，严于律己，宽以待人。

典型案例

六尺巷的故事

2016年2月央视春晚赵薇演唱的歌曲《六尺巷》，取材于安徽广为流传的六尺巷传说。六尺巷，位于安徽省桐城市的西南一隅，全长100米、宽2米，建成于清朝康熙年间，巷道两端立石牌坊，牌坊上刻着“礼让”二字。

据《旧闻随笔》和《桐城县志略》等史料记载：清康熙年间，时任文华殿大学士兼礼部尚书的张英收到了一封家书，被告知老家人与邻居吴家在宅基

图2-4　安徽桐城的六尺巷

地问题上发生了争执，双方互不相让。张家人飞书入京，希望张英给家乡的地方官打招呼“摆平”此事。张英接到家书后，旋即复书一封，并附诗一首，诗云：“一纸书来只为墙，让他三尺又何妨？长城万里今犹在，不见当年秦始皇。”家人收到书信后，退让三尺而建墙。邻居吴氏被其感动，也主动退让三尺而建宅置院，“六尺巷”因此而成。

“六尺巷”作为一个文化的新载体，其典故所包含的谦和礼让精神实际上也是中华传统文化的精神，它的“宽”不是宽在“六尺”上，而是“宽”在人们的心灵境界与和谐礼让精神上。六尺巷文化意蕴生发的根源，虽然局限在张英与吴家的个人道德层面上，但它凸显的是官方怎么对民众的态度和利益之争的立场，以及解决矛盾的方式，是一个时代处理官民关系、邻里关系的范本。

（资料来源：百度百科等，本书有删改）

综上所述，建设新型睦邻友好关系应以古为鉴，坚持与邻为伴、与邻为善，批判地吸收中国传统文化中的养分，制定符合新时代特征的乡规民约，既要弘扬传统，亦要与时俱进，因地因时制宜。邻里之间不仅要生活上互相扶持，也要道义上彼此监督。邻里之间要彼此尊重，和睦互助，坚持德治为主、法治为辅的原则，建设现代新型睦邻友好关系，建设和谐新农村。

本章小结

在中国的传统伦理道德中，人与人之间的关系是其关注的核心。本章概述了伦理文化的内涵、特征，重点分析了关系民生的“生育”“养老”“邻里”问题，介绍了传统视角下的“生育”“养老”“邻里”的观点、特征，强调了新时代背景下三者的特征和发展机遇，提倡人们能够扬长避短、积极树立符合社会发展需求的新型生育观、孝养观、睦邻友好观，并能落实于实践，为建设美丽中国、建设社会主义新农村增光添色。

思考题

1.如何理解伦理文化的内涵和特点？

2.我国传统生育观有哪些特点？如何看待传统生育观？

3.我国当代人口政策经历了怎样的演变？它对农民新型生育观的建立有怎样的影响？

4.如何看待传统的孝文化？

5.如何树立农村新型孝养观念？

6.结合本地实际，谈一谈当代邻里关系的现状，以及如何建立和睦的邻里关系。

第三章　乡村家族文化建设

学习目标

1. 了解家族的概念；
2. 了解家族的由来和历史发展脉络；
3. 熟悉家族的结构和基本特征；
4. 熟悉家族文化的内涵、特征和当代价值；
5. 掌握农村家族势力对新农村建设的各种影响；
6. 掌握消除农村家族势力不良影响的方法。

导　读

都是微信惹的祸？

现在微信、QQ等已成为人们日常生活中的重要应用软件。有一男士王某反映，有一天他被女朋友卢氏拉进了她建的微信群，名字叫“卢氏一家亲”，群里有她女朋友的父亲、母亲、叔叔、婶婶、弟弟和堂妹堂弟，都是卢氏家里的人，平常交流的内容也都是她女朋友家里的生活琐事。后来随着她女朋友家族里的人不断加入，微信群的名字也改成了“卢氏大家族”。这样一来王某就感觉很不自在，好像自己与群里的人格格不入，最后就退群了。他女朋友很生气，最后竟导致两人分手了。

|提　示|

该案例是发生在我们日常生活中的一件小事，却深刻反映出传统家族文化对我们影响之深。家庭与家族两个概念虽然只有一字之差，背后却有深刻的文化背景差别。

中国家族文化历史悠久，汲取家族文化中的有益成分是新农村文化建设的重要内容。同时，对农村家族势力对新农村基层政权建设、精神文明建设的负面影响也要给以充分的重视。要在准确把握家族文化发展规律的前提下，发挥家族文化中的积极因素，引导农村家族势力为新农村建设贡献力量。

第一节 概 述

中国历史上是一个宗法农业社会，建立在血缘、婚姻基础上的家族是构成社会的基本细胞，也是立国之本。《尚书·尧典》记载：“克明俊德，以亲九族。九族既睦，平章百姓。百姓昭明，协和万邦。”这说明从上古以来家族就是政权存在的基础和支柱。在两千多年的封建社会中，名门望族不断涌现，它们参与地方治理和封建政权建设，成为社会发展的重要力量。20世纪初，随着新文化运动的开展，打破封建家族枷锁成为时代潮流。1949年后，由于乡村普遍建立基层组织，家族的宗法性被消解；加上国家实施独生子女政策，家庭人口数量急剧降低，家族发展受到很大抑制。进入21世纪以来，国家对传统家族文化有了新的认识，不断宣扬良好家风，民间也不断进行家族联谊、纂修族谱等活动，加之国家独生子女政策调整，家族迎来新的发展机遇。

一、家族的概念

家族是以血统关系为基础而形成的社会组织，包括同一血统的几辈人。旧时，某地土著或外地迁入者定居一处，因人丁兴旺而发展为大家族，有的村落就以该家族的姓氏命名。如济南市郊的朱家峪村（电视剧《闯关东》的故事发生地）的朱家、河南省焦作市温县城东陈家沟村（太极拳发源地）的陈家等。现在，也特指互联网上为了同一爱好而聚到一起做某事的一群人。在我国漫长的封建制度下，这种父系家长制大家族始终存在，不论大家族内部的小家族、个体家庭有多少，始终保持着同姓是一家（族）的观念。

现代人所谓的家族，是一个相对宽泛的概念，人们在具体使用这一概念时，常常和家庭、宗族相混淆。实际上，家族与宗族的关系最为密切。所谓宗族，是一种以父系血缘关系为基础、由若干家庭房份构成的亲缘集团或社会群体组织。在宗族关系中，家庭是最小的单位，家有家长；集若干家庭而成户，户有户长；集若干户份而成房，房有房长；集若干房份而成支，支有支长；集若干支而成族，族有族长。由下而上，有条不紊，同宗同族之人集为宗族。其中，族长也称“宗长”，是封建社会中家族的首领，通常由家族中的长房长支长孙担任。我们知道《红楼梦》中的贾家是个大家族，一般认为贾母是贾府的最高统治者，而实际上贾氏家族的族长是贾珍。虽然贾母辈分比贾珍高两辈，但贾珍是贾氏家族的长房长支长孙。族长总管全族事务，是族人共同行为规范、宗规族约的主持人和监督人。由此即可明白，贾母虽然因为辈分高在贾府的日常生活中获得很多话语权，但家族祭祀等家族重大活动还是由族长贾珍来主持执行。

“家族”与“宗族”都是社会学概念，是指以血缘为纽带所建立起来的基层社会组织。1980年版《词源》解释宗族是“父系的亲属”，“家族”是“同姓的亲属”，由此可见，《词源》对宗族与家族的解释是大致相同的。有学者指出“家族又称宗族”，认为没有必要对这两个概念进行区分，两者名异而实同。[①]也有学者对宗族与家族这两个概念进行了比较明确的区分：“所谓宗族，即同宗、同族，指有着共同的祖先或同一父系，因而使用同一姓氏的人们。其成员的联系可以延续数代、数十代，甚至近百代。”“所谓家族，指同一血统的几代人所形成的社会群体，也有人称之为‘大家庭’。”[②]如果要把“家族”与“宗族”作为概念来区分的话，一般认为，“家族”通常是指五服以内的宗族群体。“五服”是古代以丧服的轻重和服丧时间的长短来区别生者与死者的亲属关系，具体分为斩缞、齐缞、大功、小功、缌麻。其中，斩缞是五服中最重的丧服，用最粗的生麻布制作，断处外露不缉边，表示毫不修饰以尽哀痛，服期三年。子为父、孙为祖都需要服斩缞。缌麻是“五服”中最轻的一种，用细熟麻布制成，一般为本宗之族曾祖父母、族祖父母、族父母等服缌麻，服期三月。五服是家族亲属的边缘，至五服以外则已经不是家族亲属的范围了。“宗族”则是一个包含家族的大概念。广义的宗族是指同一始祖的父系血缘群体，可以延续数代、数十代，甚至近百代。狭义的宗族则是指“上奏高祖，下至玄孙”合为九代的父系同宗群体。无论广义或狭义的宗族概念都包含家族的意思，即在五服之内宗族与家族的概念所指相同，超过五服之后，则属于宗族的概念范畴了。

家族是人们社会生活的基本单位和活动中心。这种社会组织，从原始社

---

① 徐扬杰：《中国家族制度史》，武汉大学出版社，2012年版。

② 郑杭生：《社会学概论新编》，中国人民大学出版社，2003年版。

会以来，始终以各种变化了的形式，或松或紧地伴随着中国几千年的历史而存在和发展着，构成中国古代和近代社会结构的重要内容。

二、家族的由来与历史发展脉络

（一）家族的由来

家族是人类社会发展到特定历史阶段的重要组织形式。家族的发端可追溯到上古时期的氏族社会。氏族，又称“氏族公社”，是原始社会中人们为了生存以血缘关系结合的人类社会群体，其成员一般有一个共同的祖先。氏族社会先后经过母系氏族社会、父系氏族社会两个时期。母系氏族社会是原始社会低下的生产力和早期群婚制的产物。在这种制度下，人们无法确定孩子的父亲，只知道孩子的母亲；妇女经营农业，管理家务，在经济生活中起着主导的作用，她们在氏族中居于支配地位，世系按母系计算，财物归母系血缘亲族继承。随着畜牧业的发展和群婚制向对偶婚制的过渡，男子在经济生活中处于支配地位，人们可以确切知道孩子的父亲，世系改按父系计算，财物改由父系血缘亲族继承，男子成为维系氏族的中心，由此进入到父系氏族社会。氏族作为原始社会特定发展阶段中的社会组织和经济组织的基本单位，其主要特征是：靠血缘纽带维系；生产资料归氏族公有，成员共同劳动，平均分配产品；公共事务由选举出的氏族长管理，重大问题（血亲复仇、收容养子等）由氏族成员会议决定。由此可以看出，后来的家族社会的很多特征与之相类似。另外，氏族成员在共同经济生活的基础上，还会形成氏族共同的语言、习惯和原始的宗教信仰。几个氏族可以联合为部落。氏族人口繁衍后，可以分化为多个氏族；氏族人口锐减后，也可能并入、依附其他氏族。氏族社会成员往往用一种动物或植物作为本氏族的图腾标记。这也是家族社会在追怀祖先时往往会有一个虚构祖先（始祖神）的由来。由于氏族社会属于史前文明，没有文字资料的记载，很多世系更替、代际发展都无从考察。

文字的发明，是人类进入文明社会的重要标志。有了文字记载，人们在追念祖先时就有了基本的文献依据，家族的发生与发展也就有了较为清晰的历史记忆。一般来说，在历史上有记载的家族大都有一个真正祖先，即发祥祖先。随着社会的发展与家族人口的繁衍，以及特殊历史事件的影响，人们也不断地迁徙。历史上比较有名的大迁徙如山西洪洞的大迁徙，前后绵延50余年18批次，移民分别迁至京、冀、鲁、豫、皖、苏、鄂、陕、甘、宁等地。很多家族在家谱或族谱中明确记载了始迁祖先，并详细记载了该家族在迁徙地的人口繁衍情况。

在漫长的封建社会中，家族作为一种血缘组织，它是依据一定的原则组织起来并开展活动的。从家族组织内部来说，它体现为家族内个体及群体如家庭、房份与家族的权利关系。这种权利关系的划分和维持都有其相应组织形式、活动规则，形成了一定历史条件下的社会文化。从外部来说，它体现为家族向上追溯祖先的历史传统。因此，在家族的产生中，会有虚构祖先（始祖神）、真正祖先（发祥始祖和迁徙始祖）。

氏族、宗族、家族作为构成早期国家和民族的最基本的单位，它们之间的关系具体见图3-1。

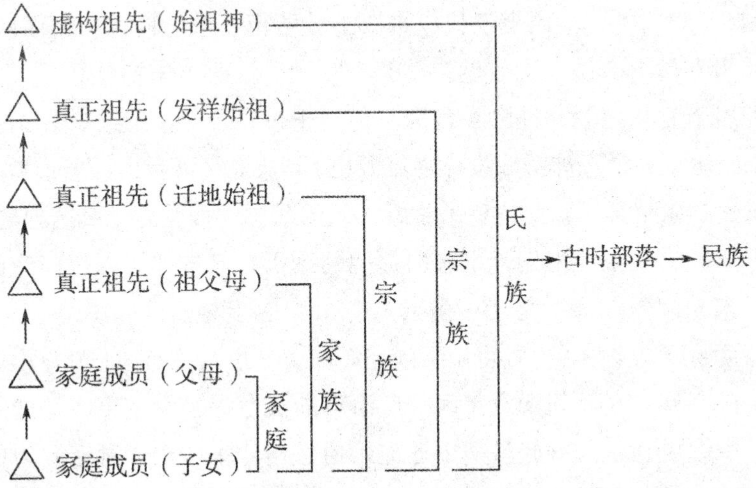

图3-1　氏族、宗族、家族结构示意图

通过此图，从家族到宗族、从宗族到氏族、从氏族到部落、最后到民族的形成过程可以比较清晰地反映出来。其中，由虚构祖先（始祖神）到真正祖先（发祥始祖）之间的世系问题，颇为复杂。有的就比较直接地说明整个氏族的具体由来。如《史记·殷本纪》记载："殷契，母曰简狄，有娀氏之女，为帝喾次妃。三人行浴，见玄鸟堕其卵，简狄取吞之。因孕生契。……契卒，子昭明立。昭明卒，子相土立。相土死，子昌若立。昌若卒，子曹圉立。曹圉卒，子冥立。冥卒，子振立。振卒，子微立。微卒，子报丁立。报丁卒，子报乙立。报乙卒，子报丙立。报丙卒，子主壬立。主壬卒，子主癸立。主癸卒，子天乙立，是为成汤。”据国学大师王国维通过对殷墟甲骨史料的考证，《史记·殷本纪》中对殷氏族世系的说明是真实可信的。如果把成汤作为最基本的家庭成员的话，那么殷氏族的虚构祖先（始祖神）显然是“玄鸟”，而已故真正祖先就是从契到主壬之间的各位祖先。

由此可以看出，家族是对在世的人与人之间所具有的直接的血缘关系的说明，并且是构成社会的最为基本的组织单位。而宗族则是以某一已故先人作为真正祖先的若干家族的结合体。氏族则是以某一具有神话色彩的始祖神作为虚构祖先的若干宗族的结合体。美国人类学家摩尔根博士对此这样解释：“氏族就是一个由共同祖先传下来的血亲所组成的团体，这个团体有氏族的专名以资区别，它是按血缘关系结合起来的。”①

具体以某地童氏家族为例，该族《族谱》记载：“颛顼之子老童之后（童）续封于雁门郡，历唐虞三代以来，子孙蕃衍，散居四方……而恢之后，流寓于睦州寿昌八鼓桥，十数世，至德十一徽公。时值宋初乱兵混起，公乃自寿昌徙居于婺州之兰溪纯孝乡黄冈。传至十世，茂十广海公，在泰定年间复迁徙于露源童家源，即吾族发祥之流源也。”从上文可看出：老童为虚构祖先，是童姓的始祖神，以此构建了童姓氏族的起源。而受封于雁门地的童续，是该童姓家族的真正的祖先，是雁门郡望的始祖，其构建了以雁门为郡望的大宗族。宋初因受兵灾，德十一徽公从寿昌徙居于婺州之兰溪纯孝乡黄冈，则童徽为兰溪纯孝乡黄冈（虹霓山）迁徙始祖，其后裔在黄冈（虹霓山）构建了一个童氏宗族；在元朝泰定年间，广海自浙江兰溪纯孝乡黄冈迁徙于露源童家源，广海成为童氏家族另一个迁徙始祖，构建了一个以童家源为地名的童氏小宗族。

（二）我国家族社会的历史发展脉络

我国以宗法制为基础的家族社会大致经历了五个发展时期。

1.以分封制为基础的世卿宗族时期

自西周开始，我国实行宗法制度。周王自称天子，天子是“天下宗主”，王位由嫡长子继承，称为天下的大宗，是同姓贵族的最高家长，也是政治上的共主，掌握国家的军权和政权。天子的庶子有的分封为诸侯，对天子为小宗，在本国为大宗，其职位亦由嫡长子继承，他们以国名为氏。诸侯的庶子有的分

---

① 摩尔根：《古代社会》（上），商务印书馆，1995年版。

封为卿大夫，对诸侯为小宗，在本家为大宗。分封制度以分封同姓为原则。宗主与宗子之间、大宗与小宗之间因为封受的关系而形成一种层层推演的权利和义务关系，并由此形成整个国家的权力体系。从中不难看出，周代的宗法体制就是国家体制，王权表现为宗主权，由此形成宗族与家国合一的“宗法国家”。从这个意义上说，“家”与“国”事实上是不分的，“普天之下，莫非王土；率土之滨，莫非王臣”（《诗经·小雅·北山》）。在宗法制度下，庶民被排除在宗法制度之外，他们连同土地被层层封授给不同的封建领主或诸侯贵族，个人和家庭并没有独立出来。到战国期间，随着世卿世禄制度及分封制的废除，宗法制度开始瓦解。在此过程中，个体家庭开始从宗族中独立出来。商鞅变法不仅正式确认了土地私有制，允许土地自由买卖，而且规定家里有两个男人的，不分嫡庶都要交纳税赋，从而依靠国家的力量打破传统的世卿宗族，促进了家庭的独立。此种情况一直延续到秦汉时期。

2.以门阀为基础的门阀家族时期

东汉后期和魏晋南北朝时期，家族的典型形式是门阀大家族。这一时期，原有的小家庭和小家族逐渐被以世族门阀为典型形式的大家大族所代替，门阀地主在社会中占统治地位。这些门阀世家享有各种特权，官宦大臣都出自门阀世家。当时虽有家族进行族谱的编修，但是只有具有一定品级门第的官宦大户才能入族谱。族谱不仅是当时各级贵族的宗族记录，也是他们的特权。

3.以科举制为基础的庶民家族时期

隋朝开始实行科举考试，剥夺了旧世族的部分特权。加之隋末农民战争的冲击，门阀权势开始衰落。唐太宗、高宗和武周相继对门阀地主采行抑制政策，使世族权势进一步衰落。从宋代至明清，随着科举制度进一步完善与推行，选拔官吏基本通过科举，人们做官不再受门第的制约。与之相应的是庶民家族开始形成，出现了普通百姓修家（族）谱、创办族田与义庄的现象。特别是到了明清时期，国家逐步废除了关于修建祠堂及追祭祖宗的限制，庶民宗族在社会上得到迅速发展，成为平民社会的基本组织。

4.以宗法制为基础的封建家族的衰落时期

在20世纪上半叶，宗族组织虽在不同的乡村地区依然存在，有的甚至还保持着相当完整的组织形态并主导着乡村基层社会的治理，但由于战争的影响和农民的流动，特别是政治上封建君主制度的覆灭、经济上商品经济的发展造成乡村的分化和农民贫困化，加上新文化的传播，对民众个人权利的宣扬及对封建宗族制度的批判，都动摇了宗族赖以生存的经济、政治和文化基础，传统的宗族组织难以正常运行而衰亡。宗族组织在乡村社会治理中的衰退与国家权力在乡村社会扩张也有直接的关联。在历史上，国家主要是通过里甲制或保甲制来实现对乡村居民的控制，但其控制力十分有限，仅仅体现在征收钱粮和差役上。但从20世纪20年代开始，国家竭尽全力加强对乡村社会的控制。如在1929年国民政府统一北方后，对乡村进行行政管治，使政府划定的村庄（或村庄联合）成为基层行政管治单位，从而打破了自然村落社会的封闭状况，取代了宗族血缘组织的大部分功能。当国家力求以地域性的行政组织取代传统的血缘宗族组织对社会进行管理时，宗族的权力和地位就被削弱了。

5.以宗法制为基础的封建家族的衰亡时期

20世纪宗族及宗族制度遭受的最沉重的打击无疑是中国新民主主义和社会主义革命的冲击。中国共产党人早在大革命时期就将铲除封建族权、没收公共族产、打击土豪劣绅、批判封建道德等列为革命的重要内容。中华人民共和国成立以后，各种宗族活动被明令禁止，宗法思想受到持续不断的批判，宗族组织、制度和行为已完全丧失了合法性，旧的宗族从组织上彻底瓦解了。随着宗族组织的瓦解，乡村社会的组织和治理方式也发生了根本性的变化。

三、家族的结构与基本特征

（一）家族的结构

家族结构，是家族形成的框架。这种框架是中国传统文化的反映与延续，有着深厚的历史渊源与传承关系。从原始社会的母系氏族社会、奴隶社会一直过渡到封建社会，直到现在，家族结构经历了漫长的演变过程。

我国的家族结构，在从前是典型的“九族”制。九族中，纵向有父母、祖父母、曾祖父母、高祖父母、己身、子、孙、曾孙、玄孙；横向，有己身、兄弟、堂兄弟、再堂兄弟、三堂兄弟、姊妹、堂姊妹、再堂姊妹、三堂姊妹。围绕着纵横向的九族，形成了九族的家族结构图。往上数，上辈中有叔伯父母、堂伯父母、再堂伯父母、祖伯父母、堂祖伯父母、曾祖伯父母、姑、堂姑、再堂姑、祖姑、堂祖姑、曾祖姑等。往下数，下辈中有侄妇、堂侄妇、再堂侄妇、侄女、堂侄女、再堂侄女、侄孙妇、堂侄孙妇、侄孙女、堂侄孙女、曾孙女、曾侄孙女等。具体见图3-2九族图。

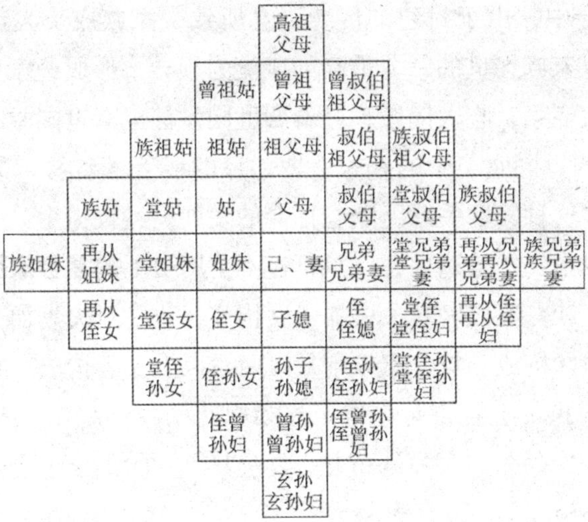

图3-2　九族图

九族制中，最重要的标记是丧服制的“五服”。“五服”确立了由本人高祖至本人玄孙之间的九代血统关系。在这种关系中，以出不出“五服”来确定亲族间的远近关系。“五服”以内，都称为“本家”，凡是本家，交往都比较密切。“五服”之外，虽是同宗、同姓，其关系较之“五服”内的就疏远得多。家族五服图具体见图3-3。

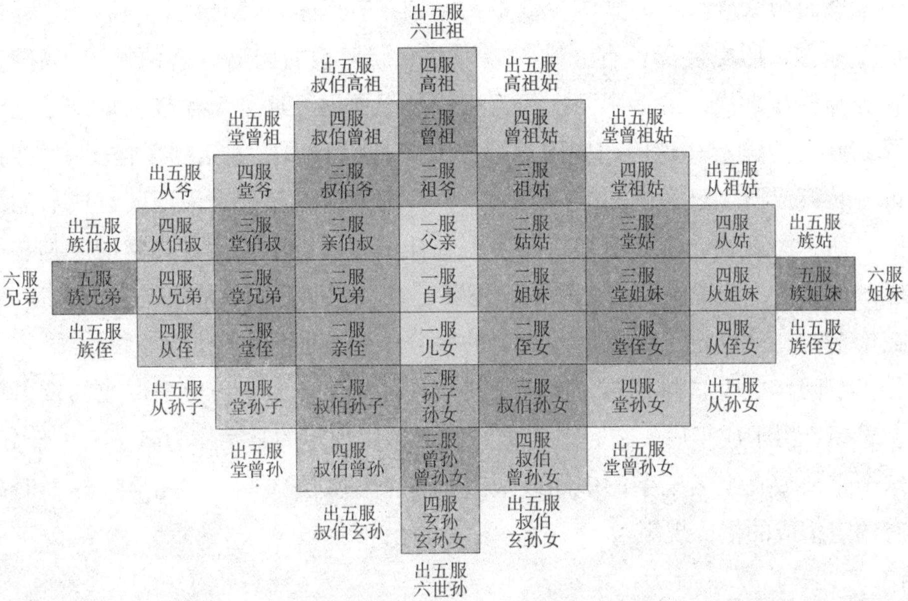

图3-3　九族五服图

在封建社会中，由于封建的传统观念所致，家族成员大都在一个大家庭里共同生活，以家族在世的辈分最高的成员为领导，形成全家弟兄、姑嫂及其子女同住一处大宅第，吃大锅饭，过着四世同堂甚至五世同堂的日子。如老舍先生的名作《四世同堂》中的祁家、曹雪芹的巨著《红楼梦》中的贾家等都是典型的例子。这种家庭关系，随着社会的发展已经较为少见，但三世同堂的家庭在我国城乡中仍然普遍存在，只不过不是历史上的复合家族，而是单一家族形式。单一家族一般以一对夫妻加子女构成，或一对夫妻加子女，再加旁系近亲，即兄弟姐妹构成。复合家族则是以两对以上夫妻构成，或两对以上夫妻加各自子女，或再加上各自旁系近亲兄弟姐妹构成。现在，大家族式的“五世同堂”已经极少存在，大多是一夫一妻及其子女的小家小业，这种家庭是以夫妻双方为中心构成的。

（二）家族的基本特征

一般来说，一个家族通常还有如下基本组织表现和制度特征：

1.族谱

族谱不仅是确定和联系族群的重要方式，也是确定家族成员的辈分、权利义务及房份组织体系的重要方式。通过纂修族谱，宣扬本族名贤忠烈，巩固和提高本族的社会地位，增强家族内部的凝聚力，强化家族意识和家族团结，进而为家族组织的集体行动奠定基础，有助于家族延续和发展。在我国很多地方，历史上都曾有一姓一族记载家族世系的族谱。这种家谱、族谱，有的延传几十代，可远溯至宋代、唐代甚至更远。这种家谱较为详细地记载了家族的历史及其延传。族谱的形式有多种，有用图表裱制垂挂于中堂的，也有装订成册供家人翻阅的。历史上，官宦人家一般都是采用装订成册的家谱。而平民百姓、商人士绅，则多为悬挂供后人供奉的图表式家谱。凡装订成册的家谱，除记录家族世系外，还要记载重要家庭成员的事迹。有些家谱，在修谱时，就确定了家族世系命名的辈分序列，而且事先标定字号，排定辈分，乡间称之为“排辈”，实则是排定代际秩序。由于历史上形成的重男轻女思想，男子成年后，在起“大名”时必须以预定的某字作为名字的一部分。这个字要放在全名三字的中间或最末，各个辈数层次不一定完全一样，但都有约定俗成的俗传规矩。

2.宗祠

宗祠是宗族的标志，也是祭祖的圣地、议事的场所。典型的家族都会建

图3-4　山东鄄城田氏宗祠

立自己的宗祠，用来祭祀自己的祖先。通过祭祀，活着的后代与去世的祖先得以连接起来，并强化着家族成员的团结。宗祠还是族内重大事务议事和宗族成员庆典等共同活动的场所，是进行家风族规教育后代的场所，同时也是管理宗族事务的场所。历史著名的祠堂有成都武侯祠、北京文丞相祠、苏州范成大祠、潮州韩文公祠、忻州杨家祠、襄樊米公祠等。

3.族规族约

任何组织的存在都必须有一定的组织规范。家族的组织规范就体现为成文和不成文的族训、家训、戒条、族规、族约等。族规、族约规定家族成员的权利和义务、家族组织和活动方式，它不仅是家族成员行为的准则，也是家族组织活动的规范。族规与家规原本为家族规约中的一干双枝，并无明显区别，只是前者更为严格。如敦人伦、笃宗教、课子弟、正闺门、慎交游、勤职业、崇节俭、忍小忿、恤贫苦、睦乡邻等内容，常见于族规之中。家族权力的应用，必须以族规宗范为准则。族规的核心是“敬宗”和“收族”两方面。“敬宗”是强调传统的追溯，旨在建立家族血缘关系的尊卑伦序。“收族”则着眼于现实，寻求家族内部长期和平共处、聚而不散的途径。有的家规族约是由本族中某一著名人物编修，比较著名的如颜之推的《颜氏家训》，被颜氏后人及其他族群奉为治家圭臬。其他如朱熹的《朱氏家训》、曾国藩的《曾国藩家书》以及傅雷的《傅雷家书》等，都体现了对家庭成员和家族成员的教育规范。

4.族产

族产包括祭田、族田和义庄等家族共同的资产。一定的族产是家族活动的经济基础。通过设置族产，为家族组织的正常运转、兴办公共和公益事业提供一定的财力支持，也可以通过族产来助学扶贫，增强族民的团结，从而实现“收族”（联系族众）和“睦族”（团结族民）的目的。

5.族长

一个典型的宗族要有族长作为家族的内外代表。族长是家族利益的代表，主管家族内外事务，调解仲裁族内矛盾，行使着家族的各项权力，同时协助政府对家族成员进行教育管理，帮助政府收缴税赋、组织徭役等。

正是宗祠、族谱、族规、族产及族长的有机结合，维系着家族的存在和运转。它们构成了一种完备的宗族制度，使家族得以履行自己的功能，实现自身的目标。

家族作为一种血缘社会群体和组织存在于国家社会之中，不可避免地与其他家族组织尤其是国家政权组织发生关系。家族组织的发育和发展状况不仅应从家族自身的族内关系来考察，还应从族际之间及宗族与国家政权之间的关系来考察。家族外部联系的方式及活动状况不仅反映家族组织在社会中的功能和作用，也在相当程度上反映了家族自身的发展状况及宗族制度的特点。《红楼梦》中贾、史、王、薛四大家族因婚姻关系而紧密地联系在一起，一荣俱荣，一损俱损。民国时期的蒋、宋、孔、陈四大家族结成政治联姻，来共同维护其家族利益。

四、历史上山东的著名家族

大汶口文化时期陶器上的文字符号，龙山文化时期的城市群、金属器具及黑陶器皿，都说明山东是中华文明最早的发祥地。而在被当代学者称为中华文明“轴心时代”的春秋战国时期，山东地区更是中华文明的“重心”所在。傅斯年先生说：“自春秋至王莽时期，最上层的文化只有一个重心，这一个重心就是齐鲁。”[①]秦汉以后，中国的文化重心和经济重心或西移或南迁，但山东作为文化“圣地”的地位始终没有变。在尊师重教的文化传统熏陶下，山东地区历朝历代都涌现出很多名门望族，成为家族文化持续最为久远的地区之一。

（一）圣裔家族的代表——曲阜孔氏家族

在山东的名门望族中，以孔氏为代表的圣裔家族最为典型。通常来讲，从普通家族成长为世家望族都需要一个长期的积累过程。正如古语所说：“三代穿衣，五代吃饭，十辈子才能挂画。”在中国历史上这样的著名家族几

① 傅斯年：《夷夏东西说》，上海三联书店，2017年版。

乎历代都有，例如，魏晋南北朝时期有王、谢、崔、卢、李、郑等家族，宋代有晁、韩、吕、宋等家族。这些家族虽名盛一时，但大多不过是一个朝代的荣光，正所谓“君子之泽五世而斩”（《孟子·离娄下》）。而孔氏家族延续两千年来从未间断，历经治乱兴衰而宠辱不惊，它以传承儒学为己任，诗礼传家，人才辈出。

图3-5　孔府正门

孔子是春秋末期伟大的思想家。他系统整理了夏商周三代以来的传世文献典籍以及礼仪礼法，创立儒家学派，奠定了中国文化的基本精神。他还首开私家讲学之风，使广大寒门子弟有机会接受教育。其思想在当时虽然不为统治者所用，却在其后的两千多年间被封建统治者奉为治世圭臬。

司马迁在《史记》中将孔子列入世家，地位尊崇如王侯。自汉代起历代王朝为了更好地利用孔子思想来治理国家，对孔子及其子孙格外尊崇，对孔子的嫡裔更是给予很高的礼遇。他们不断追封孔子，也对他的子孙加官晋爵，使孔子嫡裔世代享受荣华富贵。西汉平帝元始元年（公元1年）始封孔子第16代孙孔均为褒成侯，食邑两千户，开启了后世封赐孔子嫡裔以奉祀的先河。从此，孔子嫡裔世袭封赐的爵位。魏晋南北朝、隋及唐初期，孔子后裔的爵号不时变换，有崇圣侯、奉圣侯、恭圣侯、绍圣侯、褒成侯等爵位。唐玄宗将孔子第35代孙改封为文宣公，提升到公爵。北宋仁宗皇帝将孔子第46代孙孔宗愿改封为衍圣公，希望孔子裔孙能够接续孔子的血统和学统，以使圣道永承不衰。从此，衍圣公历经宋、金、元、明、清、民国，整整延续了32代人880年，直到1934年才将这一封建爵位改号为大成至圣先师奉祀官。

曲阜孔氏后裔也都具有继承祖业的使命感，“诗礼传家”这一文化基因流淌在每一代孔氏子孙的血脉中。他们自幼接受传统教育，或世守家学，遍研群经，著书立说；或创作文学，诗词歌赋、戏曲文章佳作迭出，群星璀璨；或出仕为宦，教书育人，著书立说，传承道统；即使躬耕田亩，也是耕读传家，使孔氏家族成为文化素养最高的家族之一。该家族人才辈出，代不乏人：思想家、经学家如子思、孔安国、孔颖达、孔继涵、孔继汾、孔广森、孔广林等，文学家如孔融、孔稚圭、孔文仲、孔武仲、孔尚任等，显宦如孔光、孔奋、孔巢父、孔纬、孔戣、孔道辅、孔毓珣等，书画家如孔弘泰、孔继涑等。从孔子到20世纪以前，有著作的孔氏子孙约300人，著述近千种。生活在科举时代的孔氏族人不足30万，考取各种功名者却多达5000多人。特别值得一提的是，在被认为“最看不起妇女”的孔氏家族中，还出现了众多的女性文学家、书画家，清朝时在曲阜还形成了女性作家群体。

（二）门阀时代的家族代表——琅琊王氏家族

两晋南北朝是中国门阀士族制度最为鼎盛的时代，该时期士族如林，显赫如琅琊王氏家族者却很鲜见。即使是曾有过“王谢”并称的辉煌历史的陈郡谢氏家族，也远不如王家昌盛繁荣。齐梁时期的文学家、历史学家沈约曾说过：“吾少好百家之言，身为四代之史。自开辟以来，未有爵位蝉联、文才相继如王氏之盛也。”（《南史·王筠传》）从汉魏入两晋历南朝三百年间，王氏家族人才辈出，仕宦显达，或引领一代之风尚，或执一朝之牛耳，书写了一个顶级门阀家族的荣耀与辉煌。该家族自西汉王吉开始，历经魏晋南北朝，在史书中有正传者62人，三公令仆50余人，侍中80人，吏部尚书25人。历代史家一再称述琅琊王氏“簪缨不替”“冠冕不替”“世禄不替”。东晋时期，琅琊王氏家族与当时皇室力量势均力敌，甚至还有过之，当时百姓称之为“王与马，共天下”，琅琊王氏进入极盛时期。中古时代的世家大族，都极为重视家族成员道德品质的教育和培养。琅琊王氏文化“始祖”王吉上书汉宣帝，明言“臣闻圣王宣德流化，必自近始”。王吉以此教育宣帝，其本人也是身体力行，用以教育族人。王氏的这一文化传统，在魏晋时期得到了发扬光大，其标志性人物便是王祥。王祥是历史上著名的孝子，其同父异母弟王览也以“悌”行著名。《晋书·王祥传》《晋书·王祥附王览传》均有记载。

作为文化世族，琅琊王氏子弟几乎人人能文，并多有文集流传。苏绍兴先生指出：“考琅琊王氏一族中有文集者三十五人，共四百七十五部；无文集而有文章流传于世者计三十四人。文士以羲之、韶之、融、俭、筠、规为最著。”[①]检索《隋书》卷三五《经籍志》，东晋南朝时期琅琊王氏代表人物多有文集，即便无文集，但后人所辑录的文献依然有其文章传世。该家族在文学创作上绵延之长久，参与文学创作人数之众多，在中古时代众家族中无出其右者。因此，琅琊王氏家族是中古时期最著名的文学世族。

马宗霍《书林藻鉴》卷六云：“书以晋人为最工，亦以晋人为最盛。晋之书，亦犹唐之诗、宋之词、元之曲，皆所谓一代之尚也。”晋代书法，最具代表性的人物与作品都出自琅琊王氏家族。在所有艺术门类中，王氏最精擅书法，其书家之众，书艺之妙，可谓空前绝后，无可比拟。赵翼《陔余丛考》卷四详论琅琊王氏之世代精擅书法、文字云：“江左之王可谓盛矣，然不特文也，书法亦然。自羲、献之外，先有丞相导、大司马敦、太保弘、太子詹事筠、荆州刺史廙、丹阳尹僧虔、黄门侍郎涣之、会稽内史凝之、豫章太守操之、中书令恬、领军洽、散骑常侍徽之、东海太守慈、特进昙首、卫将军珣、中书令珉，皆以书名，合（王）方庆所上家藏真迹观之，可谓世其家学者矣。”

（三）科举时代的家族代表——诸城刘氏家族

诸城刘氏不仅为诸城望族之冠，也是清代山东世家望族之翘楚。刘统勋、刘墉父子先后入相，且为贤相，刘统勋被称为百余年名臣第一，在明清山东世家之中应属绝无仅有之例；在清代汉族中只有张英、张廷玉父子可以与之相媲美。刘氏自五世至十四世，拥有的有品官衔与无品官衔数量惊人，更能证明刘氏在政界具有非同寻常的地位与声势。其有品官衔多达411人次（含封赠），无品官衔多达91人次（含封赠）。从有品官衔看，正一品14人次，从一品40人次，正二品8人次，从二品36人次，即刘氏仅从二品以上的官衔就多达98人次。道光十四年（1834），单以政事，诸城知县刘光斗在《道光诸城县续志·序》中，就给予了刘氏领袖群伦的高位：“至邑之仕宦，以刘氏相业为隆，而其余京秩外僚，别其族姓，列其行事，凡百四十人。”其无品官衔的含金量与有品官衔的相比也毫不逊色，其中包括在清代人臣中权力最大的军机大臣（刘统勋），声望甚高的上书房总师傅（刘统勋、刘墉），四库全书馆正总裁（刘统勋）、副总裁（刘墉）、三通馆总裁、国史馆正总裁、会典馆正总裁、玉牒馆副总裁、经筵讲官等职务。此外，诸城刘氏还出任万众瞩目的科举考试官共25人次。其中，刘棨1次，刘统勋11次，刘墉7次，刘墫1次，刘

① 苏绍兴：《两晋南北朝的士族》，联经出版事业公司，1987年版。

镮之5次。而在皇帝离京时，只有社稷重臣才能承领的临时职务“留京办事大臣”，刘统勋、刘墉父子均曾担任过，刘统勋甚至曾经多次担任。乾隆五十二年（1787）山东大旱，圣恩缓征山东钱粮，在京官员具折谢恩时，刘墉排在第一位。这说明当时位至协办大学士的刘墉，在山东籍京官中处于领袖地位。由以上种种，我们不难断定，在山东明清世家当中，诸城刘氏应属一流的仕宦之家。从科考角度来衡量，诸城刘氏也无愧于科甲望族称号：刘统勋、刘墉、刘墫、刘镮之三世4位翰林，刘必显、刘果、刘棨、刘统勋、刘维焯、刘纯炜、刘墫、刘墉、刘诗、刘镮之、刘泌六世11位进士，刘棨10个儿子中出了8个举人，其中3人考中进士。诸城刘氏一共出了42个举人（含11个进士），149个监生（含16个贡生），59个庠生，可谓人才辈出，功名称盛。

从学术和艺术角度来看，刘氏同样无愧于文化世家的称誉。刘统勋为有清一代水利、刑名名臣，刘墉书法为清代帖学之冠，刘奎为清代一流瘟疫学家，刘喜海为钱币学的奠基人、一流的金石学家、大藏书家。这些实学或艺文成就，不仅在清代山东少有世家可以比肩，即使置之全国，亦属凤毛麟角。刘氏后裔精通水利、刑名、书法、医学、金石学、版本目录学、诗学、史学、理学、文字学等学问，据不完全统计，其留下各类著作180余部，另有参与主编、主持的大型丛书十几套，其中的《四库全书》《清三通》均举世瞩目。在这些规模宏大的学术工程中，山东其他世家子弟所起作用根本无法与刘统勋、刘墉父子相提并论。因此，诸城刘氏在山东明清文化世家中也名列前茅。

第二节　家族文化

一、家族文化的概念

家族文化，一般是指以家族的存在与活动为基础，以家族的认同与强化为特征，注重家族延续与和谐，强调个人服从整体的文化系统。家族文化包括宗法、族规、家训等相关行为规范，祭祖等活动的相关仪轨，族徽、族歌、宗祠等相关标志物和物质载体，家族的气质、传统等精神特性。其中精神特性是家族的灵魂，是千百年来通过一系列的约束和仪轨而内化沉淀下来的相关特质，是区别于其他家族的根本所在。

家族文化是相对家族制度而言的，家族制度是指家族外现的能被感知的具体事项，它处于一种相对的静止状态，如族谱、族田、族长、族规、祠堂等。家族文化包含着家族制度，同时还包括反映家族制度发展变化的机制和家族制度本身的作用。它是家族制度的深层状态，是家族制度事项之间的有机联系，以及家族制度中不易被感知的内在本质。

二、家族文化的内涵

传统的家族文化，是以血缘亲情为纽带，以父系原则为主导，以家庭、家族成员之间的上下尊卑、长幼有序的身份规定为行为规范，以祖先崇拜和家族绵延兴旺为人生信仰的一整套家法族规。这一套家法族规从理论上升华泛化到全社会各个层面，成为传统文化中占主导地位的思想体系。家族文化通常包括家族的结构、行为、功能、伦理、观念、心理、精神和礼俗等层面。家族文化不同于家庭文化，家庭文化具有普遍的时空性，广泛存在于古今中外，而家族文化仅存在于某些时期或地区。像中国历史上那样根深蒂固的家族文化及其酝酿的家族精神，是中国社会区别于西方社会和其他社会的基本特征之一。这是中国传统文化的突出特征，也是传统留下来的最深厚的文化资本。

（一）以血缘亲情为纽带的价值观念

《馆田李氏家法》记载：“子姓之众，皆祖宗一脉所分也。顾一树千枝，总是一树；一源万派，总是一源。”家族成员之间要“患难相顾，有无相济，缓急相通，尽其欢欣所爱洽”。由此可知，家族社会总是将血缘亲情放在极其重要的地位，立宗祠、修族谱、设义田等，无不体现出强烈的血缘精神。清代诗人龚景瀚作《义田歌》赞扬家族设置义田以和睦家族：“三代以降废宗法，收族无人思不洽；各子其子亲其亲，百富未闻周一乏。祖宗当日本一身，其后泛泛如途人；吉凶患难不相顾，呜呼风俗何时淳？……父子同心世济美，淮海而来方有此。此田万载复千秋，惠水长流锡山峙。”甚至于封建皇帝也谆谆“教导”：“尔兵民独不思子姓之众，皆出祖宗一人之身？奈何以一人之身分为子姓，遂相视为途人而不顾哉！”（清雍正皇帝《圣谕广训》）要求家族要立家庙以荐蒸尝，设家塾以课子弟，置义田以赡贫乏，修族谱以联疏远。如此一来，血缘亲情、家族伦理便成为人们所普遍接受的极其重要的道德概念和价值观念。

（二）以振兴家族为目的的人生观

“衣锦还乡”“光宗耀祖”一直以来都是家族成员的主要人生奋斗目标。

科举时代士子光宗耀祖的主要途径，是苦读诗书，以期能中秀才、举人、进士，进入统治阶层。金榜题名背后的强大的精神动力，就是浓浓的报效家族、为家族增光的家族意识。他们一旦得中，返乡往往要拜祠堂，或在宗祠立旗杆，或向家族捐献田产，壮大家族实力。皇帝及地方政府，也会因某人的业绩或义行，奖予匾额，家族则将它挂在祠堂，引为殊荣。

（三）尊祖敬宗的团体意识

“尊祖敬宗睦族”“敦宗睦族”是家族文献中常见的词语。尊祖，除了敬重在世的前辈，更重要的是重视对祖宗的祭祀。祭祖，是表示“慎终追远”。“敬宗”的“宗”是什么意思呢？东汉班固在《白虎通》中写道：“宗者何谓也？宗者尊也。为先祖主者，宗人之所尊也。礼曰：‘宗人将有事，族人皆侍。’古代所以宗必有祠何也？所以长和睦也。大宗能率小宗，小宗能率群弟，通其有无，所以经理族人者也。”用今天的话来说，“宗”是家族组织的管理人，其代表人物在上古是宗子，后世是族长。敬宗是尊重宗子的权威，服从他的领导，认同他所代表的组织——宗族。一句话，敬宗、敦宗是一种宗族团体意识。至于睦族，是指处理好族人之间的关系，维护宗族的团结和合作，使宗族长存，这是尊祖敬宗的必要内容。所以尊祖、敬宗、睦族三者，尊祖是目标，也是出发点；敬宗、睦族是实现目标的条件，是在尊祖的旗帜下实现家族的团结。

（四）以孝为中心的家庭、家族伦理观念

“父母者，子之天。父兮生我，母兮鞠我，拊我畜我，长我育我，顾我复我，出入腹我，欲报之德，昊天罔极。”（《诗·小雅·蓼莪》）家族、家庭伦理讲求上慈下孝，父母对子女的抚育，应有慈爱的态度，教给他们谋生的手段。社会对“孝”比“慈”有更多的关注，并产生了专门的经典著作《孝经》，它也是科举考试的教材。孝道的内涵有三个方面：第一，生养、死葬、祭祀。“养”的要求是生活上的赡养，态度上的尊敬，病时服侍汤药，死后厚葬，以至卖产葬亲；保护坟茔，维持林木的茂盛。第二，本身事业有成，能够扬名显亲。司马迁的父亲司马谈说孝有三层含义：“夫孝始于事亲，中于事君，终于立身，扬名于后世，以显父母，此孝之大者。”（《史记·太史公自序》）他认为“扬名于后世，以显父母”是最大的孝。第三，应有传宗接代人。“不孝有三，无后为大。”孝要求人们生子育孙，使家族香火不断。由此可见，孝道内容广泛，上孝父母，下育儿孙，自身还要与社会和谐，取得相应的成就，能够尽忠君主，获得声誉，并使尊亲扬名后世。因此孝道所涉及的不仅是家族内部的人际关系，还有社会关系，它是家庭、家族伦理的核心成分。“百善孝为先”足以表明孝道在人伦关系中的重要地位。孝道的三种内涵，关系到家族的发展，它的成功实现，才能带来家族的延续。家族的兴旺，子孙的繁衍，是家族最为重大的事情。所以孝道的最终要求，就是族人事业有成，人丁兴旺，光大门庭，远不只是对父母的孝养。孝与忠是两个概念，但是它们又有着极其密切的联系。前述司马谈的话已经指出忠、孝两者的一致性。家训要求做官的子弟，应有爱君之心，为君主办事，敢于承担责任，不结党，不贪权，不恋位。所以要想做孝子，必须同时做忠臣。做官如此，做老百姓同样应尽自己的责任。民谚说“宁可终身无父，不可一日无君”“君恩重于亲恩”。所以要早完赋税，做安顺良民。孝以忠为必要的内容，这样使得家族与国家在内涵上有了连接点，产生一致性。而从忠的角度看，东汉时人们已经认识到“求忠臣于孝子之门”的道理。忠道承认孝道的合理性，甚至认为孝道是实现忠道的前提。正是因为这个道理，封建统治者鼓吹孝道，实行以孝治天下的政策，奖励孝子顺孙，表彰孝义之门，实行举孝廉的用人方针，在法律上实行宗亲法，保护亲权。总之，孝与忠的交融性，就使得家族文化突破了家族的范围，使它不仅成为家族社会的信念，还是整个社会的一种观念。

三、传统家族文化的当代价值

19世纪以前家族文化是我国传统文化的重要内容，19世纪末以来，随着现代化进程的推移，家族文化开始受到强烈的冲击。戊戌变法、辛亥革命和新文化运动虽然都对家族文化进行了空前强烈的批判和否定，但真正从根本上造成家族文化衰落的是土地改革运动、合作化运动、人民公社化运动和“文化大革命”。20世纪70年代后期以来，随着改革开放方针的落实，家族文化重新活跃起来，祭祖扫墓，续修家谱，以至兴修祠堂，传统家族文化在新的时代焕发出了生机和活力，其中的许多内涵为当代文化所传承：由孝到忠的国家认同观念，发展到今日是讲求社会奉献与忠诚于中华民族的爱国精神；钟情于社会伦理道德的建设和致力于家族历史的纪录——编修家谱，发展到今日是家族共同体认同精神的保持。正是这些古今家族文化的衔接点，使得传统家族文化能够适应新时代的要求，摒弃过时的宗法性的东西，而保存和发扬适应时代要求的成分。

家族文化新的时代价值主要体现在以下两个方面：

（一）传统家族文化是当代新伦理建设的重要力量

传统社会伦理在20世纪遭到政治的、社会舆论的强烈批判，又受到现代社会商品经济大潮的冲击，然而新的社会人伦规范还没有完善地建立起来，人际关系处于某种失常状态，成为社会持续发展的阻碍因素。人们接触更多的是政治权利和金钱的力量，看到的是亲情的淡薄以及社会成员之间的冷漠。在新时期的社会环境里，究竟应当如何做人，应该有怎样的人际关系，家人、族人之间的关系如何才是合乎道德的，是我们面临的时代课题。

1.道德教育

家族文化在一定程度上具有避免或减弱道德滑坡的作用，主要是因为我国的家族文化极其注重道德教育，将其放在首位。“弟子入则孝，出则弟，谨而信，泛爱众而亲仁，行有余力则以学文。”（《论语·学而》）“远邪佞，是富家教子弟第一要义；远耻辱，是贫家教子弟第一要义。至于科第文章，总是儿郎自家本事。”[①]在道德方面，中国家族文化的重要特点之一是始于家族而向社会扩展。以孝为例，孝是“德之本也，教之所由生也”，是一种扩展性和伸缩性极大，层次性、适应性和开放性很强的伦理规范。孝作为伦理道德的起点，存在一个由内及外、由亲及疏、由近及远、由小及大的推行过程。推行到最后，几乎是无所不包。只有一切事情做得合乎社会规范才是孝，才能使父母在精神上获得满足，这显然对道德现代化具有积极作用。此外，从五伦和修齐治平等伦理规范上也可明显看出中国家族文化始于家族而扩向社会的重要特点，以及他们对道德现代化的积极作用。

2.端正风气

家族注重伦理和家风教育，有助于端正家庭、家族和社会风气。家族往往要求族内成员执法如山、守身如玉、爱民如子、疾恶如仇，并且注重人伦建设，反对子弟沾染社会恶劣风气。吸毒、赌博、嫖娼等丑行恶德都曾引发家族的极大关注。有的家族为此特别设置警条，如有《严禁四害（嫖、赌、盗、毒）》的规约：“嫖为万恶之首，赌能倾家荡产，盗使人身败名裂，毒能毁灭人性、祸及亲朋邻里。四害已被世人深恶痛绝。一家之长，责任之重在于时时告诫子女后辈，要远离四害，多习礼仪，确保家门清白，世代忠厚传家。”还有的家族规定“不许嫖娼赌博”“不许偷抢营生”。这类禁止吸毒、赌博、嫖

① 卢正青：《中国历代家训观止》，学林出版社，2004年版。

娼、偷盗的家训，在传统族规中有很多。今日家族着眼于新的情况，继承先人的传统美德，抵制、反对可能泛滥的“四害”，同时眼光不仅仅局限于“四害”本身，而是将其同净化社会风气、提升社会公德联系起来，要求族人为净化社会风气、建设良好的社会生活环境做出努力。

3.互助精神

孟子曾对家族内部的互助精神给予高度概括：“出入相友，守望相助，疾病相扶持。”（《孟子·滕文公上》）中国家族的互助精神，一方面体现在协力互助进行生产上，另一方面也体现在对鳏寡孤独废疾贫穷者的救济上，如《礼记》所说：“矜寡孤独废疾者，皆有所养。”这种互助精神在家训中也有体现。更为重要的是，这种互助精神在“亲族”的基础上，还可升华到“合国”的高度，正如古人所说：“先亲其九族，以结一姓之人心，再进而以结一国之人心。夫九族既亲，同姓乃睦，然后此族与彼族又复相善相系，推而以至全国合为一气。”“一国之中各姓各族皆如此，继而连合全国，绝无歧视，自能万众一心，如响斯应，何忧于异族之暴侵，何忧于国之不保也。”（《李氏族谱·交河李氏族谱序》）在两极分化趋向日益明显的今天，这种互助精神，对于缩小人们的收入差距，实现共同富裕，建立良好的充满亲情的人际关系，具有重要的意义。

4.敬老养老

“凡卑幼见尊长，坐必起，自呼必以名，不许尔我称答，兼杂俚语。居常偶遇，必垂手俟立道旁，不得疾行先长。苟有出言不逊，举动乖违，或以傲慢加诸父兄宗族者，会众共责。”（《梦氏族谱·家规》）为敬孝老人，有些晚辈子孙不惜放弃自己诸多利益，甚至包括尊严和地位等。在赡养老人方面若出现不如人意之处，如有的父母在家族活动时哭诉儿子的不孝，家族长辈就会对经济条件尚可而不赡养父母的人进行规劝，使他们自觉地赡养老人。这其实是一种社会监督，以舆论劝导迫使不孝子女改变错误思想和做法，履行赡养老人的义务。孝行仅靠道德维系是不够的，还要有健全的、具体可行的法条，以使大多数人遵守。就此而言，家族议定相应的“家规”，国家制定《赡养法》，都是非常必要的。家族所反映的民间养老的呼声和某些实践，表明它是建设新时代家庭伦理的积极力量。

（二）家族文化是形成民族国家凝聚力的一种文化因素

孝道、忠道的交融性、一致性，反映了家族与国家的基本关系，古代如此，今天仍然在延续，成为建设国家、增强爱国主义的一种思想因素。

周代实行宗法分封制，周天子既是国君，又是宗子，于是形成君统与宗统合一、家族文化支持政权的观念。宗法制被破坏之后，君统、宗统分离，但是家族观念并没有舍弃尽忠的责任和理念。宋代以来先君后亲的忠孝伦序确立，当人们忠孝不能两全时，以舍生取义、杀身成仁、精忠报国为至高境界。在中国历史上，有很多英雄舍身忘家而报国，成为中华民族的脊梁。家族的忠君文化，几千年一脉相传。中国是一个持续两三千年的大一统国家，家族群体及其忠孝文化在其中发挥了重要作用。甚至可以说，家族群体是形成中华大一统局面的基础力量，家族文化则是中华大一统的思想基础。近代以来，家族观念随同社会的进步而演化，在传统观念的基础上，进一步认同中华民族的多样性，成为当代中华民族的一种凝聚力。

家族文化与民族国家认同的关系，还可以从观念基础上来考查。家族的凝聚力来源于浓厚的“一本观”，人们认为祖宗犹如树木的本根，子孙则是枝叶，无数子孙，皆源于一个老祖宗。追根溯源，认祖归宗，将族人牢固地凝聚在一起。我们中华民族的共同观念是崇奉炎黄始祖，以“炎黄子孙”而自豪。家族的“一本观”为炎黄认同奠立了思想基础，炎黄认同——中华民族认同，实乃家族“一本观”顺理成章的必然发展结果。

由于具有浓浓的血缘亲情，根深蒂固的家族文化还是凝聚海外华人的重要因素之一。海外华人多受中华家族文化的熏陶，乐于寻根问祖，于是家族及其文化，就成为联系海内外华人的一种纽带，吸引海外华人投身祖国建设，发展中国当代经济。

在新的历史条件下，我们要正确对待家族及其文化，取其精华，去其糟粕，充分发挥其在民族、国家文化建设与发展中的积极作用。

第三节　家族势力与新农村建设

在我国农村的社会生活中，家族历来扮演着重要的角色。美国学者古德诺认为：“中国社会非常强调对家族的忠诚……首先，家族制度以及孝道义务使中国人产生了很强的习惯性的顺从心理……尤其是中国的伦理道德观念在强调尽孝的同时也非常强调尽忠，‘国’就是一个放大了的‘家’。”[①]中华人民

① 古德诺:《解析中国》，国际文化出版公司，2005年版。

共和国成立以后，在一系列政治运动的打击和压制下，农村家族组织与家族文化活动曾经一度销声匿迹。党的十一届三中全会后，农村改革全面推进，国家政权对农村社会生活的渗透与控制也逐渐收缩，家庭的独立生产、经营功能逐渐恢复。与此同时，家族文化及家族势力也在一些农村地区悄然兴起，并且对农村社会生活与政权组织建设产生了诸多影响。

一、家族势力对农村经济发展的影响

在中华人民共和国成立前的两千多年的时间内，由于土地私有化，家族势力对农村经济有着决定性的影响力。中华人民共和国成立后，由于实行土地国有和集体所有的政策，农村家族受到严重抑制和打击，家族展开活动的宗祠被不同程度地废除、毁坏和它用，族规、家谱也都被当作“四旧”予以扬弃，农村家族势力得到了有效的控制。国家在农村建立两级政权，把党支部建在基层村落里。国家政权进入农村社会基层，不但结束了乡族自治的传统，而且逐渐地影响、改变和控制了民间的非正式制度，直到将它们取而代之。改革开放以来，随着人民公社制度的瓦解，国家对农村的强有力控制开始减弱，社会资源的分配也开始转向市场和其他途径，而不像以前那样进行统一分配，特别是当以家庭承包为主的承包责任制将家庭推向了生产的前沿，占据农村经济生活的主体地位，并拓展到社会生活的各个方面后，公益事业和社会互助也变成了民间的事，这一状况为民间传统社会、经济制度的恢复提供了一个自由的空间。由于国家放松了对农村的控制以及农村经济改革和现代化的发展，农村家族势力又复兴起来。农村家族势力的重新抬头表现为家庭群体行为的重现：修祠堂、修祖坟、修族谱、开庙会等。

当代农村家族的复兴对农村经济的发展有着重要影响，这主要体现在其对农村经济发展具有的正面功能方面。

（一）农村家族有利于农民家庭克服小生产的局限性，解放农村生产力

农村实行联产承包责任制后，农户成为独立经营主体。由于土地规模较小、生产率低下以及计划生育政策，农民家庭日益小型化，单个农户实际上很难独立地、低成本地完成全部生产经营活动，一些生活事务如婚丧嫁娶、盖房造屋以及春播秋收等农事活动，只有通过多个劳动力协作才能完成，达到最佳效益。因此，“规模不经济”制约着农户的收益和效用最大化目标的实现。再加上农业生产中的季节性、繁重性以及周期长、风险大等客观因素，导致了农

民群众急于寻找人力、物力和财力的帮助。在这种情形下，聚族而居的家族成员为了满足生产的需要，便自觉地进行农业生产的互助合作。生产生活当中的互助活动，在提高农村劳动生产率的同时，也使得大量劳动力从土地上解放出来。目前我国有2亿多农村劳动力走上了外出务工的道路，其中有相当一部分外出务工人员通过购房、在城市中找到稳定工作而把户口从农村迁移到城市，成为现代城市居民，在促进整个社会发展和进步的同时，也无形中扩大了家族的发展范围。

（二）农村家族有助于农户降低交易成本

人们参与某一组织，目的就在于从中得到一定的利益。这种利益除了心理上的满足、个人安全的保障、荣誉感和归属感的获得外，最重要的是经济利益。家族可以降低农户的交易成本。在市场经济条件下，信任感是合作的首要决定因素。而在一个家族中，其成员之间了解较多，也就大大减少了个人决策中的不确定性，降低了家族成员在交易过程中的风险和成本。

（三）农村家族有利于家族成员共渡经济难关

在很多农村地区，村民往往是聚族而居。一个家族就居住在一个村落里，同一家族的人在共同的地域上生活、劳作，家族成员之间的感情是很深厚的。他们相互帮助，相互交流，在家族中有一种安全感和归属感，不会觉得孤独和无助。当家族中的某一家庭或个人在生活上或经济上遇到困难时，同一家族的人就会通过出力、出钱的方式帮助发生困难的族人。农村家族在这个互助的过程中发挥了重要作用，使族人能在短时间内克服困难、渡过难关。尤其是当发生自然灾害或某个家庭成员患重大疾病时，同一家族的人都会主动予以帮助，使其渡过经济困难。

（四）某些家族通过家族企业为社会创造巨大财富和大量就业机会

我国实行改革开放以来，一些农村能人利用国家政策，通过个人努力开办厂矿企业，并逐步发展壮大，成为中国乃至世界上著名的企业集团。如张士平创办的家族企业山东魏桥创业集团有限公司（该家族成员持有大量集团股份，故魏桥创业集团是典型的家族企业），20多年前是一个仅有61名职工的小型油棉加工厂，如今已经发展成为一个拥有5个工业园、14个子公司、占地1000公顷、职工总数达18万人，集棉花加工、棉纺、织造、染整、热电、铝业等于一体的特大型综合企业，也是世界上棉纺织能力最大的企业，其品牌影响力已经蜚声海内外。魏桥创业集团自2012年连续五年入选世界企业500强，2016年跃居第163位，中国企业500强第37位，中国制造业企业500强第10位，中国民营企业500强第3位，连续三年位列山东企业100强第1位。“魏桥”品牌连续13年入选《中国500最具价值品牌》排行榜，2016年以431.75亿元的品牌价值名列第63位。

图3-6 山东魏桥创业集团

其他如刘学景家族、刘双珉家族、王希成家族、陈学利家族、牛宜顺家族等，这些系列家族集团在发展过程中，在为家族成员积累了巨额财富的同时，也为地区和国家提供税收，为当地和其他地区的人员创造众多就业机会，为社会做出了巨大贡献。

二、家族势力对农村政权建设的影响

家族的深厚基础在于它作为一种社会组织，形成于血缘这样一种先赋的社会关系之中，这是任何人都不能否认的。相对封闭的居住环境和人们在生活中的往来，强化了家族的意识和观念。农村家族有鲜明的组织性，对于发展农村的基层民主既有强力促进作用，同时它的落后性和非科学性也会产生消极影响。如何合理对待农村家族势力，做到扬长避短，是农村基层民主建设面临的一项重大课题。

（一）农村家族势力为基层民主提供了群众基础

农村家族团结本族农民参与民主选举，有助于克服农民的政治冷漠，为基层民主提供群众基础。农村民主是一种舶来品，也就是说农村民主并不是农村固有的一种制度性设计。改革开放以来，社会主义政治建设的地位日益突出，占我国人口80%的农民的权益越来越受到重视。但是，农民更多的是关注自身的利益，对于政治相对冷漠。在目前的社会体制下，部分农民即使掌握了一定文化知识，也体现出明显的政治冷漠倾向。在家族势力的影响下，部分农民由于经济条件较优越，或者自身政治素质优秀而竞选村干部。在这种情况下，家族背景就显得非常重要。庞大的家族背景会成为其竞选的优势条件之一，家族特别是大的家族因为人数众多，在竞选中处于优势地位。因此，获得家族的支持，是其竞选成功的必要条件。在血缘关系集中的农村，存在着血缘至上而非能力至上的传统认识。农民在大多数情况下，会选择本家族成员作为其领导人，而竞选者也会千方百计地去争取本族选民。由于地缘和血缘的关系，获得本族选民选票要远远容易于获得他人的选票。虽然很多农民因为自身素质的缺乏，看不到选举出合格的村委会领导人对其长远利益的好处，认为换届选举对其没有什么影响，谁做村委会领导人都一样，但在村委会选举中，如有本族人参与竞选，本族人会在自愿或在他人动员的情况下积极参加政治活动，这在一定程度上提高了农民的政治参与度。

在家族势力影响下，影响农民政治参与的主要因素有：

1.利益因素

在农村，由于缺乏合理有效的民主决策或者监督程序，村委会领导人对于本村事情起着决定性的作用。本族如有人成为村委会负责人，在决策本村事情时，就能更多地考虑本族人的利益，用一种或几种隐性或者显性的方式更多地为本族人谋利益。比如修路、安装自来水、分配计划生育指标、分田承包等，村委会领导人在做决定时都会有意无意地更多地考虑本族人的利益。

2.乡亲观念的文化因素

随着城乡人口流动加大，越来越多的农民选择外出务工，使得农村的基层选举出现了人数下降的趋势，部分地区甚至由于参选农民人数不足而推迟或取消村委会选举，使得农村自治选举结果的民主性很难保证。目前体制下，我国的选举实行户籍地选举，即选民在自己的户口所在地参加选举，外出务工的农民要参选就要回原籍。如果没有其他利益影响，外出务工的农民是不愿意费时费力回村参加选举的。家族可以在一定程度上解决这个问题。家族对农民工个人的权威要远大于村委会对农民工个人的权威，由家族出面要求农民工回村参加选举，效果要比村委会出面好很多。

（二）家族势力可以监督村干部，推动基层民主的发展

当前制度下，农村基层缺乏系统有效的监督和约束机制。村干部的行为受制度上的约束较小，很大程度上的约束来自于其自身道德。这样，来自组织的监督就显得特别重要。民主不是一个人的事情，也不是一个家族的事情，而

是全体村民的事情，对村干部进行监督是村民的广泛愿望。然而单个人的力量是微弱的，作为集体的家族是民主监督的主体。现代社会的宗族已经由传统意义上的纯血缘封建家族，逐步演变成有着共同利益的利益集团。这个利益集团为了自身的利益，会对村干部进行各方面的监督。这种监督分为两种情况：

1.家族之间势力均衡的监督

所谓家族之间势力均衡，是指一村中有两个或多个家族，各家族之间势力均衡，不分强弱，主要村干部在几个家族之间轮回。在村委会选举中，如果几大家族势力均衡，每个家族都认为本族人选胜出的希望大，为此会对选举的各个环节进行监督，客观上保证了选举的公平性。这种监督的动机，一方面是为了寻求村干部在决策时保持公平，防止村干部在各项决策时过分偏袒本家族，从而保证自己的利益；另一方面是要寻找村干部的纰漏和过失，并且加以丑化宣扬，以便在下一次的选举中让本族人选能够赢得民心，取得选举的胜利。

2.一族独大的监督

一族独大是指在某一村落里，一个家族人数众多，势力超强，其他家族不具备与其抗衡的势力。通常情况下，村干部就会诞生在这个家族里，其他家族只有羡慕的份。这种情况下的监督往往来自于家族内部。族内有威望、有能力的农民，出于对本族荣誉的考虑，会采取一些方式对村干部进行监督，当然这种监督通常以善意的劝告为主。被监督者为了获得本族族民的支持，也会考虑听从劝告，这有助于村干部收敛其行为，有利于基层民主的发展。

异姓族人或本族其他人对村委领导位置的艳羡，导致他们对现任村委领导进行监督和批评，而且有取而代之的可能，村干部才会自省、自警和自戒。因此，在多个家族势力均衡的情况下，特别是在一族势力独大的情况下，家族势力的监督，有助于防止掌权者随心所欲地驾驭各种资源。

（三）以农村家族为基础的民主发展为农村提供了稳定的社会秩序

家族势力通过自由的非正式形式给族民提供精神上和物质上的帮助，有效地维护了农村的和谐，为基层民主的发展提供了必要、稳定的社会秩序。马克思主义哲学认为，人并不是单个人所具有的抽象物，在其现实意义上是社会关系的总和，即社会性是人的最根本的属性。在农村社会中，家族是最主要的人际关系，每个人都有借助群体力量寻求归属的要求。由于农村中缺乏各种社会团体，家族一直在扮演着这种社会组织的角色，为基层民主的发展提供所需要的社会因素。

1.家族的道德建设功能有效地提高了农村社会的有序性，为农村的基层民主建设提供了稳定的社会基础

就历史和社会文化而言，乡土情结和亲情情结是我国农民最主要的感情纽带，以此为基础形成的家族是农民比较容易接受和信任的组织。目前，对村民的道德和精神方面的宣传教育的机制、体制尚未建立，家族教育中宣传的合理的传统道德，可以引导农民树立科学、健康的价值观念，维护家庭的和睦。家族组织是乡土社会的产物，农民对其有深厚的感情基础和较强的心理认同感。在目前执法环境不佳和减少交易成本以追求利益最大化的现实社会，以家族为依托解决纠纷的非正式组织仍然在发挥着积极作用。从绩效来看，农民寻求家族帮助的成本将远远小于司法途径，家族长者或者有威望的人出面调解，往往也容易让矛盾双方信服而和解，所以家族有利于解决农村的各种纠纷，提高农村社会的有序性。

2.家族的社会救助功能弥补了制度性救助功能的不足，维护了农村社会的稳定

农村集体经济时代下建立的各项福利制度，随着家庭联产承包责任制的推行而消失了，而新的农村社会福利制度还没有建立起来，农民很少享受到与城市一样的失业、医疗、养老保险等福利待遇。当农民遇到重大疾病、灾难，或者家庭经济困难时，如得不到政府及时救助，就会转而寻求其家族的帮助，因而家族具有不可或缺的互助功能。

（四）家族势力对农村政权建设的负面影响

由于家族自身天然的局限性，对农村家族势力的负面影响也要给以足够的重视。调查研究发现，农村家族势力在乡村经济发展缓慢的地方滋生蔓延势头较猛，有的地方已形成了一股政治势力，对农村政权建设产生了很多的负面作用。家族势力在村内争政、扰政和执政的表现令人担忧。

1.争政：家族势力争夺村内政治资本

目前我国正在农村推行村民自治、民主选举村干部的制度，某些家族势力极力推举本族人争夺村内政治资本。大家族利用族大人多的优势，或者利用族内有人在各级党政机关任职，特别是在县、乡（镇）两级政府任职的社会关系，帮助该族在村内获取政治地位。有些家族没有这种社会关系而又想在村内获取政治地位，就会费尽周折去“购买”。为了多得选票，大家族也采用其他手段，如有的攻击、诬陷、威胁竞选对手，有的甚至为了使本族人在选举中

获胜，对其他家族大打出手，使得选举变成家族争大小、分高低的“战场”。究其原因，主要有以下几方面：一是许多农民家族观念非常牢固，同族血缘亲情浓厚，总认为本族人当村干部会给自己带来方便和实惠；二是有些乡镇干部，把选任村干部变成自己争夺势力范围的手段，将村里家族势力大的竞选人作为培养任用对象，结果纵容了势力大的家族控制选举、违法选举；三是家族间历史遗留下的矛盾在选举村干部的过程中愈演愈烈，致使矛盾尖锐化；四是竞选村干部的族人具有很强的家族荣誉感和个人成就感，想通过在村民委员会或村党支部获取政治地位而提高在家族事务中的影响力。

2.扰政：家族势力干扰正常的村级政权活动

失去权利和没有争夺到权利的家族，对现任的村干部往往存在着敌视态度，有时会纠集家族人与之对抗，以达到干扰和阻碍村两委开展正常政权活动的目的。为了使家族形成统一意志和行动，家族在族长召集下开展祭祀、拜祖活动来神化血缘关系，迫使族人依赖家族，服从家族利益及家族意志，履行家族义务。开展集资兴建宗庙和祠堂及编撰家谱的活动，在精神和心理上控制了族人，使他们自觉地以家族为归属，积极靠拢家族，投身家族活动。家族势力形成一股政治力量，当村级政权决策与家族利益冲突时，家族势力就会公然与村级政权对抗，突出表现在拒不执行殡葬改革政策、公然围攻村委会、殴打村干部等破坏基层组织建设和法制建设的行为。这些行为严重阻碍了党在农村的路线、方针、政策的贯彻执行，干扰了农村开展正常的政权活动。究其原因，一是极少数居心叵测的族人由于失去权利，为了泄私愤、图报复，重新执政，蒙骗不明真相的同族人集体起来扰政，把家族人当作“枪炮”。二是受蒙骗的族人由于对家族的依赖超过对政府基层组织尤其是对村级组织的依赖性，而家族又以同族家庭利益保护者和利益协调者的面貌出现，致使个人恩怨和利益等方面的冲突很快转化为家族恩怨和利益关系。三是村里收取的某些税费使得农民既得利益受到影响，家族势力趁机拉拢人心搞“自治”，妄图摆脱村级政权的领导。四是农村实行计划生育和殡葬改革，部分农民思想觉悟低，认识不到位，不能自觉接受。而个别村干部在完成工作任务时，工作作风简单粗暴，也伤害了农民对村干部的感情，使家族势力乘虚而入，煽动群众干扰和阻挠村级政权开展各项中心工作，甚至纠集族人集体上访、越级群访等，严重破坏了农村安定团结的大好局面。

3.执政：家族势力大的村干部在管理村务中搞“家族统治”

个别家族势力大的村干部依靠家族势力开展村务工作，他们以“势”压人，恃“势”执政，对农民群众使蛮的、来狠的，农民群众对此深恶痛绝。据调查，目前不少村干部具有一定的家族势力背景，村干部利用家族势力执政的现象正呈上升趋势。家族势力已渗透到基层党组织内，村里发展新党员，村干部的家庭成员和家族人员是首选的培养对象。家族势力的滋生蔓延，已冲击到村级政权的稳定。在一些村级组织中，已经出现了族人交替当政、轮流坐庄“翻烧饼”的现象。“家族统治”极大地损害了党和政府的形象，严重伤害了农民群众的感情，使群众对村干部失去了信任，导致干群关系紧张。为什么会出现家族势力治村当政的问题？究其原因，一是某些村级组织面对上级安排的工作不落实，认为任务难完成，对于社会治安混乱难治等问题束手无策，依法征收、依法行政的新办法不会用，老办法又不敢用，只好用家族势力来治村理政。二是有的乡镇组织让家族势力大的人当村干部，本意就是想依靠他们来攻破一些难缠户、钉子户，震慑其他村民。三是个别村干部政策、法律水平低，管理能力弱，只好企图依靠家族势力来解决基层矛盾。

三、家族势力对农村文化建设的影响

（一）从人们对法律的认识上看，家族文化有利于农村法律知识的普及与法制建设

从人类历史的发展来看，是先有民俗后有法，法是民俗发展到高级阶段系统化后的产物，法根源于民俗。在普法方面，新农村建设首先要做的，当然是改变农村的宗法不一、混乱无序状态，改变村民法律意识淡薄、法律知识匮乏的落后面貌。但是，在传统思想根深蒂固的农村，光有法律是不能实现农村的法治的，必须对农村普法的特殊性有清楚的认识。费孝通先生曾说过：“法治秩序的建立不能单靠制定若干法律条文和设立若干法庭，重要的还得看人民怎样去运用这些设备。更进一步讲，在社会结构和思想观念上还得先有一番改革，如果这些方面不加以改革，单把法庭推行下乡，结果法治秩序的好处未得，而破坏礼治秩序的弊病却已发生了。”[①]可以说，在乡土社会里，法律并不是效力最高的控制工具。说服性的控制工具，如暗示、模仿、批评、报酬、赞许、反应等，往往比法律有更高的功效。在相当长的岁月里，家族文化中的诸多规范、行为模式，在一定程度上是社会秩序的主要维护力量。因此，对于

① 费孝通：《乡土中国》，上海人民出版社，2007年版。

现代法理学意义上的法，有些农民并不一定能够普遍接受，农村在实现现代化的法治之前还有相当长的一段路要走。这个过程，也就是改良农村家族文化使之为新农村建设服务的过程。

（二）从保持文化传统的角度看，家族文化对社会主义新农村建设有一定的积极意义

首先，千百年来在家族文化中形成并传承下来的传统美德是我们国家和民族的宝贵财富。夫妻相敬如宾、兄友弟恭、妯娌和睦、孝敬长辈、扶持弱小、忠孝节义、与人为善、仁义礼智信、克勤克俭、勤俭持家、艰苦奋斗等，都是我们在现代社会中仍然要提倡和发扬的传统美德。可以说，家庭是我们中华民族传统美德的基石和摇篮，而以家庭、宗族为本位的家族在其中更是以规范、制度的形式，使这些美德得到了强化和传承，并逐渐成为民族文化传统的重要组成部分。同时，作为一种传承、积淀了数千年的文化传统，家族还对我国丰富多彩的民俗文化的传承和延续做出了重大贡献。当前在我国各地的农村，还保留着传统的以家族为单位进行的民俗活动，它们是我国传统文化的重要组成部分。建设社会主义新农村，需要继承和发扬我国传统优秀文化。由此看来家族在其中还有很大的发挥积极作用的空间。

（三）从群体的控制与整合来看，家族规范弥补了国家法律控制机制的不足，成为一种有效的补救手段和协同力量

在中国漫长的历史时期，国家政权对社会调控的能力不高，法律没有内化为人们的价值观或内心需要，因而对社会的控制、影响有限。这种有限也促使家族关系有条件外化为一种秩序、一种规范。有学者把这种家族的规范统称为“民间法”，认为如果没有民间法的存在，社会机制就可能失衡，不利于圆满解决问题。

四、消解家族势力对新农村建设负面影响的方法

建设社会主义新农村，我们不可能绕开农村家族文化的影响，因此合理利用、发挥家族文化的积极作用，克服家族文化的不良影响，是建设社会主义新农村的有力保证。家族文化的积极作用在社会生活中已经得到了很好的体现，历史和事实都证明它在维持社会秩序、繁荣传统文化、整合群体力量等方面都有着重要的作用。而消除其不良影响也不能一蹴而就，必须从多方面入手，综合治理。只有这样，才会为社会主义新农村建设扫清障碍。

（一）强化党对农村基层政权建设的领导，增强党和政府在农民群众中的威信

作为执政党，中国共产党的组织一直下设到村一级。《村民委员会组织法》对党在农村工作中的地位有明确规定：“中国共产党在农村的基层组织，按照中国共产党章程进行工作，发挥领导核心作用。”目前在农村家族势力盛行的地区，党的领导受到不同程度的削弱。因此，要提高农村基层政权组织的凝聚力和战斗力，必须加强党的思想领导和政治领导。首先要在思想上统一认识，牢记全心全意为人民服务的宗旨。在考察、选用农村干部时，要力求把有开拓创新精神、政治素质好、业务能力强、群众基础扎实的人选推到农村基层政权工作的第一线。对于在农村有一定家族背景的“乡村精英”，要区别对待：既要把拥护党和国家的方针政策，愿意并有能力带领群众致富的人选进乡村领导班子，又要对具有狭隘家族利益观的“精英”进行引导和教育。而对于积极参与、策划家族矛盾冲突，对抗政府，干扰村政活动的一些“能人”，要依法严惩不贷。其次，加大对基层政权组织的官僚腐败作风的惩处力度，增强党和政府在农民群众中的威信。当前一些农村干部的官僚腐败行为比较突出。在农民遇到困难和社会不公正对待时，某些村干部不能站在老百姓的立场上解决问题、伸张正义，导致农村干群关系疏远，甚至激起严重的对立情绪。从根本上讲，这些行为也弱化了党和政府在农村的群众基础，并促使农民转向家族组织获得支持。因此，在大力惩处党员干部官僚、腐败作风的同时，各级基层党员领导干部要真正深入到群众中去，为群众做实事、办好事，善于抓住矛盾激化的苗头，妥善解决问题，为新时期党和政府赢得农民的支持和信赖打好基础，逐步消除家族势力在农村的群众基础。

（二）切实发挥农村基层政权的精神文化建设功能，努力提高村民的文化素质

农村精神文化建设的滞后，是家族势力复兴的根源之一。因此，要消除家族势力对村民日常文化生活的影响和控制，就必须以现代的、科学的、先进的精神文化，来满足农民日常精神生活的需要。为此，农村党组织和政府在抓好政治领导与经济建设的同时，还要积极筹措资金建设农村文化娱乐场所，大力提倡内容健康、形式多样的文化娱乐活动，如用村办图书室、老年协会、科技小组、文娱小组的活动取代村民以血缘为纽带、家族为组织形式的落后生活模式。

（三）加强农村基层政权组织的民主化、法制化建设，严厉打击家族势力的非法活动

家族势力的兴起往往与一些地方政治力量的支持有关，甚至家族本身就积极参与、把持基层政权组织。这与当前农村基层政权的组织、人事、运作制度不完善有关。社会主义民主法制是巩固农村基层政权的根本保障。农村基层政权组织要在宪法和法律规定的范围内活动。为此，要大力推进乡村干部民主选举制度及政务、村务公开制度的进程，强化舆论监督的作用，提高农民参与决策的积极性，依法保障农民的政治、经济和文化权利。依法严厉打击农村家族恶势力，只有这样，才能有效维持社会的正常秩序，保障基层政权的健康稳定运行。

（四）进一步发挥农村基层组织的公共服务和社会保障功能，弱化家族势力的社会影响

在我国农村，基层政权组织的公共服务与社会保障能力明显不足，这也促使许多村民从家族组织那里得到资源上的帮助与庇护。但是，传统的家族势力是不可能承担起农村现代化建设的组织重任的。农村基层政权组织，只有大力发挥其应尽的社会服务功能与保障功能，才能最终使家族势力淡出农村的社会政治生活。

典型案例

一些农村家族势力为何如此猖狂

据中国百姓法制网报道，安徽利辛县一村民，依仗家族势力，强行霸占他人宅基地。甚至在光天化日之下，酿成挖村民双眼的恶性案件。案发前，受害人向镇政府反映有关情况，一副镇长居然表示“你们斗不过他们，我看该空宅能建5间房子，你们就让出两间半吧，还是求个平安为好”。目前，“挖眼事件”主要嫌犯夏腾被公安机关刑拘，另一嫌犯高泽强外逃。

近些年，在一些农村地方不时出现地痞恶霸横行乡野、欺压百姓的事件，有的甚至演变成了农村黑恶势力，严重危害着人民群众的生命和财产安全。比如，徐州黑恶势力张贯东控制公安局、法院，对抗政府，打击举报人，简直猖狂到了极致。之所以一些农村地方家族势力横行乃至黑恶势力猖獗，笔者认为以下几个方面的问题必须引起足够的重视。

一是农村教育文化的缺失。近些年，随着国家对新农村建设的高度重视，

农民的生产生活等方面都得到了较大幅度的改善。但是，农村经济不断发展的同时，农民们的精神文化建设却没有“水涨船高”，不少地方还存在严重的教育“盲区”。中华人民共和国成立初期，各村一般还有个广播什么的，能够经常性地对村民进行一些政治思想和道德规范等方面的宣传教育。而如今，不用说广播了，一些村里就连像样的村部都找不到，更不用说经常性地对村民进行集中教育了。文化阵地的丢失，使得很多农民群众，当然也包括一些农村基层干部“不信马列信鬼神”。毛泽东同志说过：“我们的古人林黛玉讲，不是东风压倒西风，就是西风压倒东风。”在农村，当正面的宣传教育缺乏的时候，一些歪风邪气便会有所抬头，比如聚众赌博、宗教迷信等。在这样的文化土壤中，一些成天游手好闲之徒，极有可能发展成为无人能管、无人敢管的邪恶势力。当前文提到的受害者向张村镇政府反映情况时，副镇长的反应竟然是：“你们斗不过他们……还是求个平安为好。”这样的邪恶势力在当地有多猖獗也就可想而知了。

二是农村基层政权未发挥应有的积极作用。加强对农村治安的综合整治，让农民群众有一个和谐安宁的人居环境，是实现农村全面小康的先决保证，更是农村基层党组织和党员干部的职责。但是，我们的一些基层党组织长期处于一种软弱涣散的境地，社会治安巡防也是形式大于内容的偏多，尽管也有所谓的治安工作领导小组，甚至有的还成立了联防队，但是真正负起职责的并不多。而我们的一些农村基层干部，又常常以工资待遇太低、干得再好也没有什么政治出路为借口，消极怠工或者做一天和尚撞一天钟，以混日子来混工资。为了一己私利，个别基层党组织和党员干部还动不动地为类似脱衣舞表演和聚众赌博等低俗活动提供场地、打起掩护，以求赚取“外快”、获得“分成”。更有甚者，与农村一些邪恶势力、宗教团伙沆瀣一气，甚至甘愿充当其“保护伞”。不少农村基层政权的放任自流，对邪恶势力滋生蔓延负有不可推卸的责任。

日前，中央组织部副部长欧阳淞在北京召开的全国排查整治农村治安混乱地区推进农村平安建设工作电视电话会议上要求，要把维护农村社会稳定、深入开展平安建设作为以“领导班子好、党员干部队伍好、工作机制好、小康建设业绩好、农民群众反映好”为主要内容的“五个好”村党组织、“五个好”乡镇党委和农村基层组织建设先进县（市）“三级联创”活动考核评价的重要内容。要重点加强乡、村两级党组织建设，结合在全国开展的排查整治农村治安混乱地区工作，对排查出的治安混乱地区软弱涣散、不起作用的农村党组织，对排查出的有黑恶势力、家族宗教势力干预村政的村级组织，要采取切实措施进行整顿和整治，切实配好配强乡村两级领导班子，限期改变治安混乱地区村级组织软弱涣散的面貌。希望中央的这股春风能够吹遍农村的每一个角落，也希望我们农村基层党组织和党员干部能够切实担起“立党为公，执政为民”的神圣职责，真正为农民群众营造一个安宁稳定的生活和发展环境。

三是农村家族门派的泛起。许多农村村落都是一个家族聚居在一起，一些人丁比较兴旺的大门、旺族，很容易在地方上形成一种势力，轻则仗势欺人，重则公然与政府叫板和对抗，虽称不上地主恶霸，但着实是一种安全隐患。对于这种家族化的势力，如果地方政府和基层干部不施以管束，不加以引导，任其势力蔓延、贪欲膨胀，极有可能演化为黑恶势力。特别需要注意的是，一旦让这些家族派别侵入到基层政权内部，就更加可怕了。家族势力拥有了“公权力”后，将会更加猖狂，更加肆无忌惮。

（资料来源：新华网2007-07-19）

本章小结

我国家族文化源远流长，在维系传统政治、协助地方治理方面发挥过积极作用。同时，它也是建设当代社会主义新农村的重要文化资源。由于传统家族文化具有很强的宗族文化特征，具有一定的消极因素，所以，在社会主义新农村文化建设中，需要我们合理引导并有选择地利用家族文化，摒弃其中的糟粕，抑制家族势力在农村基层政权建设中争政、扰政和执政的不良倾向，使其变为社会主义新农村建设的积极因素。

思考题

1.家族和宗族两个概念有什么区别和联系？

2.家族的基本结构与制度特征有哪些？

3.结合本地实际，了解本地历史上有哪些有影响的大家族？

4.家族文化的当代价值有哪些方面？

5.介绍一下你所了解的家族势力，它们在当地都有哪些影响？

6.结合工作实际，谈谈如何合理引导农村家族势力服务于新农村建设。

第四章　乡村法治文化建设

学习目标

1. 了解中国传统法律文化的特点；
2. 了解法律文化和法治文化的关系；
3. 了解法治文化的四个层次及其意义；
4. 熟悉乡村法治文化建设中树立法治信仰的具体做法；
5. 熟悉法治文化的核心内容；
6. 熟悉法治文化的本质、前提基础、构成要素、核心内涵；
7. 掌握法治文化、社会主义法治文化、乡村法治文化的概念；
8. 掌握乡村法治文化建设的意义和作用。

导　读

1994年上映了一部名为《被告山杠爷》的电影，在赢得人们广泛好评的同时，也引发了人们对法治问题的思考。山杠爷是一位德高望重的村主任，他一心为公，敢说敢管，但没想到，他用“游街”的办法教育村里一个不孝的儿媳，逼出了人命，使自己成了被告。在此之前，山杠爷为催在外打工的村民明喜回家种责任田，下令私拆了他给妻子的信，以证实地址；村民王禄不按时交公粮，又拒绝受罚，被山杠爷派民兵关押；村民腊正带头反对摊款摊劳力修水库，被山杠爷当众打了耳光，还被停止了党员登记。但是，这些被山杠爷处理过的人不仅不记恨他，反而对他感激不尽，都说山杠爷是为了自己好，为了堆堆坪好。只有好逸恶劳的村民二利在幸灾乐祸。山杠爷不管人们说什么，他依然故我地为村里的事忙碌。山杠爷好心办了坏事，错就错在他的行为触犯了法律。在现代法治国家，小到治理一个村庄，大到治理一个国家，都应该按照法律办事。

|提　示|

20多年过去了，电影《被告山杠爷》反映的事情仍然在很多地方重复发生，众多的“山杠爷”还在因自己的“好心做错事”承担法律责任，众多被处理过的村民还是认为“山杠爷”是为了自己好。这说明，法治建设任重道远。只有依靠法治文化的引领、法治素养的提高，法律才能成为人们自觉遵守的规则，法治价值才能真正展现出来，法治国家、法治政府、法治社会才能真正实现。

第一节　概　述

党的十八届四中全会指出：“必须弘扬社会主义法治精神，建设社会主义法治文化，增强全社会厉行法治的积极性和主动性，形成守法光荣、违法可耻的社会氛围，使全体人民都成为社会主义法治的忠实崇尚者、自觉遵守者、坚定捍卫者。”这次会议首次提出了“法治文化”的概念，而法治文化是法治中国的一个重要方面。

一、法治文化的基本概念

（一）法治文化的概念

法治是“法的统治”的简称，是相对于“神治”或“人治”而言的，是一种治国原则和方略。法治的实质是良好的法律获得普遍的遵守，即“良法善治”。因此，法治是以民主政治为基础，以权力制约为根本，以权利保障为取向的国家管理机制、活动方式和秩序状态，是民主、自由、平等、人权、文明、秩序的结合，是人类政治文明发展的内在要求和必然结果。

法治文化是在法治研究和文化研究的多重语境基础上产生的特定概念。所谓法治文化，是指在法治实践中形成的、体现着法治的精神、理念、原则、制度、思维方式和行为方式的进步文化形态。可以从以下方面理解法治文化：

法治文化的前提条件是市场经济、民主政治、公民社会，构成要素是权利义务、自由平等、公平正义等思想意识，核心内涵是人民主权、法律至上、保障权利、制约权力等价值理念，基础是尊法、信法、守法、护法等心理取向，本质是人们从内心对法治的认同、崇尚、信守和遵从。

文化需要建设，文化建设的过程也就是通过思想、智慧、品行进行引导、启迪、熏陶的过程。法治文化的建设过程，实际上是在形成完善的法律、文明的法律机构、素质优良的法律专业队伍基础上以文化人的过程，即通过引导、启迪、熏陶，使法治观念、法治思想、法治精神、法治信仰内化于心、外化于行的过程。

（二）法治文化和法律文化

法律文化是指一个民族或国家在长期的共同生活过程中所形成的与法律现象有关的意识、学说和制度的统称，是一个社会法律现象存在与发展的文化基础。法律文化包括法律意识、法律制度、法律实践，是法的制度、法的实施、法的教育和法的研究等活动所积累起来的知识、经验和智慧的总和，是人们从事各种法律活动的行为模式、传统和习惯。

今天的法治文化主要起源于西方。早在古希腊时期，亚里士多德就系统阐述了“法治应当优于一人之治”的观点。在亚里士多德之后，法治被人们普遍推崇。人们发现，法律之所以被公众普遍服从，并不是依靠法律的严酷与冷峻，也不是依靠外力的强制与逼迫，而是出自公众对法律的虔诚信仰，出自公众对法律神圣性的认同。而法的神圣性集中表现在法的至上性。

法治文化不同于法律文化，表现在以下方面：概念位阶不同，法律文化是上位概念，法治文化从属于法律文化；产生历史不同，法律文化是传统的积淀，法治文化是现代的产物；价值取向不同，法律文化为中性概念，既有正向的内容，也有负向的内容，而法治文化为正向概念，是一种与人治文化相对立的先进法律文化。

知识拓展

中国传统法律文化的特点

中国传统法律文化是中国数千年法律实践活动及其成果的统称，具有以下特点：第一，在法律观念文化上，强调德主刑辅，礼法合一，而礼作为一种差别性等级性的规则体系，被奉为治国之道。中国古代所讲的礼，涵盖了人的衣食住行各方面的规矩礼节，一旦违反即为失礼。如果严重违背礼，就会出礼入刑。第二，在法律制度文化上，强调国家权力本位，皇权至上，权大于法，法律受权力的支配与制约。其表现为：在立法上，法自君出，君主为最高法权渊源；在司法上，行政长官兼有司法职权，司法与行政合一；在法律体系上，表现为公法与私法不分，诉讼法与实体法不分，形成了以刑法为核心的单一的封闭的中华法系。第三，在法律心理上，普遍存在息事宁人、平争止讼的法律心理。一方面，天人合一的哲学基础造就了中国传统法律文化追求法律秩序和谐，从而带来无讼的法律心理；另一方面，以家庭为本位的中国传统文化，注重个人的义务，忽视个人的权利，使个体成员的诉讼必然会受到社会和家庭的抑制。第四，在法律行为文化上，强调天理、人情、国法的有机结合，而且常常将人情因素放大，并将人情视为高于法律的规定。作为中华传统文化在法律实践的反映，中国传统法律文化的价值基础是伦理纲常。按照这一思想，人生来就获得了一个确定的位置：你是子应当孝，你是兄应当友，你是夫应当义，你是父应当慈，等等。只有实践了伦理纲常的要求，才能完成人之所以为人的过程。为了使人成为人，除了道德教化外，还需要法律和刑罚。为了使人成为人，君主应当施行仁政，富而后教；庶民应当感恩戴德，接受教化。对不服从教化而犯法者，则处之以刑。这种思想使封建法律一方面带有脉脉温情，另一方面又显得十分酷烈，而整个法律制度处处体现着男女、长幼、君臣、上下之间的尊卑。

中国传统法律文化与作为商品经济、民主政治、理性文化的产物，强调法律至上、司法独立、限制国家权力、保障人权、法律面前人人平等的西方法律文化形成鲜明的对照。

二、法治文化的四个层面

法治文化既有精神层面的，也有物质层面的；既有有形的，也有无形的。法治文化作为构建法治国家、法治政府、法治社会的软实力，主要包括四个层面，即精神文明成果层面、制度文明成果层面、法治行为方式文明成果层面、法治器物文明成果层面。

（一）精神文明成果的法治文化

精神文明成果的法治文化是整个法治文化的核心内容。我们平常所说的法治意识、法治价值、法治原则、法治思想、法治理论、法治精神、法治理念、法治信仰等都属于精神文明成果的法治文化。精神文明成果是法治文化建设的灵魂和先导，它引领国家法治发展的方向，决定国家法治建设的性质和特点，作用于国家法治发展的速度和质量。

（二）制度文明成果的法治文化

制度文明成果的法治文化包括政治制度、经济制度、社会制度、文化制度等，也包括宪法制度、选举制度、人权保障制度、科学立法制度、严格执法制度、公正司法制度、全民守法制度和法律监督制度等，还包括中国特色社会主义法律体系、各法律部门、法律规范和法律条文、立法司法解释、法律语言、法律文本等。

制度文明成果是法治文化建设的主干和躯体，它支撑着法治文化的摩天大厦，构建起法治治理的国家机器，带动法治精神文明和社会法治行为向前发展。

（三）法治行为方式文明成果的法治文化

法治行为方式文明成果的法治文化包括执政、立法、行政、司法、守法、监督等行为，包括法治习惯、法治功能、法治实效、法治权威、法治秩序、法治环境、法治状况等。法治行为方式文明成果是法治文化建设的实践基础和实现形式，它把法治思想、理论的指引和法律制度规范的要求贯彻落实到每一个社会成员，把法治文化的价值追求和秩序构建实践于每一种法律关系，把文字的法律变成生活中的法律和行动，从而实在具体地推动着法治文明的进步。

（四）法治器物文明成果的法治文化

法治器物是指用来弘扬法治精神、保障法律制度实施的建筑物、器具、服饰等文化设施。法治器物大致可以分为法意建筑、法意器具和法意服饰等三类。

法治器物是借器具、服饰、建筑、设计风格等来表达法治理念的文化符号。法治器物本身是规范或禁忌，是一种价值观和文化，它被赋予某种意义后，便以特定的含义把抽象的法治理念具象化，彰显法治的精神，传播法治的理念。法治器物从它的设计理念到它的象征意义，蕴含的是法治理念，体现的是法治精神，营造的是法治氛围，是法治文化的重要组成部分。

我们在思考法治文化时，应从以上四个层面进行综合考虑，既要防止把法治文化过于抽象虚化，把法治文化仅仅理解为法治意识、法治价值、法治原则、法治思想、法治理论、法治精神、法治理念、法治信仰等方面的问题，也要避免把法治文化过于具体实化、物化，把法治文化局限于法治文艺、法治宣传、法治影视、法治报刊图书等具体文化活动。法治文化是立体的、多角度、多层面的文化集合体，具有强大的生命力。与法治文化的四个层面相适应，法治文化建设也应该包括上述四个层面的内容，不能片面地强调任何一个方面。

三、法治文化的核心内容

法治意识、法治精神、法治理念、法治信仰是法治文化的核心内容。

（一）法治意识

法治意识是人们关于法治的思想、观点、知识、心理的总称，是法治主体对于法治实践的一种能动反映和内在自觉。

法治意识表现为两个方面：一是人们对法律发自内心的认可、崇尚、遵守和服从；二是人们在法治实践中形成的相对稳定的规则、程序、责任、诚信等思想意识。推动全社会树立法治意识，就是使体现现代法治文明的自由、平等、理性、秩序等法治精髓深入人们心理结构的底层，积淀为人们的法治心理素质，由此形成公平正义的法治人格，勇于担当的法治心态，并以稳定的方式表现出来，积极地影响人们的法治行为。如果一个国家大多数人不认同法律，或者没有信守法律的基本意识，那就不可能建成法治国家。因此，只有推动全社会树立法治意识，才能为全面推进依法治国，实现科学立法、严格执法、公正司法、全民守法奠定坚实的思想基础。

（二）法治精神

法治精神是植根于人们内心的对法治国家和社会的向往，是人们对自由平等法治原则的坚守、对公平正义法治价值的追求、对良法善治法治理念的崇尚。

社会主义法治精神蕴含着党的领导、执法为民、依法治国、公平正义等先进的价值理念。党的领导，就是党领导立法，保证执法，支持司法，带头守法，不断推进国家经济、政治、文化、社会生活的法治化、规范化。执法为民，就是要求执法机关坚持保护人民利益与维护法律权威的统一，端正执法态度，改进执法作风，切实做到权为民所用、情为民所系、利为民所谋。依法治国，就是使宪法和法律成为一切国家机关、社会团体和个人行为规范的最高准则，把国家各项事业和各项工作都纳入法治化轨道，实行有法可依、有法必依、执法必严、违法必究。公平正义是我党治国理政的一贯主张，也是社会主义法治的核心理念。通过法治维护公平正义，科学立法是引领，严格执法是关键，公正司法是保障，全民守法是基础。

（三）法治理念

法治理念是人们对法治所持有的思想观念和理想信念的总和，是人们对法治的内在要求、精神实质、基本原则的理性认识和高度概括，是指导立法、执法、司法和守法实践的思想基础和价值取向。

中国特色社会主义法治理念，其内容可以概括为党的领导、人民民主、依法治国、公平正义、制约公权、保障人权。其中党的领导是法治理念的政治内核，人民民主是法治理念的制度根基，依法治国是法治理念的第一要义，公平正义是法治理念的价值追求，制约公权是法治理念的重要原则，保障人权是法治理念的精髓所在。法治理念作为法治建设的理论基础和实践向导，是法治理论向法治实践转化的中介与桥梁。法治理念正确与否，直接影响一国法治事业的兴衰成败。

典型案例

用“负面清单”吹散“权力雾霾”

国务院《关于实行市场准入负面清单制度的意见》正式公布，明确了实行市场准入负面清单制度的总体要求、主要任务和配套措施，并提出2018年起正式实行全国统一的市场准入负面清单制度。

所谓市场准入负面清单制度，是指国务院以清单方式明确列出在中华人民共和国境内禁止和限制投资经营的行业、领域、业务等，各级政府依法采取相应管理措施的一系列制度安排。对于市场准入负面清单以外的行业、领域、业务等，各类市场主体皆可依法平等进入。

对企业投资而言，这是一个利好消息。因为，市场准入负面清单制度坚持了“法无禁止即可为”的法治思想和原则，融入了法治思维，属于从深层次推进依法管理市场经济的开端，使企业的投资权利更加明晰化、透明化。企业可以投资哪些行业、领域，开展哪些业务，只要拿到“负面清单”就一目了然，企业可以少为信息不透明问题走弯路、浪费时间，也不用再为了这些找人托关系去求政府部门，有利于企业增强投资的目标性、准确性，对企业投资、经济发展十分有利。

更重要的是，市场准入“负面清单”制也把权力晒在阳光下。因为，“负面清单”制的另一个作用是，把政府部门的审批权力公开了，即明确限定了政府部门，哪些行业、领域、业务需经政府部门审批、核准才可以进入，政府部门可以根据“负面清单”制授权依法进行审批、核准。除此之外，则是政府审批、核准的禁区，任何官员无权要求企业必须事先审批、核准。对权力而言，这又体现了“法无授权即禁止”的法治理念。这将从源头对权力进行有效约束，有权也不能再“任性”。

不难看出，市场准入“负面清单”制一方面公开了企业的投资权利，另一方面又公开了政府权力的范围和边界，二者是相辅相成、对立统一的。而且，在制度范围内，企业可以自由挥洒，不再受权力干涉，企业投资受到法律保护，必将激发企业的投资热情和发展活力。尤其就现实而言，一旦它真的全面实行起来，必将吹散“权力雾霾”，还企业投资权利一片“晴朗的天空”。

市场准入“负面清单”制把原先那些锁在抽屉里、置于暗箱中的权力曝光了，企业的投资权和政府的审批权都晒在“阳光”下，暗箱操作没有空间了，有意无意封锁信息的时代过去了，权力不能再故意卡企业的脖子，不仅企业实现了轻装上阵，也从根本上压缩了政府权力暗箱运作的空间，铲除了腐败滋生的土壤。

（资料来源：新华网2015-10-20）

（四）法治信仰

法治信仰是人们对法治所蕴含的自由、秩序、公平、正义等精神价值从内心深处认同、信服、尊重和崇敬，从而形成对法治的信赖感和皈依感，并自觉以法律为行为准则，愿为维护法律尊严和权威而献身的崇高境界。法治信仰是确立法治权威的基础，也是法治正常运行的必要条件。法治之所以能够施行，并获得一体遵行的效力，不仅源于它的强制性，而且源于人们发自内心的信仰。不被信仰的法治，即使靠外在的强制使其实现，也与法治精神相去甚远。因此，只有法治成为一种社会成员普遍确立的信仰，使人们自觉自愿地遵守法律，把依法办事当作自己的生活习惯，才能树立起法治的权威，依法治国的理念才能变成生动具体的法治实践，建设社会主义法治国家才会有可靠的精神依托和信念支撑。由此可见，法治国家能否建成，总是以社会成员是否确立对法治的信仰作为最终判断标准。

典型案例

郝劲松，一个公民对法治的信仰

郝劲松，男，1972年出生，山西忻州人。从2004年夏天开始，他先后7次将国家税务总局、北京地铁运营公司、北京铁路局告上法庭，原因是在火车上购物和地铁如厕时未能要到发票。他因对“打破行业‘霸王条款’起到了

图4-1 郝劲松

一定作用”而入选“2004年构建经济和谐十大受尊崇人物”。郝劲松被先后提名为2005中国法制新闻人物，2005年度十大法制人物。两起案件分别入选2005中国十大案件，2005中国十大影响性诉讼，并以“维权战士”的身份载入《2005中国法治蓝皮书》。因介入推动铁道部春运不涨价案件郝劲松入选《2006中国法治蓝皮书》，并当选2006中国十大消费维权人物。2008年他因介入陕西华南虎案件和杨佳案件被《南方人物周刊》评选为“中国魅力人物——公义之魅”。2009年9月下旬，郝劲松介入上海发生的震惊全国的“钓鱼执法事件”。

（资料来源：百度百科——郝劲松）

如上所述，我们可以看出，从法治意识到法治精神、从法治理念到法治信仰，是一个法治文化由浅入深的发展过程。法治意识表征着法治在人的内心认知，法治精神表征着法治在人的内心生发，法治理念表征着法治在人的内心确立，法治信仰表征着法治在人的内心生根。

四、社会主义法治文化

社会主义法治文化是中国共产党领导人民传承中国传统法律文化精华，借鉴人类法治文明成果，在当代中国法治实践中形成的一种进步文化形态。

具体说来，社会主义法治文化是由体现社会主义先进文化内在要求的法治意识、法治精神、法治理念、法治信仰等精神文明成果，反映社会主义民主政治本质特征的法律规范、法律制度、法治原则、法治体系等制度文明成果，与社会主义精神文明成果和制度文明成果相适应的依法行使权力或权利、履行职责或义务的行为方式，弘扬法治精神、保障法律制度实施的法治器物等构成的一种进步文化形态。

社会主义法治文化与资本主义法治文化都是建立在市场经济、民主政治基础之上的，都注重自由、平等、理性、秩序等法治理念。其根本区别不在具体制度上，而在两者耸立其上的经济基础、政治基础和价值取向。资本主义法治文化的经济基础是生产资料资本家私人占有的经济制度，政治基础是资产阶级占统治地位的政治制度，价值取向是维护资产阶级的经济利益和政治统治。社会主义法治文化的经济基础是社会主义生产资料公有制，政治基础是人民当家做主的政治制度，价值取向是维护最广大人民的根本利益。

第二节　乡村法治文化建设的现状

所谓乡村法治文化，是建立在一定的农业经济基础之上，承继乡村地域文化精髓，注融于当地民众的法律观念、法律意识和法律行为之中，以公平、正义、自由、秩序、效益等价值要素为理念，以一定的法律原则、制度、机构、设施为载体，并以构建新型乡村秩序与维护民众权益为宗旨的一种文化类型。乡村法治文化是我国社会主义法治文化的重要组成部分。当前，乡村法治文化建设存在以下困境：

一、乡村现行社会制度发展面临困境

（一）“农户经济”存在弊端

经过40余年的改革开放，我国的乡村在各个方面都发生了巨大的变化。但是，目前的乡村仍然以“农户经济”为主体，“农户经济”是农村联产承包责任制的必然产物。大量小规模的“农户经济”，尽管具有一定的市场竞争力，但也制约了农业、农村的进一步发展。因为，一是产业规模小，产前、产中、产后许多经营环节靠农户单独完成，增加了农业经营成本，经济效益难以提高；二是农户自身积累能力弱，影响农业再生产的投入，农户经济的可持续发展空间小；三是以家庭劳动为基础的小规模农户经营，对现代技术的吸纳能力有限；四是家庭经营中组织管理系统的家长制，本身不利于有效的市场经营，加上有的农民视野较封闭、眼光比较短浅、墨守成规等本身不易克服的弱点，很容易导致盲目的市场决策，造成生产的波动性，同时，还存在“一朝被蛇咬，十年怕井绳”的倾向。

（二）村民自治的制度规定和自身建设还存在一定的问题

村民自治制度虽然明确了村级组织的一系列职权和职能，规定了村级组织运行的基本机制，但是其对村级自治管理中的一系列问题的设计仍然存在着

缺陷。一是对“两委”之间关系规定不够具体明确。村民委员会是自治组织，党支部是领导核心，二者之间到底是什么关系，法律没有明确说明。二是对民主监督的方法和途径规定得不够系统有效。一方面，关于法律的监督问题，由于宪法对村民自治制度的规定比较原则，而且已经定性为群众性自治组织，因此，在村级管理中存在的许多行为难以找到有关法律加以约束；另一方面，关于对村委会的监督问题，有些法律规定难以操作，有些法律规定又不够具体，难以形成有效的监督。三是对村民自治制度的法律保护没有具体规定。目前在我国法律体系建设中，规定村民自治的法律除了《村民委员会组织法》做了有限的规定以外，其他的规定很少见到。

村民自治自身建设还存在一系列现实危机，严重影响了村民自身权利的实现，影响和谐农村的建设。一是来自村组干部的侵蚀，包括政治精英高度集中管理的侵蚀；村党组织与村委会矛盾的侵蚀；村干部乱作为和不作为的侵蚀；村内“蛀虫”无孔不入的侵蚀。二是来自强势人物的争夺，包括“富人治村”现象日益普遍；“宗族房头”影响不可忽视；甚至有的地方出现“黑恶势力”统治。

（三）城乡分治制度并没有根本打破，城乡“二元”结构矛盾依然突出

城乡“二元”结构，导致城市和农村居民形成两种不同的生活模式。从理论上和法律地位上讲，农民与工、兵、学、商享有同样的权利，并不低人一等。但是，农民的名义社会地位与实际社会地位相差甚远，表现在基础设施不平等，基础教育不平等，保障机制不平等，享受的政策不平等，农民工权利缺失等。

（四）农村文化发展呈现极端化趋势

1.农民的价值观发生蜕变

市场经济精神在农村的发展，进一步弱化了农村社会赖以团结的伦理基础。只要能够挣到钱，无论采取什么方式，都是“英雄”。所以，人生价值的评判标准在农村出现一种极端化发展的倾向。

2.农民的整体文化素质提高不快

很多农民并没有像以前那样流露出对知识的渴望，一些人甚至认为只要赚到钱，少读点书无所谓。这样的文化认知和文化素质，必然会影响其对法律的认知和对法律知识的掌握。

3.农村文化基础设施薄弱

由于“分田到户”后，农民考虑更多的是个人的利益问题，对集体公益

事业不太关注，也不愿意进行投入，而村集体真正有经济实力和资金积累对文化设施进行大量投入的也不多。从总体上看，目前的农村文化设施无法满足农民的需要，更无法形成良好的人文氛围。

二、农村法律规范运行面临考验

（一）立法不完善

当前，国家立法在很大程度上忽略了农村的实际情况，把农民看作是行政管理的对象。在农村立法程序上，制定关乎农民切身利益的法律几乎没有农民的参与，没有农民参与的农村农业立法成了某些机关部门的专利，于是产生了"部门权力化、权力利益化、利益法律化"的问题，这样的法律被"送法下乡"而不被农民认同是理所当然的；在农村立法内容上，不仅对农民规定义务多，保障权利少，权利义务失衡，而且农村农业立法庞杂，法律、法规、规章制度，还有国家、政府以及党的政策都对"三农问题"进行调整规范，其中存在许多矛盾冲突，这就造成了农村法律在实践中有时无所适从。

（二）执法不规范

在市场经济条件下，政府行为的有效性在很大程度上取决于政府行为的法治化。良好的法律最终必须通过执法行为来体现。然而，现行农业法律法规的执行还存在不少问题，农村执法机构不健全、执法队伍整体素质不高、依法行政观念不强、执法腐败比较严重。其中，执法不严、滥用行政职权是农村执法的突出问题。政府行政权力有自我膨胀扩大的特性，我国的政府，行政权力向来都是很大的，特别是在农村社会具有绝对权威。"绝对的权力导致绝对的腐败"，越来越引起人们的共鸣。也正是因为如此，个别地区的农民因有证据认为或者怀疑乡、镇、村干部有腐败行为，进而形成了对政府不信任的感情，导致了干群关系紧张，阻碍了农村法治建设的推进和实现。

（三）司法不健全

司法是公民获得救济的最后一道屏障，也是维护社会公正、保障法律得以实现的关键一环。当前，我国现代司法理念日益深入人心，并且已经具备了由诉讼法、组织法和司法解释等组成的较为完善的司法诉讼程序。但是由于国家政治体制安排不合理，司法机关在司法经费、人事安排等方面受制于行政机关，司法常常受到行政机关的干预；而且现实中，国家监督机关对司法的监督往往成为对具体案件审判的干预，以及对司法审判机关只有指导职权的上级机关也往往由指导变成对具体案件的越俎代庖的审理，司法没有得到真正的如宪法和法律所规定的独立，使得司法不公和司法腐败问题在农村比较突出。另外，关系案、人情案、金钱案，在农村司法领域也时有发生。这些现状不仅消解了司法判决这种黑白分明的对法律事实和法律关系的判断，软化了法律责任，妨害了整个农村社会法律知识的普及和增强；同时，由此导致的法律观念，特别是诉讼观念的阙如，正当权利和利益得不到有效保护，使农村社会纠纷滞留，加大冲突的振荡，以至酿成恶性冲突，消减了农民对司法的企盼和支持，乃至对司法失望和怀疑，司法公信力黯然失色。

（四）法律监督形式化

由于国家机关、社会组织、人民群众和大众传播媒介自身在监督的认知、手段、方法方面存在不同程度、不同层面的角色差距，分工缺乏规范化，不能达到社会的期望，使监督不可避免地存在“交叉带”和“空白带”。所以，从法律监督形式看，对法律监督权运行的方式、方法和程序的监督大多属于乡镇政府，他们承认村委会对农民的单向监督，忽视村委会和农民之间的双向监督，重视乡镇政府的内部监督，忽视农民对政府机构的外部监督。另外，由于监督体制不健全、不完善，举报保密措施不严密，许多农民的合法权益遭到了不法侵害，严重打击了农民检举揭发的积极性，消减了他们对法律的信心。

三、农民法治信仰构建面临挑战

农民的法治信仰没有建立，受到多种与法治文化要求背道而驰的错误意识的影响，主要表现在以下方面：

（一）对法治的核心要义、法治文化、社会主义法治的把握出现偏差

法治首要的、核心的要义是依法治权、依法治官、依法治己。有人习惯于以人治的眼光看待法治，以人治的思维构建法治，以人治的方式实行法治，把法治作为对付群众的手段和惩治他人的工具，搞以法治民、以法治群众、以法治人，尤其是在偏远落后地区，有个别领导干部自以为是地把自己看作是法律的化身，结果就会导致某些人对法治文化重要性的认识不到位，对党和法治的关系认识不深透。有些领导和单位缺乏抓好法治文化建设的共识和责任，有的领导干部对法治文化建设的认识肤浅狭隘，存在重视法律规定的刚性约束、忽视法治文化软力量的现象；有的单位把法治文化仅仅当成热热闹闹、唱唱跳跳的文艺活动。

党的十八届四中全会提出“党的领导是中国特色社会主义最本质的特征，

是社会主义最根本的保证”这一重要论断。但仍有人片面地将法律的作用绝对化，只讲依法治官，不谈党的领导；有的将党的领导和依法治国尖锐对立，继续纠缠“党大还是法大”等问题；有的鼓吹和宣扬西方宪政、三权分立，企图削弱和否定党对社会主义法治的领导。

（二）轻法意识、伦理意识

在法治社会中，法律具有最大的权威和最高的效力，任何组织和个人都必须服从法律，严格依法办事。然而，在偏远的农村地区，法律却没有处于至上的位置，人们不了解也不愿意了解法律，依然倾向于用非法律方式尤其是伦理道德解决问题。

虽然说伦理道德在调整社会关系、维护社会稳定方面有积极的一面，但是，当农民的活动被牢固地限定在人情、礼俗、宗法、习惯的网络秩序内，当自己遇到纠纷、权利被侵害而伦理道德无助于问题合理有效解决的时候，仍然执迷于伦理道德，不懂得运用法律武器，这时候，伦理道德就会变成法律的障碍，导致人们违反了法律却浑然不知。

（三）畏法意识、无讼意识

中国古代法律体系的一个突出特点就是“诸法合体，民刑不分”，法律的刑罚化，成为中国传统法律文化的最鲜明特色。这种传统法律文化反映到人们的意识观念上，表现为对法律的狭隘认识。时至今日，仍有一些农民把被告视为“罪犯”的同义语，把“法律”等同于“刑法”，认为法律就是“用绳绳绑人的”，对不听从管教的孩子经常说的一句话就是“再不听话，就把你送到派出所”，这也从一个侧面反映了农民对严法峻刑的畏惧心理。

在有些农民看来，遭遇不幸怨不得别人，而是自己的命苦。诉讼是道德败坏的表现，为人所不齿。虽然改革开放以来，农民的诉讼观念有了很大变化，越来越多的人已经不再把打官司看作不光彩的事，遇到纠纷逐渐倾向于诉诸法庭，但是，仍然有不少的农民缺乏诉求意识，缺乏寻求法律救济的主动性，即使是自己的合法权益受到了损害，他们也会采用“和为贵、忍为上”的方式来处理，宁可委曲求全，也不愿走向法庭，更不会主动自觉地寻求法律的保护。

（四）少数地方政府的随意行为造成农民对法律信仰的缺失，强化了农民的清官意识

有的农村地区，农民传统上对地方行政长官的遵从，使得乡镇区域常常是作为一个相对独立的社会区域而存在的，这就使得乡镇执法主体的行为对

区域内法治文化的状态发生重要影响。在一些社会文化欠发达、法治环境较差的地方，有的乡镇干部因自身文化和法律水平的局限，不能依法正确有效地行使行政权力，有的甚至以言代法，以权压法，区域内依然是传统的人治氛围；有的公款吃喝成风，参与赌博成癖；有的受地方势力、家族利益所左右，利用自己手中的权力想方设法谋取私利；甚至有的干部自身违法乱纪，贪污受贿。其负面效应所及，污染了一方的社会空气，致使部分农民对法律的信仰难以养成，对法律正义的期待难有信心，许多民众把解决问题的希望寄托在清官身上。

渴盼清官是中国农民在几千年吏治压迫下养成的习性，迄今仍然根深蒂固。虽然清官对于解决人民疾苦有一定的作用，但农民对清官的期盼，实际上透着对法律不信任的情绪，这与法治建设是相违背的。

第三节　乡村法治文化建设的方略及路径

乡村法治文化建设是我国法治文化建设必须加强的重点，一方面，乡村所占区域范围广，涉及人口数量多；另一方面，乡村受我国传统法律文化影响深且不易改变，而我国传统法律文化与现代法治要求相悖的内容比较多。乡村法治文化的建设远不是一个单纯的法律问题，而是一个涉及经济建设、文化传统、现实矛盾等方方面面的问题，是一项重大的系统工程。进行乡村法治文化建设，需要选择恰当的方略及路径。

一、改革和完善乡村社会制度，为乡村法治文化建设提供前提保障

（一）加快农村各种经济合作组织和社会组织的建设，克服“农户经济”的弊端

我们要充分认识到，农村各种经济合作组织和社会组织不仅仅是促进农业增效、农民增收的重要途径。从长远来看，经济合作组织和社会组织在成立和运作的过程中，有利于培养民众的平等意识、合作意识、权利意识、责任意识，丰富村民自治形式和内容，不断提高农民自治意识和自治能力。我们要大力提倡建立各种区域性农民协会、技术性互助组织、行业性专业协会、生产性合作组织、经营性股份合作公司，以及教育、文化、娱乐、互济互助组织，同时，为保护这些自治组织的合法权益和正常活动，应当给予其明确的法律地

位，依法成立，依法运作，依法担责。

（二）完善村民自治有关法规，理顺乡民关系，扩大基层民主

1.完善村民自治相关法律体系，为村民自治制度的发展和完善提供法律依据

（1）完善《宪法》的有关规定

主要内容包括：把村民自治权落实为公民的一项基本权利，放在“公民权利和义务”这一章，以彰显《宪法》对村民自治权的认可和保护；把“国家在农村实行村民自治制度，村民享有自主管理自身事务的权利”，把“村民委员会要实行民主选举、民主管理、民主决策、民主监督”等，写入《宪法》中关于村民自治这部分的内容，以明确村民委员会的高度自治权力，推动村民自治制度体系在《宪法》中的完善；还应尽快出台《村民自治法》《村民委员会选举法》，构建由《村民自治法》《村民委员会组织法》《村民委员会选举法》等宪法性法律所构成的法律体系，完善村民自治制度。

（2）进一步完善村民自治法的相关规定

主要包括：要进一步把村党支部的领导核心地位的职责加以明确、细化，使村党支部的决策权和领导权在具体的法律条文中能找到操作依据，做到有文可查，有法可依，便于操作；要进一步对村委会候选人的政治素质、思想素质、文化素质以及其他条件进行具体的界定，不符合条件的，一经查实，可以通过一定程序取消其当选的资格；在《村民委员会选举法》中，对选举委员会成员的条件及产生办法、选民和候选人资格的确定、选举程序等，制定出具有可操作性的具体规定；进一步细化《村民委员会组织法》，在民主决策、民主管理方面制定一些更符合实际情况的具体规定，并对违规行为制定出更为明确的禁止性和惩罚性规范；制定《村民自治法》，以基本法的性质规定村民自治的地位，明确村民资格条件和村民会议、村民代表会议等机构的组成。

2.加强农村社会建设和社会管理，统筹推进各项制度的城乡一体化

社会建设和社会管理就制度建设而言，涉及教育制度、就业制度、收入分配制度、社会保障制度、医疗卫生制度等。

（1）构建城乡一体化的农村社会保障制度

我们需要破除“农村经济发展必然滞后于城市，农村缺乏建设一体化保障制度的经济基础”的错误观念；需要全面实施农村最低生活保障制度；需

要大力推广农村合作医疗制度和医疗救助制度；需要多途径建设农村养老保险制度。

（2）统筹城乡建设

把财政资源配置从过去的官权配置改为法律配置，凡是量化到人头的资源一律依法配置，直接进入农村基层或农民的个人账户；而到达基层的资源要改政府官员主导为农民组织主导，要增强农民组织的自主性；农村建设资金应该直接进入社区集体经济组织。

3.进一步落实农民的各项权利，实现城乡一体的权力社会架构

农村社会各项制度建设的效果最终都体现在农民是否真正享有了与城市人同等的权利，而农村权力社会建设的实现，反过来又能加快推进城乡一体化的制度建设。

（1）落实农民的政治权利

落实农民的政治权利除了“逐步实行城乡按相同人口比例选举人大代表”外，更重要的是把保障农民政治权利的现行法律规定落到实处。此外，国家还应该出台相应的规定，明确凡是涉及农民切身利益的政府决策，都应该组织专场农民听证会，认真听取农民的意见。

（2）落实农民的经济文化权利

必须加大政府对农村基础设施建设投入的力度，改变农民在权利问题上所形成的形式与实质的矛盾。

（3）落实农民工的权利保障

对农民工应该率先推进与城市人群一样的社保待遇，建立和完善统一的农民工社保项目跨区域转移的相关机制，建立和完善农民工子女接受义务教育的相关机制，建立和完善相应的农民工培训机制等。

4.大力扶助农村文化产业发展，提升农民的文化素质

加大对农村文化基础设施的建设。适时面向农村推出一些农民喜闻乐见的作品，开发农村文化市场。在当前这样一个注重经济效益的背景下，完全依靠农民自己来开办文化产业是不现实的，这就需要政府出台一些优惠政策加大扶持发展文化产业的力度。通过政府或者文化产业的经营者进驻农村，不断促进农村文化产业发展。

二、规范农村法律规范的运行，加大对基层国家机关及其工作人员的法律制约和监督

（一）提高依法行政的水平

对各项工作进行依法管理，加大对机关干部权力的法律制约和监督，在法治实践中努力树立法律正义。

（二）整治执法环节

执法环节对农村法治环境的形成有较大影响，普法与执法实践脱节的问题，在农村的一些地方还不同程度地存在。只有从执法这个环节入手，才能尽快提高各级干部的法治观念和执法水平，进而树立起农民对实行法治的信心。

（三）加大对乡镇政府行政权力的制约

要进一步加强对农村乡镇、村干部的法律培训，使他们真正掌握与农民密切相关的法律法规，并严格考核，不过关的坚决不让上岗，以此作为考核、选用干部的重要依据。要通过多种渠道公开政务，提高透明度，从依法办事做起，建立起农民对广大机关干部的信赖，逐步树立起法律的权威；要采取有力的手段教育和警醒广大机关干部，让他们自觉守法遵法。

（四）畅通乡镇监督渠道

畅通监督渠道有利于改善乡村的法治环境。要强化多方位的执法监督，进一步规范乡镇一级的行政行为，纠正执法中的偏差，这是改善当前农村基层干群关系、提高政府威信、取信于民、营造良好法治环境的迫切需要。现在很多地方都在推行政务公开，这对方便社会各界和群众进行有效监督具有重要作用。只有让农民享受到实行法治给自己带来的实惠，参与法治实践才会成为他们的自觉行为，现代法律文化的社会氛围才能在千百万人的实践与参与中逐渐形成。

（五）加强对农民的司法保护，依法切实维护农民的人身权利、财产权利

为此要合理设置基层公安派出所、司法所、法庭等机构，降低农民的诉讼成本。要建立高素质的农村司法队伍和涉农执法队伍，保证其独立、公正、依法行使职权。要坚决打击各种坑农、害农的犯罪活动。加强执法力度，严厉打击制售假种子、假化肥、假农药和非法吸收农民存款、集资诈骗、赌博等犯罪活动。

三、加强法治文化建设，树立法治信仰

（一）加强法治宣传，澄清人们对法治的误区

我国法治宣传教育工作，从“一五”到“六五”，经历了从重点宣讲法律文件、法律解释的具体规定到面向公民阐释法律精神、启发法律权利意识，从宣扬法律无情、疏而不漏到宣扬法律是人民维权的利器，从倡导公民做守法者到鼓励公民成为护法者的不断完善、更富成效也更加人性化的过程，其中“五五”普法规划首次将农民列为普法的重点对象。2016年4月，中共中央、国务院转发了《中央宣传部、司法部关于在公民中开展法治宣传教育的第七个五年规划（2016～2020年）》，并发出通知，要求各地区各部门结合实际认真贯彻执行。

通过法治宣传教育，可以培育农民的现代法治意识，引导他们树立尊重法治的理念和价值取向，营造出崇尚法治的社会氛围，使依法办事成为人们思维和行为的自觉，使法律成为维护自身合法权益不可缺少的武器。法治宣传教育不仅具有增强公民法治观念、提高法律素质的功能，在推进法治的过程中，更承担着法治文化建设的重要职能。

（二）以人为本，突出重点，开展丰富多彩的普法活动

在普法过程中，应从“以人为本”的人文精神出发，树立人文的普法理念，以“关注民生，普法惠农”为主题，从法律对农民的思维、道德、生产和生活方式的影响入手，通过法治文化的传播提高农民的法律文化素质，从而形成一种依法办事、循法而动的行为定势。

要以村级“两委会”成员、党员、村民代表为重点，有计划分步骤地进行，注重选择农民身边需要的法律，开展普法互动活动，让农民从被动接受向主动关注转变，把事关农民切实利益的《合同法》《婚姻法》《土地管理法》《土地承包法》《物权法》《农业法》《村民委员会组织法》等法律法规的宣传摆在突出位置。把法律真正交给农民，使农民了解法律，使法律的公平正义原则深入人心，使法律能够在广大农村扎根开花。

要充分利用农民法制学校、法律图书角、法制宣传栏、新闻媒体、法制文艺等平台，大力宣传传统法律文化中的优秀成分，并使之与现代法治精神相融合，逐步形成具有中国特色的农村法治文化，让农民对普法宣传效果看得见、摸得着、记得住，并从中尝到甜头，得到“实惠”。

（三）国家机关和专业文化团体、业余文艺团体、各级文化馆（站）在法治文化建设中要发挥引导作用

国家有关部门应当制定影视作品、文艺作品制作、播出的规范，限制或禁止与法治建设不一致的作品的制作、播出，进行审查时应当有法律方面的专家参与。加强影视作品、文艺作品传播法治文化的正能量，避免对公众产生误导。同时，抓好政府网站及有关法治专栏建设，提高信息发布质量，丰富法治文化内容，增强与群众的互动，形成全社会普遍关注法治文化的良好氛围。

尊重和鼓励人民群众在法治实践中的伟大创造，支持人民群众依法实行自我管理、自我服务、自制自律，专业文化团体、业余文艺团体、各级文化馆（站）要努力为人民群众提供丰富的法治文化产品。在法治文化的传播推广中要选择百姓关注、影响力大、富有时代特征和地方特色的事件，设计并推出各种形式的法治文化活动和法治文艺活动，让参与者受到生动形象、潜移默化的法治熏陶。

典型案例

影视剧中的法律硬伤得治了

2013年上映的电影《全民目击》，以庭审为主要叙事方式，因此一些法院还曾组织法官集体观看，但有很多法官表示根本无法看下去，中途离席。原因是，电影中公诉人与辩护人的席位与我国刑事审判完全不同，是按照英美法系刑事审判席位布置的。公诉人和辩护人在审判区走来走去，来到被告人和证人面前询问，这在我国也是决不允许的。

电视剧《离婚律师》也错误表述了很多法律专业术语，把“不当得利”称为“不当获利”，把民事诉讼“代理人”称为“辩护人”。其中的一些情节，比如将律师的费用与挽回损失挂钩、律师私下会见对方当事人等，在我国《律师法》和《律师职业道德基本准则》中都是被禁止的行为。

专业类影视剧尚且如此，其他生活类影视剧中的法律错误更比比皆是。2012年热播的《北京爱情故事》中，上市公司收购随便进行，完全无视我国收购规则的限制；一会儿召开股东大会，一会儿又变成了董事会，并未考虑过两个会议的召集程序和参与人员完全不同。此外，一些现代家庭伦理剧将夫妻财产、财产继承或赡养老人作为主要线索，可很多时候预设的冲突前提在法律上根本就不会发生，我国法律中压根儿就没有该剧所设定的规则。

艺术创作要高于生活，但也得源于生活。无视法律的禁止性规定、曲解法律规则、创设我国法律不存在的制度，而且绝大多数情形下这种“创作”对于剧情的发展和冲突并无贡献，这成为我国影视剧的一个常见现象。专业人士是否认可事小，误导公众事大。时常会有普通民众以电视剧中所演的“法律规则”询问律师，令人哭笑不得。虽然偶见影视剧片尾写明法律顾问机构或姓名，却也似乎仅就该剧版权进行把握与处理，而不就剧情中所涉及的法律问题进行把关。

这产生了一个值得深思的现象：一提起律政影视剧，人们首先想到的是英、美、日和中国香港作品，在一些广为流传的必看法律影视推荐目录中，竟无一部内地出品。在一些开设了法律影视剧赏析的法学院中，也均以境外作品为学习对象。编剧的单打独斗、编剧个体人文社会科学和自然科学知识面的狭窄、外部专业人士的把关缺位、编剧行业的市场化程度不高，似乎能够为这一现象提供一些注解。

影视业关注市场、资本和IP，也应该同等关心专业性问题。因为后者是前者的地基之一。整合现有资源、拓展外部资源，减少剧本中所出现的人文和自然科学专业知识错误，乃为当务之急。

（资料来源：《光明日报》2015-12-08）

（四）拓展法治文化宣传渠道和手段

丰富形式载体，注重宣传实效，采取以案说法、以戏演法、图文解法等方法，通过群众喜闻乐见的形式，运用现代传媒技术手段，不断增强法治文化的渗透力。

一是积极搭建公民参与法治文化建设的平台，通过多种法治实践活动，保持法治宣传的生机活力。

二是更加注重借助现代传播手段，充分利用广播、电视、报刊、互联网等大众传播媒体和微博、微信、微视频、手机客户端等新媒体应用的传播优势，形成“舆论全覆盖、媒体全联动”的法治文化传播态势。

新媒体是指当下以互联网为载体的新媒介，包括微博、微电影、微小说、微信等。通过新媒体开展法治宣传教育工作能做到微而有“力”，微而有“情”，微而有“样”，优势和好处颇多。

利用新媒体进行法治文化建设，首先要进行队伍建设。一方面对目前从业人员进行分层次、多渠道新媒体宣传的培训，另一方面，今后引进人才时除法律人才以外，同时注重新媒体制作专业人才的招录。其次要成立专门机构。

比如，建立“新媒体法宣工作室”，形成一支以志愿参与为主、政府购买服务为辅的创编队伍，聚集一批愿意参与法治宣传公益事业，拥有一定美工、视频、音频编辑能力的志愿者，形成“微投入、大产出”的创编机制。再次要结合当地实际进行宣传，巧用群众语言增强宣传效果。在实践中注重用老百姓的话来讲述法律，如用方言或年轻人常用的网络语言，自编自演一些微电影、戏剧、小品等。最后，采取多种方式，发挥文化力量培育法治价值。如开展法治故事畅想活动、开展漫画漫话活动、开展征集法治文化段子活动等，营造良好的新媒体法治文化氛围。

典型案例

庄户剧团法治节目热唱乡村

锣鼓响起，大幕拉开，纡徐婉转、抑扬跌宕的法治文艺节目在枣庄市峄城区吴林街道乱沟居法治文化广场上空飘荡回响。这是乱沟居庄户剧团在村子里开展法治宣传活动的义务演出，虽说演技还比不上专业大团，服装道具也有些简易，但台下观众依旧看得津津有味，十分入神，为三夏繁忙的村民送来了一股清凉，同时播下了法治文化的“种子”。

提起该剧团，村民无不交口称赞。这是一个地地道道的庄户剧团，该剧团于2013年2月份成立，团长孙晋常，同时也是这个剧团的编剧，剧团成员有30多个人，他们都是当地多才多艺的农民。剧团成立之初就是以丰富社区群众文化生活为目的，将自编、自排文艺节目利用农闲时间在周边各个村进行义务演出。

在演出内容上，他们精心编排，使普法节目里面讲的大道理让群众能看得懂。坚持宣扬社会主义先进文化，弘扬优秀传统文化，紧紧围绕党的中心工作，搞好创作，作品内容同时也涵盖刑法、民法、环境保护法、婚姻家庭法、老年人权益保障法等法律知识，用小品、相声、三句半、豫剧、柳琴戏、歌曲等群众喜闻乐见、通俗易懂的表现形式，自编自演，无私奉献于社会，为社会、为百姓带来精美的文化大餐。

在硬件配备上，以乱沟居法治文化广场为固定活动场所，配备专业表演器材、音箱、灯箱等设备，同时与时俱进，吸收现代艺术元素，推动剧团良好发展。

剧团自成立以来，已创作法治文艺节目30余个，演出80多场次，积极地在法治文化广场、周边村演出，将公平、正义、权利、和谐等法治理念传播给农民群众。该剧团也多次在全区进行巡回演出，影响广泛，深受当地群众的喜爱。

（资料来源：山东省枣庄市峄城区吴林司法所）

（五）加强法治文化基地建设

法治文化基地建设是传播社会主义法治文化，培育人民群众法治理念、提升法治意识，推进新农村建设的重要载体。它将传统与现代有机结合、法治元素与文化元素融为一体，搭建起推进法治文化建设的坚实载体，使群众通过形象直观的形式，在潜移默化中体验到法治精神，接受法治熏陶，提升法治素养，营造良好社会法治环境。

法治文化基地建设，要求法治文化标识明显，文化载体丰富多样，法治文化氛围浓厚。文化载体包括：电子屏、橱窗、灯箱、草坪牌、碑刻、石刻、雕塑、壁画等；表现形式包括：典故、格言、警句、谜语、漫画、图片、故事等。在内容上，要求对法律法规的解读准确无误，能充分体现社会主义法治理念和法治精神；在表现形式上，要求格调高雅，通俗易懂，形式多样；在建设规模上，力争做到室内基地面积不少于300平方米，室外基地面积不少于1000平方米。法治文化基地建成后，常年免费对社会公众开放，农民群众可以随时接受教育。

典型案例

山东省法治文化建设基地落户德州齐河

日前，齐河县沁湖法治文化广场被山东省普法办命名为“全省法治文化建设基地”，成为全县法治宣传教育工作的亮点品牌。

沁湖法治文化广场位于城区齐鲁大街与世纪路交汇处，毗邻居民小区、商业中心，交通便利、人流密集。齐河县司法局充分运用这一优势，积极协调，依托沁湖公园原有景观和文化优势，投入大量资金，有针对性地选取群众关注的法律知识、法律条文，制作成法治宣传展板、法治塑像、法治展亭等景观，引得周围的群众驻足观看。建成投入使用的齐河县沁湖法治文化广场已成为全省一流、全市规模最大的法治文化广场。

广场总面积近10万平方米，按照功能区域化、内容新颖化、形式多样化的原则，划分为中心区、法治文化区、居民常用法律区三个区域。三大区域内设置了法治宣传橱窗、法治名人塑像、法治典故展板等法治文化景观1039处。

造型新颖、内容丰富的法治文化景观拓宽了法治宣传渠道，创新了法治宣传方式，增强了全县群众学法、守法、用法的意识和能力，取得了良好的宣传教育效果。

图4-2　齐河县沁湖法治文化广场

广场自建成以来，开展经常性法治文艺演出24场，集中法治宣传活动30次。一大批法治文化活动在此举办后，极大提升了法治文化广场的知名度。其中，“12·4”国家宪法日暨全国法制宣传日期间，全县62家行政机关单位在广场内通过划分区域，以设置法制咨询台、悬挂横幅、展板等形式，向过往群众讲解法律知识，潜移默化之中使群众逐渐形成遇事找法、办事依法、解决问题靠法的行为习惯。

截至目前，齐河县司法局先后更换制作广场内法治宣传版面400块，新建150米的“千米”普法长廊。

（资料来源：山东网德州频道2016-01-19）

第四节　乡村法治文化建设的作用及意义

一、加强乡村法治文化建设是建设社会主义法治国家的必然要求

1997年9月，党的十五大在科学总结了我国社会主义民主和法制建设经验教训的基础上，郑重提出了“依法治国，建设社会主义法治国家”的重大战略任务。二十年来，我国在法治建设进程中取得了巨大成就。但是，也毋庸讳言，在农村现实生活中仍存在大量与法治社会相悖的现象，侵害农民合法权益的事情还时有发生。究其原因是多方面的，但没有在全社会建立起深入人心的法治文化，则是最深层、最根本的原因。可以说，离开了法治文化，一个国家的法治建设就成了无源之水、无本之木。我国是一个农业大国，13亿人民有9亿生活在农村。要加快依法治国进程，推进农村基层民主法治，加强乡村法治文化建设已成为当务之急。

二、加强乡村法治文化建设是基于扬弃中国传统法律文化的现实需要

产生于小农经济基础上的中国传统法律文化，从根本上来说是“人治”文化，是与现代法治观念相悖的。中国传统法律文化的主要特点是：重礼轻法，重德轻刑；“人治”高于“法治”；重义务轻权利等。这些传统法律思想直到今天仍然具有强大的影响力，仍然在阻碍着我国法治建设的现代化进程，特别对农村基层民主法治建设产生着阻碍作用。要消除传统法律文化的不良影响，就必须对中国传统法律文化进行扬弃，并借鉴国外现代法治经验和整个人类文明成果，努力建设有中国特色的农村法治文化。

三、加强乡村法治文化建设是构建社会主义和谐乡村的根本要求

和谐社会，从本质上来说必然是法治社会，离开了法治的保障，和谐社会就不可能实现。和谐乡村是和谐社会的重要组成部分。乡村法治文化作为和谐文化的组成部分，是和谐社会的重要基础和内容。首先，法治文化与和谐社会的目标具有一致性。法律是一种行为规范，其价值和目的就在于裁判世间纠纷、惩罚违法犯罪、维护公平正义。和谐社会追求的也是矛盾、冲突得到有效化解，使社会归于和平与安宁，所以两者在目标上具有根本的一致性。其次，法治文化是和谐社会建设的推动力。法治文化有助于社会民主法治、公平正义的实现，有助于营造诚信友爱的社会氛围，有助于保障充满活力的新农村建设，有助于建立人与自然的和谐关系。

本章小结

法治文化是一种进步的文化形态，是法律文化发展到一定阶段的产物。法治文化包括精神文明成果、制度文明成果、法治行为方式文明成果、法治器物文明成果四个层面，其中精神文明成果层面是法治文化的核心内容。乡村法治文化建设是我国法治文化建设的重点，现阶段乡村社会制度、法律规范的运行过程不规范，与法治文化相悖的传统的法律思想影响根深蒂固，是乡村法治文化建设面临的巨大挑战。我们应该改革和完善乡村社会制度，规范农村法律规范的运行机制，尤其是加大对基层国家机关及其工作人员的法律制约和监督，树立法治信仰，加强乡村法治文化建设。

思考题

1.如何理解法治文化的四个层面和核心内容?

2.结合实际，谈谈在乡村法治文化建设中面临哪些挑战?

3.结合实际，谈谈在乡村法治文化建设中有哪些行之有效的做法?

4.举例说明一下加强乡村法治文化建设的作用和意义。

第五章　乡村生态文化建设

学习目标

1.了解中国传统生态文化的主要思想；

2.结合当地实际，了解乡村生态环境的现状；

3.了解生态旅游的发展趋势、发展模式；

4.熟悉乡村生态旅游存在的问题和发展策略；

5.掌握乡村生态文化的内涵、特点和功用；

6.掌握生态文明村建设的意义及建设的原则。

导　读

2017年5月，山东省住房和城乡建设厅公布了山东省第四批“美丽宜居小镇、美丽宜居村庄”名单，全省共有30个镇、53个村庄榜上有名。其评选标准不仅要求“风景美、街区美”，同时还要求“生态美”。

青岛胶州市胶莱镇是“美丽宜居小镇”之一。胶莱镇地处胶州半岛，风光秀丽，气候宜人，冬无严寒，夏无酷暑，四季分明。胶莱镇共有103个村落，农田、林场、鱼塘等田园景观优美，绿色植被覆盖率高，并建有生态农业观光园。辖区内除了配备有学校、养老院等公共服务设施外，污水处理厂、垃圾集中处理系统等基础设施完善，并且实现了全镇村村都有保洁队伍，垃圾集中清运全覆盖。“景色美”是宜居村镇首要条件，但是“生态美”也是必不可少的重要因素。胶莱镇目前已经打造出绿化走廊、大沽河风情区、四大风貌区等景观轴线和景观节点，构建起了镇域景观风貌体系。

|提　示|

在党的十八大明确提出政治、经济、文化、社会、生态文明协同发展“五位一体”总布局后，山东省响应党和国家的号召，积极转方式调结构，多

举措促进经济社会协调发展。胶莱镇既是我国众多“生态文明镇”建设的缩影，同时其建设思路也为其他地区建设生态文明村镇提供了可资借鉴的成功经验。如何把党和习近平总书记治国理政的理念落到实处，破解农村“如何发展、怎样发展”的问题呢？通过本章的学习，或许对大家有所启发。

第一节 概 述

党的十七大首次向全党、全社会提出了“建设生态文明”的重大命题，十八大又发出了“大力推进生态文明建设”的进军号令，指出“建设生态文明，是关系人民福祉、关乎民族未来的长远大计”；要求“面对资源约束趋紧、环境污染严重、生态系统退化的严峻形势，必须树立尊重自然、顺应自然、保护自然的生态文明理念，把生态文明建设放在突出地位，融入经济建设、政治建设、文化建设、社会建设各方面和全过程，努力建设美丽中国，实现中华民族永续发展”；提出“坚持节约资源和保护环境的基本国策，坚持节约优先、保护优先、自然恢复为主的方针，着力推进绿色发展、循环发展、低碳发展，形成节约资源和保护环境的空间格局、产业结构、生产方式、生活方式，从源头上扭转生态环境恶化趋势，为人民创造良好生产生活环境，为全球生态安全做出贡献”。

当今我国普通百姓的温饱已经得到切实保障，人们开始注重生活品质的提升，对优质农产品的需求增加。过去那种野蛮的索取与开发造成农业生产载体的破坏和污染，已经无法保障农产品的质量。这就要求我们必须转变现有的农业发展方式，大力发展生态农业。加强农村生态文化建设，也就具有了特别重要的意义。

一、生态文化的概念

“生态”指生物之间以及生物与非生物环境之间的相互关系和存在状态。具体来说，是指一切生物在一定的自然环境下的生存和发展状态，以及它们之间和它们与环境之间环环相扣的关系。

关于生态文化的概念的解释，有多种说法。目前比较权威的是柴毅龙先生的阐述：人类为了生存，创造文化来适应环境，甚至利用文化来改造环境以更利于自身生存与发展，比如农耕文化、工业文化等。伴随人类对世界认知的提高，从不自觉到自觉，人类需要不断调整自身的文化与环境和谐共进，并用新文化来修复由于旧文化的不适应而造成的环境退化，这种新文化就是生态文化。简言之，生态文化就是人类在传承与发展中所创造和选择的“新文化”，以尊重生态规律为基础，以促使人与自然环境的和谐发展为目的。

“山水林田湖是一个生命共同体，人的命脉在田，田的命脉在水，水的命脉在山，山的命脉在土，土的命脉在树”，习近平总书记的这段话道出了生态文化的思想精髓。

二、生态文化的内容

生态文化的内容主要由物质、制度和精神三个层面构成。

首先是物质层面的生态文化。比如国家现在大力倡导的生态农业、绿色农业以及实施的“三清三改”工程等，这些措施都将有力地促进物质生态文化建设。

其次是制度层面的生态文化。生态文化的建设不仅需要我们以实际行动来进行，还需要制度层面的保障，包括国家相关法律法规、村规民约的制定等，这些都是属于制度层面的生态文化建设。

再次是精神层面的生态文化。生态文化建设有了物质层面作基础、制度层面为保障，还需要精神层面来引领。生态文化建设重要的是要有“生态思想”来引领。

三、生态文化的特点

（一）标志性

生态文化之所以能够被人们所认同称道，是在于其生态物象具有区别于其他地域的显著的标志性特点。要想成为一种生态文化，必须具有标志性物象载体，但凡一经认可，这种生态文化的原发地也就成了文化现象的标志地。在山东文化发展史上，除了史书记载的秦始皇寻求长生不老之药、叹为“天之尽头”的荣成成山头的天尽头文化，神话传说中八仙过海各显神通的蓬莱阁人间仙境文化，以及国人皆知的五岳之首、象征国泰民安的泰山文化，碧水蓝天、避暑胜地的青岛海滨文化之外，齐鲁大地还孕育、留存着无以计数的乡村自然生态和社会生态文化。

作为我国五大造型地貌之一的沂蒙山岱崮地貌，自然生态别有意趣。其

图5-1　沂蒙山岱崮地貌

外表多呈圆形，山顶平展如帽如桌，周围峭壁陡如刀削，峭壁以下陡坡逐渐趋缓。例如沂山歪头崮、蒙阴孟良崮，山形地貌突兀，植被物产丰富，历史人文丰厚，为世人提供了寻幽问古、探究自然的独特的自然生态文化。

赢得首届CCTV中国十大美丽乡村美誉的沂南县竹泉村，则体现了鬼斧神工的自然生态与人民勤劳智慧的社会生态相融合的生态文化之美。

这些自然生态文化现象，各以其个性化的标志性景观，为世人所赞叹。

（二）特色性

生态文化的吸引力、影响力和持续生命力，在于其独有的个性或独具的色彩。有特色才有生命力，特色性是生态文化弥足珍贵的特征。为此，乡村生态文化建设必须深入挖掘特色，发挥特色文化的示范、引领作用。

产生于20世纪50年代，至今仍具有十分重要启发和教育意义的莒南县“厉家寨精神”，是社会主义革命和建设初期，基层党组织带领人民群众创造的惊天动地的社会生态文化的先进典型。为改变秃山荒沟、土层瘠薄、粮食低产的自然生态环境，厉家寨的党员干部，凭着“一把镢头一张锨，让荒山秃岭换新颜”的冲天干劲，率领群众化冰雪抗严寒，使荒坡变梯田，沟底变良田，被毛泽东称誉为“愚公移山，改造中国，厉家寨是一个好例”。厉家寨人民在修建“二合一”“三合一”梯田、“三化”园田中体现出的永不止息的奋斗精神，铸就的不求闻达、砥砺前行、独具特色的社会生态文化，成为我们今天建设社会主义乡村生态文化的学习榜样。

20世纪80年代初期，蒙山腹地贫穷的平邑县九间棚村，全村群众在党员干部的带领下，在悬崖峭壁、高山陡涧之间架电、修路、整地、栽树、引水上山，不到五年时间，就自力更生改变了恶劣的自然环境和生活条件，实现了梯田叠山峦，林果遍山川，凝聚成“团结奋斗，顽强不息，坚忍不拔，艰苦创业”的新时代新愚公“九间棚精神”。进入90年代，九间棚人民进行大胆探

图5-2　毛主席为厉家寨的题词

索创新，走出了一条以金银花开发为主，同时大力发展乡村旅游的新型产业发展之路，实现了经济发展、社会进步、生活富裕、人民幸福，习近平总书记誉之为“虽然地处偏远，但风景这边独好”。

无论是新中国成立初期的“厉家寨精神”，还是改革开放新时期的“九间棚精神”，在乡村生态文化建设方面都给我们以深刻的启迪。这就是通过人民的不懈努力和顽强奋斗，可以使荒芜的穷山变为锦绣山川，让自然世界奉献出更多的物质财富，使自然生态变得更加美好。这种精神世界的充盈所形成的强大力量，最终形成令人们敬仰学习的独具特色的社会生态文化。自然生态文化的特色是大自然的无私馈赠，弥足珍贵，而人与自然相互依存又相互斗争迸发出的精神力量更加震撼人心，更加需要学习、发扬、光大。

（三）演进性

无论自然生态文化，还是社会生态文化，都能够感动人心，化育人的品格。但是，生态文化也不是一成不变的。除了大自然的外力作用，自古以来其变化的主要力量还是人为因素。例如，曾被列为1996年国内重大考古发现的青州龙兴寺窖藏石刻佛造像，数量庞大，雕凿精美，彩绘华丽，为我国文物考古所罕见。然而，出土的这些精美的石刻佛造像，却几无完整之躯，或被斩首，或被腰斩，这是宋元之际佛道更迭带来的佛教文化物象被毁的遗证。20世纪60年代中期的文化浩劫，更使无以计数的物质文化遗存遭到破坏。这说明，人祸是破坏生态文化的祸首。当然，无论自然生态文化还是社会生态文化，总是“野火烧

图5-3　山东青州龙兴寺南北朝佛像

不尽，春风吹又生”的。齐鲁大地上的生态文化，虽历尽沧桑，依然屹立世间，生生不息，演化推进，特别是愈来愈被重视的乡村生态文化更是如此。

在中国几千年社会发展进程中，乡村一直是文化的重要发源地，乡村生态文化一直是人类生存、社会进步的原动力。齐鲁文化在中华传统文化中占有重要地位，其中一个重要组成部分就是源自乡村民间的生态文化，它像正统的传统文化一样，在社会延续进程中也不断继承发展、推陈出新。

抗日战争、解放战争时期涌现出的沂蒙红嫂，是一个伟大的母性群体。她们送子参军、送夫支前，舍生忘死救伤员，不遗余力抚养革命后代。她们用乳汁、鲜血和生命凝成了军民鱼水之情，凝成了感人至深的沂蒙红嫂精神。红嫂精神感动和激励着一代又一代人，充分印证了生态文化具有鲜明的演进性特征。

（四）继承性

生态文化同广义文化一样，具有继承性的特点。生态文化作为一种新型文化不是凭空孤立产生的，而是在传承与发展中创造的“新文化”。这里的“新”不是彻底颠覆、决裂传统，而是以继承为基础的创新。中国是传统的农业大国，以“渔樵耕读”为代表的农耕文化，自产生以来就成为中华民族文化的突出特征和核心内容。农耕文化讲究“耕读传家”，“耕”用来维持家庭生活，“读”用来提高家庭的文化水平。这种文化推崇自然和谐，提倡合作包容，而不是掠夺式利用自然资源，这也符合生态文化倡导的和谐发展理念。

（五）地域性

中华大地，幅员辽阔，地域差异明显，生态文化的产生和发展与当地客观条件密切相关，这就造成了生态文化的地域性特征。比如在房屋建造与布局上，就有“南陡北缓”“南敞北封”的传统做法。由于气候、地貌等条件的差异，南北方建筑样式、风格也明显不同。纵观我国民居屋顶坡度，从南到北逐渐减缓，以河北、河南一带为界，往北就开始出现平顶建筑。原因在于：南方气候炎热，湿润多雨，屋顶坡度大一可防雨水渗漏，二可隔太阳暴晒；北方气温较南方低，干燥少雨，屋顶坡度小一可节省建筑材料，二可做晾晒场地。在房屋的建造布局上，南方建筑多敞口，北方建筑多封闭。著名建筑学家陈从周教授对此也曾做过研究：“南方为棚，多敞口。北方为窝，多封闭。前者原出巢居，后者来自穴处。”以上这些都充分体现出生态文化的地域性特征。

（六）实践性

作为指导人们合理开展生产、生活活动的“新文化”，生态文化的实践性特点呈现得更为显明。我国北魏农学家贾思勰在《齐民要术》中写道："顺天时，量地利，则用力少而成功多。任情返道，劳而无获。"大意是按照时令开展农事活动，就可以有事半功倍的良好收成；如果不尊重客观规律，主观任意去做，就会劳而无获。如棉花播种，华北是"清明早、小满迟，谷雨种棉正当时"。后经科学研究表明，棉花播种前需要日平均温度12度以上，农谚所说的种棉的时期，和华北地区温度达到12度的时期基本上是一致的。

四、生态文化的功用

生态文化建设可以促进生产方式转变，指导乡村产业优化升级。党的十七届五中全会明确指出，要加快建设资源节约型、环境友好型社会，提高生态文明水平。抓好生态建设和生态产业发展，加强生态文化建设，在全社会牢固树立生态文明理念，倡导生态伦理道德，发展生态科学技术，使经济增长由传统的粗放型增长方式向集约型增长方式转变，实现科学发展。生态文化建设促使人们形成节约资源和保护环境生态的价值观，促使人们自觉地热爱自然、珍惜自然，与自然和谐相处，推行健康文明的生产方式和生活方式。

生态文化建设可以促进节约资源、保护环境，实现可持续发展。推进生态文化建设，是孕育生态文明的核心和灵魂。生态文明，是人类发展理念、道路和模式的重大进步，它意味着人类思维方式和价值观念的新变化。以人与自然和谐共存、互惠互利为基本特征的生态文化孕育着生态文明，也就是说，生态文明的核心理念是以作为生态文化核心的和谐自然观为前提的。生态文明秉承生态文化的价值取向，批判地吸收了农业文明、工业文明的积极成果，倡导绿色生产和适度消费，节约自然资源，防治环境污染，大力发展环保产业，实施循环经济，从而实现经济社会的可持续发展。

生态文化建设可以促进和谐社会建设。生态文化倡导环境保护与资源节约，倡导人与自然和谐共处，这也是建设社会主义和谐社会的重要内容。

五、中国传统生态文化思想

（一）儒家的生态和谐观

儒家主张"天、地、人"三者和谐共处，相互作用，把天、地与人看作一个统一的整体，倡导人充分发挥德行的功用，做到人与自然和谐发展、协同进化。《中庸》云："能尽人之性，则能尽物之性；能尽物之性，则可以赞天地之化育。”就是强调要充分展示出众人的本性，才能发挥出万物的本性；充分发挥出万物的本性，才能帮助天地培育生命。

（二）道家的生态平等观

“道法自然”“天人合一”是道家的核心思想。老子在《道德经》中主张“道法自然”，人类应该遵循并尊重自然规律，让自然万物以固有的方式生存和发展，而不能把自己的主观价值强加于自然，认为“人定胜天”。人类应该认识掌握自然规律，自觉遵循自然规律开展生产生活活动，自觉维护大自然的美好环境，从而实现最高目标“天人合一”，达到“天地与我并生，而万物与我为一”（《庄子·齐物论》）的境界。庄子把这种物中有我、我中有物、物我合一的境界称为“物化”。

（三）墨子的生态兼爱观

墨家学派的代表人物墨子，主张“兼爱、非攻、节用、节葬”。“兼爱”有着“老吾老以及人之老、幼吾幼以及人之幼”的中华传统美德。“非攻、节用、节葬”则蕴含着人与人、人与自然和谐共存、节约资源的生态观。

（四）管子的生态平衡观

“其功顺天者天助之，其功逆天者天违之。”（《管子·形势》）管子主张人类活动以遵守“天道”为前提，人与自然要平衡发展，不可破坏平衡，失衡就会带来恶果，这颇有“顺天者昌，逆天者亡”的意味。

第二节　乡村生态环境现状

一、乡村生态环境的现状

社会发展到一定阶段，人们为了满足自身不断膨胀的物质需求，往往会过度开发并索取自然资源，从而导致乡村生态环境日益恶化。这里所说的生态环境，既包括生活环境、生产环境，也包括乡村人文环境。

（一）生活、生产环境恶化的表现

1.水污染

水作为满足人和动植物正常生存的必要条件，水质达标与否，与人的生活质量、身体健康及农作物的正常生长息息相关。但是现在乡村饮用水面临着严重污染现状，不仅地表水，甚至连地下饮用水都难逃厄运。导致这一局面的

图5-4　被污染的河水

原因有二：一是来自工业废水及排放物的污染；二是村民自身生产、生活产生的污染物。多少人小时候家乡的那条清澈的小河，现在已经面目全非，变成了工业废水、生活污水、垃圾的倾泻点，变成了臭气熏天的黑水。

如安丘市新安街道许营河北村西侧有一条小河，天气干旱时，这条小河可供村民们灌溉浇地。如今，这条小河由于被人倒进大量白色的工业废料，不仅将河水污染，还直接将河流截断了。而且，在小河周边十多亩地的地面上，也被工业废料覆盖着，周围环境遭到严重污染，井水连牛都不喝了。

2.空气污染

2016年，山东省细颗粒物（PM2.5）平均浓度为66 μ g/m^3，同比改善13.2%。其中最好的是威海市，为35 μ g/m^3；最差的是聊城市，为86 μ g/m^3。可吸入颗粒物（PM10）平均浓度为120 μ g/m^3，同比改善8.4%，其中最好的是威海市，为63 μ g/m^3；最差的是聊城市，为152 μ g/m^3。二氧化硫（SO_2）平均浓度为35 μ g/m^3，同比改善22.2%，其中最好的是威海市，为15 μ g/m^3；最差的是淄博市，为57 μ g/m^3。二氧化氮（NO_2）平均浓度为38 μ g/m^3，同比改善7.3%，其中最好的是威海市，为20 μ g/m^3；最差的是淄博市，为54 μ g/m^3。“蓝天白云，繁星闪烁”天数为248.9天，同比增加34.2天，其中最多的是威海市，为359天；最少的是聊城市，为174天。重污染天数为23.1天，同比减少6.8天，其中出现最少的是威海市，为3天；最多的是德州市，为45天。环境空气质量综合指数平均为6.74，同

图5-5　农民在雾霾中劳作

比改善9.7%。

以上为山东省环保厅对全省2016年空气质量情况所做出的科学统计。从以上数据可以看出山东省17市，除威海外均存在严重的大气污染问题。

3.土壤污染

俗话说，民以食为天，食以农为本，农以地为根。作为人类赖以生存的重要资源，土壤一旦被污染，产生的危害将极其严重。2014年烟台栖霞市一名苹果果农提交一篇名为《建立农业废弃物回收补偿机制，保护农业生态环境》的提案："烟台每年就有接近三千万斤使用完的反光膜丢在地里，对土壤、水源造成不同程度的污染，导致农业生态环境恶化、资源退化。这不仅影响今后的可持续发展，而且还严重影响了当今农产品的质量安全。"据了解，反光膜是近年来十分流行的一种新型的农业材料。在苹果成熟后期一个多月里，沿果园铺设这种反光材料，可以增加苹果的光照面积，使果实整体显现鲜艳饱满的色泽。然而，随着这项技术的大面积推广，大量反光膜因为得不到回收而被废弃在果园中，成为生态环境的一大威胁。反光膜上面，涂了一层铝，如果经过雨水的浸泡，铝脱落在土壤当中，就会造成土壤的污染：土壤酸化和重金属增多。土壤酸化会导致土壤构成成分失衡，从而引发多种农业病害；大量重金属的残留也会影响正常农业生产，并威胁农产品质量安全。

过量施肥，滥用农药，大量喷洒除草剂，不仅对农业生态环境带来严重破坏，造成土壤板结、化学药剂残留超标，还对人类的健康造成了严重危害。

（二）乡村人文环境有待继续改善

农民作为乡村生产生活的主体，其整个群体的价值观认知正确与否，关系乡村生态环境的优劣。伴随着改革开放与外来文化的冲击，处于乡村环境中的农民由于其自身知识储备少，对自然、社会的认知局限，导致了乡村人文精神的缺失和乡村人文环境的恶化，最终导致乡村社会问题的增加。传统文化被驱逐出乡村社会的价值体系，而新型的、适合乡村经济发展和转型需要的农民信仰价值体系却未得以建立。乡村社会精神面貌正处于一种"旧的神祇已经死亡，而新的神祇尚无力诞生"的尴尬的真空地带。于是，为了自身利益，"仁义忠孝、天理良心"，成为遥远的呐喊。这样，农民虽然摆脱了传统道德伦理的羁绊，但同时也失去了自己的文化根基，成了精神荒原的漂泊者。乡村精神生活陷入世俗化、商品化、物质化、感性化、平面化泥潭。

传统文化、道德观念的缺失，人文环境的恶化终将带来恶果。个人主义、利己主义、拜金主义、享乐主义及虚无主义日益膨胀，并吞噬、残害着乡村传统的人文主义，导致人文精神萎靡和消退。乡村社会价值迷失，道德滑坡，封建迷信抬头，民风沉沦。这种状况不仅造成乡村精神文明的衰败，而且抽空了乡村经济发展的人文动力，极大地阻滞了乡村的发展进程。

二、乡村生态环境恶化的原因

（一）发展观偏颇

中国作为农业大国，“农耕文化”漫长而久远。人们虽在传统的农业劳作历史中积累了丰富的农业生产生活知识，但是，由于人们的物质文化需求不断增长，加之工业文化、商品经济的刺激，人们压抑多年的物质欲望迅速膨胀，开始为追求经济利益疯狂掠夺自然资源、破坏生态环境。层出不穷的环境危机事件，已经为我们敲响了警钟。

（二）科学观落后

由于乡村经济发展水平与人口文化素质等客观条件的制约，农民的生产、生活观念缺乏科学引导，导致乡村发展的主体跟不上时代发展要求，无法掌握先进科学的生产方式和生活方式。科学统筹、科学发展、和谐发展，是农村生态环境改善的基础。

三、正确处理经济发展与环境保护的关系

传统经济发展以高消耗、高污染为代价，片面追求GDP的增长，忽视了节约资源、保护环境。要正确处理经济发展与环境保护的关系，尤其要改变重经济发展、轻环境保护的片面认知。随着科技进步与经济发展水平的逐步提高，政府已开始重新审视传统经济发展形式所带来的恶果。进入21世纪，政府开始极力提倡可持续发展战略。可持续发展要求既能满足当代人的发展需求，又不对后代人的持续发展能力造成危害。可持续发展的内容包括生态可持续发展、经济可持续发展和社会可持续发展三个方面。2003年，胡锦涛同志提出了“全面、协调、可持续的”科学发展观。党的十八大以来，以习近平同志为核心的党中央站在战略和全局的高度，对生态文明建设和生态环境保护，提出了一系列新思想、新论断、新要求，为我们努力建设美丽中国，实现中华民族永续发展，走向社会主义生态文明新时代，指明了前进方向和实现路径。

第三节 生态文明村建设

2015年，中共中央、国务院先后印发《关于加快推进生态文明建设的意见》《生态文明体制改革总体方案》，陆续出台相关文件，对生态文明建设做出精准指导与科学设计。生态文明建设中重要的一环，是生态文明村建设，这既是中央生态文明建设精神在农业、农村工作中的贯彻落实，也是强化农村经济转型发展、改善农村生产生活环境、保护农村原有文化的客观要求。生态文明村建设最早于2000年在海南省开始推行。经过多年探索，截止到2011年上半年，海南省已建成生态文明村11945个，占全省自然村总数的51.2%。另外，海南省还建成10个省级生态文明乡镇、90个省级小康环保示范村。

山东省从2005年大力开展生态文明村创建，当年9月举办了“中国山东生态省建设论坛”，发布了《发展循环经济宣言》，将生态文明乡村创建提上工作日程。2012年3月3日，山东省又正式启动了“山东省生态文明村工程”。经过十几年的不懈努力，山东的生态文明村建设取得了巨大成效。截至目前，山东省已建成省级文明村镇1221个，文明社区763个，农村文明程度进一步提高。

一、生态文明村概念

（一）生态文明的概念

生态文明是人与自然和谐共生、全面协调、持续发展的社会和自然状态。其实质是建设以资源环境承载力为基础，以自然规律为准则，以可持续发展为目标的资源节约型、环境友好型社会。

生态文明建设首先要求我们摆脱“人定胜天”的人类中心论，树立人与自然和谐相处的观念；其次，生态文明建设还需要组织机构与制度规范来保障；第三，生态文明最终通过人的生态实践活动来实现。

建设生态文明，就是通过调节和规范人们的行为以善待自然、合理利用自然资源和环境容量，实现人与自然的平衡与和谐，最终实现经济社会的协调发展。

（二）生态文明村的概念

关于生态文明村的概念，目前学术界还没有定论。综合目前专家学者对生态文明村的阐述，概而言之，生态文明村应具备以下特点：一是主动自觉维护乡村生态环境；二是以生态价值观来规划经济发展；三是努力恢复与建设乡村人文生态环境。

二、生态文明村建设的基本原则

当前我国正在进行的和谐社会建设，同样是在追求一种差异化的统一与和谐，特别是在新农村建设过程中，必须建立差异化模式，即根据当地实际情况、风土人情，在保护、传承农村古村落文化传统的基础上，建立多样化的符合当地特色的发展路径，切不可用一个模式覆盖全国各地。

（一）生态文明村建设以尊重客观实际为前提

德国著名哲学家黑格尔曾说过这样的话："凡是合乎理性的东西都是现实的，凡是现实的东西都是合乎理性的。"①各地在进行生态文明村建设时，应该立足自身客观实际来进行统筹规划，不可盲目照搬学习他人经验。

（二）生态文明村建设以尊重事物的多样性、差异性为基础

儒家"和"文化主张"天地人和"，追求"多样性的统一"，即以承认事物的多样性、差异性为前提。事物的差异性存在让世界多姿多彩，世界的多样性互补方可持续长久。每个乡村都有自己独特的优势条件，在进行生态文明村建设时应该因地制宜，不可盲目追求整齐划一。

三、生态文明村建设的主要内容

生态文化建设的内涵十分丰富，既包括物质要素，如生态产业、生态景观等；也包括精神要素，如和谐思想、生态道德、生态伦理等；还包括制度要素，如法律法规、村约村规等。我国农村经济发展水平参差不齐、农村制度建设不完善以及生态文化建设主体水平较低等，导致生态文明村建设不尽如人意。要想解决这些问题，我们就要从实际出发，寻求切实的发展思路。

（一）转方式调结构，促进乡村产业转型升级

中共中央、国务院《关于加快推进生态文明建设的意见》中指出，当前生态文明村建设的主要内容，是加快转变农业发展方式，推进农业结构调整，大力发展农业循环经济，治理农业污染，提升农产品质量安全水平。依托乡村

---

① 黑格尔：《小逻辑》，商务印书馆，1980年版。

生态资源，在保护生态环境的前提下，加快发展乡村休闲旅游业。

传统的高消耗、高污染、片面追求经济效益的粗放式经济发展方式，已经对乡村环境造成严重的损害。乡村产业的转型升级迫在眉睫。如何在不牺牲环境的前提下，既能发展农村经济，确保提升农产品附加值，还能保证产出品的安全呢？绿色农业、生态农业、乡村旅游的发展为这些提供了可能性。

在我国，“绿色农业”的概念最早是在2003年召开的“亚太地区绿色食品与有机农业市场通道建设国际研讨会”上提出的。原国家农业部农垦司司长、原绿色食品协会会长刘连馥先生是提出“绿色农业”理念的第一人。绿色农业不是传统农业的回归，也不是对生态农业、有机农业、自然农业等各种类型农业的否定，而是避免各类农业种种弊端，取长补短而建立起来的一种内涵丰富的新型农业。绿色农业是充分运用先进科学技术、先进工业装备和先进管理理念，以促进农产品安全、生态安全、资源安全和提高农业综合经济效益的协调统一为目标，以倡导农产品标准化为手段，推动人类社会和经济全面、协调、可持续发展的农业发展模式。

随着我国对外开放水平的逐步提高，国内产品急需提高自身质量来应对来自全球的挑战。与传统“黑色农业”的大量施肥、喷洒化学农药等不同，绿色农业遵循可持续发展的原则，以“绿色环境”“绿色技术”“绿色产品”为主体，积极发展绿色农业，迎接国际挑战。

从2005年开始，中国政府实施测土配方施肥补贴项目，大力推广科学施肥技术。截至2010年，这一技术已覆盖2498个县（区），推广面积11亿亩以上。从2006年开始，中国政府实施土壤有机质提升项目，即通过秸秆还田、种植绿肥、增施有机肥等措施，来提升土壤的肥沃程度，五年来已累计推广3000多万亩。

山东省也积极响应国家号召，大力发展绿色农业。以山东省鄄城县为例。鄄城县充分利用沿黄乡镇黄河滩区的天然资源优势，把养鸡与西瓜种植相结合，促进家禽养殖和西瓜种植共同发展壮大。在西瓜种植中，鄄城县严格按照绿色食品管理及栽培技术进行生产，全部用鸡粪和农村土杂肥做底肥，定期对西瓜生产基地的空气、土壤、水进行检测化验，既减少了环境污染，又培肥了地力，提高了西瓜的品质。鄄城县围绕农业结构调整，依托国家生态示范区的优势，积极发展绿色生态农业，打造农业特色品牌，逐步实现由农业大县向农业强县的跨越。

（二）组织保障与制度保障并重，完善乡村制度建设

早在两千多年前，齐国宰相管仲就对破坏生态的人提出严厉的制裁措施："苟山之见荣者，谨封而为禁，有动封山者，罪死而不赦。有犯令者，左足入，左足断；右足入，右足断。"（《管子·地数》）法令虽然看上去有些严苛，但由于当时的中华大地处于农耕文明时代，农业是经济发展的重要支柱，在当时采取这种严厉的保护政策，对于经济社会的可持续发展至关重要，同时实践证明，政策也非常有效。

"没有规矩无以成方圆"，这句话也适用于我们当下的生态文明村建设。党的十八届三中全会强调：建设生态文明，必须建立系统完整的生态文明制度体系，用制度保护生态环境。要健全自然资源资产产权制度和用途管制制度，划定生态保护红线，实行资源有偿使用制度和生态补偿制度，改革生态环境保护管理体制。

生态文明村的建设既要有基层的组织引导，同时还需要有制度建设来进行保障。生态文明村的制度建设既包括通用法律法规，同时还包括村民主管理制度、村经济管理制度、文化教育制度等。具体来说，首先要制定科学规范的文化制度，倡导健康文明的新风尚。通过建立健全村民公约，大力弘扬以爱国主义为核心的民族精神和以改革创新为核心的时代精神，鼓励农民群众发扬艰苦奋斗、自力更生的传统美德，为构建和谐社会提供强大的思想保证。其次要制定村民道德规范，认真实施和推进农民群众精神文明建设，开展和谐村镇、和谐村组、和谐家庭创建活动。引导农民崇尚科学、破除迷信、移风易俗、革除陋习，树立先进的思想观念和良好的道德风尚，形成健康的生活方式和文明向上的精神风貌。

（三）以村民为主体，树立牢固的生态思想屏障

政府的政策引导与制度建设，能够起到引导与帮扶的作用，但是农村建设的主体是农民，乡村生态文化建设的重中之重是实现农民生态化。要想深入推进农村生态文明建设，全面实现农村生态文明建设的目标，只有让处于主体地位的农民实现生态化，才能真正完成从物质生产到制度建设再到农村精神文化的塑造这一过程，乡村生态文化建设才能落到实处。也就是说，需要农村生产生活的主体农民，必须具备生态文化素质。

要在村民中树立生态思想，首先需要认清人与自然的关系，这是开展各项活动的思想基础。中国古代的思想家，在人与自然的关系认知层面，大都采

取了一种整体主义立场，把人与自然看作是一个不可分割的整体，由此提出了“天人合一”的观念。中国传统的生态文化思想，就是源于这种“天人合一”观念。《管子·内业》中说道：“凡人之生也，天出其精，地出其形，合此以为人。”这里就是把人与天、地视作一个整体。

其次，还需要认清自然发展规律，按照自然规律来开展农事活动。《管子·形势》中说：“天不变其常，地不易其则，春夏秋冬不更其节，古今一也。”这种按自然规律办事的思想，在老子的思想中体现得更加明显。老子说：“域中有四大：道大，天大，地大，人亦大……人法地，地法天，天法道，道法自然。”老子讲的“天”，是指自然之大。天与地合起来，指整个自然界。老子认为，道是贯通自然界与人类社会的根本法则，而“道法自然”中的自然，不是指大自然，而是自然所固有的规律。这就启示我们要牢记天地运行规律，并据此开展农业活动。“春雨惊春清谷天，夏满芒夏暑相连。秋处露秋寒霜降，冬雪雪冬小大寒。每月两节不变更，最多相差一两天。上半年来六廿一，下半年是八廿三。”相信人们无论是生活在城市还是乡村，对这首二十四节气歌并不陌生。从古至今，二十四节气歌指导着人民生活、生产活动的顺利开展。二十四节气是中国劳动人民通过观察太阳周年运动，认知一年中时令、气候、物候等方面变化规律所形成的知识体系和实践体系，是中国传统历法体系及其相关实践活动的重要组成部分。在国际气象界，这一时间认知体系被誉为“中国的第五大发明”。2016年12月，二十四节气还被正式列入联合国非物质文化遗产保护名录。

三是要在村民中树立保护自然、实行可持续发展的生态价值观。管仲曾旗帜鲜明地提出过“保护自然”的生态主义理论：“衡顺山林，禁民斩木，所以爱草木也。然则冰解而冻释，草木区萌，赎蛰虫卵菱。春辟勿时，苗足本。不疠雏鷇，不夭麑麇。毋傅速，亡伤襁褓，时则不调。”（《管子·五行》）他认为，要让草木虫鱼得到很好的生长，必须根据其生长特点，进行适时的保护和适度的开发：“山林虽广，草木虽美，禁发必有时……江海虽广，池泽虽博，鱼鳖虽多，罔罟必有正。船网不可一财而成也。非私草木爱鱼鳖也，恶废民于生谷也。故曰：先王之禁山泽之作者，博民于生谷也。”（《管子·八观》）

管子之后的著名思想家孟子也在《孟子·梁惠王下》中阐述过类似观点：“不违农时，谷不可胜食也；数罟不入洿池，鱼鳖不可胜食也；斧斤以时入山林，材木不可胜用也。谷与鱼鳖不可胜食，材木不可胜用，是使民养生丧死无憾也。”这些古人的生存智慧告诫后人，人要想实现生存与繁衍，就必须明确：自然界是人生存的基础，只有保持自然的生态平衡，才能实现人的可持续发展。

四、乡村生态旅游

发展乡村生态旅游，山东省具有诸多优势。自然资源得天独厚，山峦叠翠、海岸线绵长；人文资源丰富多样，大汶口文化、龙山文化享誉世界。

发展乡村生态旅游应以尊重自然、顺应自然、保护自然为前提。为贯彻落实十八大精神，山东省林业厅2013年专门出台了《山东省生态文化示范单位创建命名管理办法》，在全省广泛开展生态文化村创建活动。截至目前，山东省已命名“山东省生态文化村”95个，其中24个村被推荐评选全国生态文化村。

大多数学者认为，由于乡村性是发展乡村旅游的基础，充分挖掘乡村民俗文化、传统文化以及农耕文化，就成为发展乡村生态旅游的必要手段。但随着乡村旅游的发展、游客的增多以及非乡村文化逐渐渗透，乡村文化势必被异化、削弱，从而影响发展的可持续性。因此，在有条件的地区，应考虑通过乡村生态旅游的方式，对乡村文化资源进行保护性开发。

（一）乡村生态旅游概念

1.乡村旅游、生态旅游的概念

乡村旅游在国内兴起较晚，这与中国现实国情有密切关系。与国外工业化时代占据主流不同，中国的农耕时代久远且漫长。乡村旅游是工业文明发展到一定程度的产物。乡村旅游是以广大乡村为活动区域，以乡村自然风景、生活环境和人文环境为载体，以城市居民为主要客源，涵盖观光、体验、休闲等旅游产品而形成的旅游活动类型。

严力蛟先生给生态旅游下的定义是：生态旅游是以具有生态美和教育意义的景观为旅游对象，通过旅游生态环境的营造、旅游资源的保护性开发、旅游产品的绿色经营管理、旅游者的生态消费、旅游利益相关者的生态教育，以及与旅游社区的“共赢”发展等方式，而开展的一种有助于旅游地和旅游业可持续发展的旅游活动。

从定义不难看出，乡村旅游与生态旅游在旅游对象、理念、方式上都有所不同。如果说乡村旅游还仅仅停留在“看与欣赏”的层面，生态旅游已经上升到“感与思”的层面。

知识拓展

乡村旅游与生态旅游的区别

乡村旅游与生态旅游的区别还是比较明显的。从国内外乡村旅游的情况看，主要都是以经济效益最大化为原则，经济目标是第一位，不考虑环境成本，旅游内容和旅游设施的建设要服从经济收益。而生态旅游作为贯穿较强生态保护意识的旅游活动，以可持续发展为原则，不仅要求游客对自然保护有强烈的使命感，尊重自然界其他生物的权利，愿意为保护生态做出贡献，还对旅游经营者和当地居民有较高的环保意识要求。在旅游内容和旅游设施方面，生态旅游也是服务于保护生态环境这一目标的。

乡村旅游与生态旅游的区别

要素	乡村旅游	生态旅游
旅游目的地	乡村社区及其自然与人文景观	具有完整生态系统的自然保护区、原生态地区等
游客定位	大众旅游	生态保护意识较强者
旅游内容	体验、欣赏、享受文化和景观资源	体验、欣赏、理解和保护旅游地生态环境和文化的完整性
旅游设施	旅游基础设施齐全，卫生便捷	能源循环高效利用，维护生态系统和生态环境
旅游原则	经济效益最大化，不强调环境保护和可持续发展	经济效益与生态环境并重，强调可持续发展

2. 乡村生态旅游的概念

乡村生态旅游的概念是从乡村旅游与生态旅游两个概念基础上发展而来的。乡村生态旅游是在传统的乡村旅游基础上提出，融入生态内涵的一种新型的综合性旅游。它以良好的农村生态环境为旅游吸引物，以田园风光、农事参与、民俗体验为主要形式，融观光、体验、认知等旅游活动为一体，通过旅游发展使农村生态环境得到优化和提升，让当地社区和普通农户在经济上得到收益。

（二）乡村生态旅游的发展趋势

1. 标准化

乡村生态旅游的“标准化”不是简单地整齐划一，与保持“乡村性”“地方性”并不矛盾。“标准化”指的是为了更好地提高乡村文化旅游的发展水平，在配套设施、服务内容和服务行为上进行标准化设定。它打破过去“廉价低质”的传统认识，同时，在一些服务设施设计、产品特色、文化主题塑造上突出地方性和乡村特色。

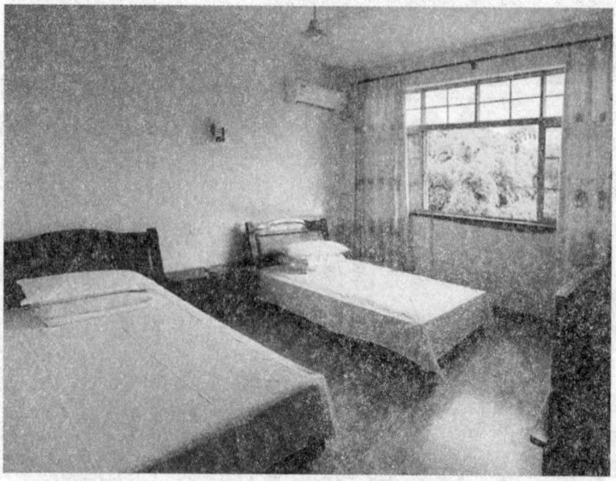

图5-6　乡村现代农家乐

2.主题化、特色化

乡村生态旅游以乡村为活动区域，以区域内自然生态环境、社会生态环境为载体，这就必然会导致各地生态旅游的内容、主题、特色有所差异。以山东省为例：东部沿海地区海岸线绵长、渔业资源丰富，所以胶东一带的生态旅游多以“海”为主题做文章；而以“红色文化”为代表的临沂地区，则充分发挥其革命老区的优势，以革命教育为主题。由此可见，各地发展生态旅游应以充分尊重客观条件为前提，结合实际，开展主题鲜明、与众不同的特色生态旅游活动。

图5-7　山东荣成市俚岛镇天鹅湖畔渔家乐

3.品牌化、品质化

乡村生态旅游最终将走向“品质化、品牌化”的发展建设方向。以江苏苏州为例，2017年5月启动“姑苏城外”苏州乡村游品质工程。“姑苏城外”以聚力打造具有苏式乡土气息及国际品质的乡村休闲度假产品为目标，依托苏州乡村区位条件及自然优势，挖掘苏式文化，引导苏州的乡村旅游全面迈入规范化、品牌化和全域化的发展轨道，从而引领苏州乡村旅游实现品质化升级，在全省乃至全国旅游城市中率先开启乡村旅游品牌、品质打造的新时代。如果说苏州园林是苏州城市旅游的品牌，“姑苏城外”将成为苏州乡村生态旅游的名片。

（三）乡村生态旅游的模式

按照生态旅游的内容、形式以及产生的旅游价值，乡村生态旅游可分为以下五大类：

1.休闲娱乐型

休闲娱乐型旅游模式是指以旅游资源为依托，以休闲为主要目的，以旅游设施为条件，以特定的文化景观和服务项目为内容，离开定居地而到异地逗留一定时期的游览、娱乐、观光和休息的生态旅游模式。与其他旅游模式相比，这种模式对环境、配套设施以及人性化服务的要求更高。如山东齐河的国科温泉，充分利用地热资源和科技手段建成。泉水采自地下2000米古生代寒武纪时期石灰岩地层，出表水温高达56℃，而且含有丰富的矿物质，对人体的神经、皮肤、消化、心血管、呼吸等系统有保健和治疗作用。在这里，可同时容纳1500人室内泡汤，100人室外露天泡汤。此外，国科温泉还设有保健按摩厅、娱乐厅、24小时休息大厅、棋牌室等。截至2011年，国科温泉日接待人次超过300人，成为家喻户晓的温泉度假胜地。

2.观光欣赏型

观光欣赏型乡村生态旅游模式，或是展示农业生产类型如种植业的栽培技术及园艺、农产品的生产过程；或是借助规模化的果园、菜园、花园、茶园等，通过现场参观、采摘、品尝等一系列活动，满足游客多种需求。这一模式的乡村生态旅游，实际上是农业产业的拓展和延伸。以山东平阴的圣母山生态农业观光园为例，当地先后投资1000多万元，新修环山路12公里，配套机井20眼，埋设各类管道4万米，发展水利微喷灌工程400亩。园区通过调整产业结构，兼顾生态和经济效益，目前已经形成了“三区六园”的成熟运作模式：利用本地已有资源规划建设了优质玫瑰园、精品海棠园、花卉苗木园、酿酒葡萄园、红柿子庄园、果品观赏采摘园六大园区。平阴通过发展观光欣赏型乡村生态旅游，大大提高了当地农产品的附加值，增加了农民收入，又为周边城市居民提供了观光游览的好去处，可谓一举两得。

3.科普教育型

科普教育型旅游模式，是指在正常开展农事活动的基础上，兼顾科技示范与科普教育功能的乡村生态旅游模式。它将高科技产业技术应用到农业生产，并与旅游业发展相结合，旨在向旅游者展示新的农业科学技术如无土栽培、鱼菜共生、气雾栽培技术等在农事活动中的应用。这种模式的特点，在于既可以为农业科技工作者提供实验基地进行研究，又能够对中小学生的生物、科学教学、实习提供实践基地。这种旅游模式，是在已有农业和现代农村聚落景观的基础上，或者依托原有农业科研基地，以农业文明为基础，融入生态农业、循环农业的科技手段，把农业与旅游业相结合建设而成，因而具有投资少、见效快的特点。如地处山东莱芜雪野的高科技农业产业示范园区，成立于2008年5月。园区内花丛拥簇，小桥流水，植被覆盖率达90%，形成了自然与人文景观交相辉映的幽雅园林风格。此外还建有五个生态大棚，可为游客展示现代农业科学新技术，为学生提供农业科普教育。园区被评为省级农业旅游示范点、省级科普教育基地、省级星火培训基地。

4.生活体验型

体验型模式是指游客到果园、菜园、苗圃、池塘以及具备对外开放条件的旅游载体中，亲自去参加各种各样的农耕或渔业捕捞等活动，学习农作物的种植、加工技术、动物饲养技术或农家特色的烹饪技术等，享受田园乐趣，体验乡村特有的农事、节庆等活动的旅游模式。除去与农事相关的体验外，还包括参观少数民族村寨、古建筑群、民族生态博物馆、世界自然遗产、古遗址等方面的内容。这种乡村生态旅游发展模式，不仅为旅游者展示旅游地的乡村文化，让他们从独特地域文化的观赏、了解中，身心得到放松和陶冶，还能加深旅游地居民从业人员对乡村生态旅游的理解与认识，提高他们对游客的服务意识和旅游产品的质量。这种旅游模式，在山东主要是以“农家乐”“渔家乐”的方式呈现。地处山东东部沿海的烟台龙口市桑岛村，近年来大力发展“渔家乐”，以家庭为试点，在岛上搞起了渔家乐示范户。同时，村委还购置了海岛旅游观光车，聘请导游为游客介绍岛上旅游景点以及渔家文化。市区的大量市民以及全国各地的游客慕名而来，游海岛，品海鲜，体味渔家精彩生活。桑岛渔家乐依托自身的自然资源，不仅为岛上渔民带来创收，也为城市市民提供了回归自然、体验渔家生活的场所。

5.原生态旅游型

原生态旅游模式，对旅游地的原生态条件要求高：以固有的自然资源为基础，还必须特色突出，这样才能对游客产生足够的吸引力。这种模式主要是让游客欣赏和认识自然，在大自然风光中陶冶情操，增长知识，同时强调人与自然的情感交流、和谐统一，让旅游者真正认识到大自然是生命的源泉，增强环境保护的意识和责任感。旅游区主要包括自然生态保护区、森林公园和风景名胜区等。

鲁中山区拥有我国北方罕见的大面积喀斯特地貌，形成了众多独特的自然景观。其中像以沂源县九仙洞为代表的溶洞群，以沂水县院东头镇为代表的地下画廊等，为世人展现了地下世界多姿多彩的自然生态文化。

建于2500多年前、横亘齐鲁大地的齐长城，西起长清孝里镇，东迄黄岛区海滨，历经13个县区，绵亘1200余里，至今尚存为数众多的城墙、防门、关隘、燧、亭、烽火台和城堡、兵营遗址等。齐长城已然载入《世界文化遗产名录》，成为齐鲁大地人类文明和生态文化的标志。

（四）乡村生态旅游发展存在的问题及原因

乡村生态旅游业的蓬勃发展，为村民带来了高收益。但与此同时，由于开发经营过程中存在着无序规划、自主经营，以及与乡村经济社会文化发展现状脱节等问题，对当地经济和旅游业的可持续发展，也造成了不可逆的损害。

1.经营主体缺乏生态意识，片面追求短期经济利益

偏远的农村地区尤其是欠发达的偏远农村地区，环境闭塞，经济落后，个别农民甚至连最基本的生存需求都得不到保障，加上村领导认识与观念相对滞后，很难顾及生态环境的保护和经济可持续发展的协调统一，往往会为了短期收益采取一些临时性做法，导致无序经营现象严重。

2.管理机制不健全，缺乏高素质的管理人才

目前，乡村生态旅游的开发、管理者主要是当地农民，缺乏高素质的经营管理人才。由于地方政府及相关部门对乡村生态旅游的性质、特点认识不足，至今大都没有建立一个协调统一的管理机构，导致在旅游区开发规划上没有科学依据，资源开发深度不够，重复建设、环境破坏问题严重；管理上各自为政、多头管理，出了问题互相推诿，无人负责，严重影响了乡村生态旅游业的可持续发展。

3.制度建设不健全，制度保障难以发挥效用

相关制度建设缺失，导致生态旅游的规划与发展混乱无序。目前国土空间开发保护制度、耕地保护制度、水资源管理制度、环境保护制度等需要继续完善。另外，还需要建立健全体现生态价值的资源有偿使用制度和生态补偿制度、生态环境保护责任追究制度、环境损害赔偿制度。

4.资金投入不足，生态旅游发展后劲不足

对旅游区的资金投入不足，尤其是对旅游区基础设施的投资力度不够。从地理位置看，乡村生态旅游区大都分布在较偏远的地区，这些地区经济发展

水平相对落后，基础设施简陋，设备不足，卫生状况欠佳，无法满足游客的需要，给旅游业的发展造成较大障碍。

（五）乡村生态旅游的发展策略

1.树立发展生态化的理念

乡村生态旅游与乡村旅游的最大区别，在于前者撇开了单纯以经济效益为目的，而是在生态理念指导下追求经济效益和生态效益的共赢，以至社会效益的“多赢”。可见，在乡村生态旅游的开展过程中，树立生态观念是有效开展乡村生态旅游最基本的思想保证。因此，要坚持对开发人员和管理人员进行生态理念教育，使乡村旅游资源的开发和管理，始终都遵循一定的生态环境指标。同时在乡村旅游资源的日常管理中，通过导游讲解、警示牌提示来突出生态旅游的重要性，让游客不但以生态意识约束自己的旅游行为，而且能从中获得生态意识的教育。

2.探求适当的经营管理模式

乡村生态旅游是有别于传统乡村旅游的一种特殊的旅游活动，加上各地资源、经济社会发展程度等各不相同，因此经营管理也应有相应的独特模式。乡村生态旅游业的管理，包括对整个乡村生态旅游行业的管理、目的地社区的管理、旅游区环境管理和游客的管理。乡村生态旅游经营管理模式，要以生态文明理念和可持续发展理念为指导，通过完善的条例、制度、法规等规范企业和个人行为，采取对自然和文化生态环境影响最小的经营方式，对旅游地游客承载量及游客的不当行为，予以适当控制和及时纠正，使乡村生态旅游业得到科学有效的管理，促进旅游业持续、协调、健康的发展。

3.发展乡村生态旅游要做到科学规划

科学统筹的整体规划是乡村生态旅游可持续发展的一个必要条件。没有长远科学的远景规划方案，就进行盲目开发，最终将会对生态环境造成不可逆的损害。在乡村生态旅游付诸实施前，必须要经过专家现场考察调研与论证，并制定出切实可行的规划方案。在保证当地的生态平衡不被破坏的前提下，最大限度地提高资源开发度和游客满意度，从而促进当地经济的持续健康发展。

典型案例

生态文明村的建设历程

李西河村位于河南省郑州市新城街道的北端，北靠黄河，东与常庄村接壤，南临索须河，西濒东风渠，可谓是三面环水，一面靠陆，花岗公路贯穿全境，总面积近2平方公里，共有生态防护林面积1065亩，耕地面积750亩。全村六个村民组，1086人。村民主要以种植蔬菜大棚为主，发展养殖业为辅，兼搞运输业。2006年，村内地面硬化率不到30%，交通十分不便。生活基本设施缺乏，居民常备的生活必需品也很难在村内买到。全村的经济底子单薄，村民人均收入不足5000元。

2007年村内大力发展经济，成立蓝天养殖基地，发展奶牛养殖和现代农业，到现在村民年均收入可达8000元。在今年，村内投资1700多万元对村内道路、排污、安全饮水、电力、广播电视、电话、宽带网等基础设施进行了建设；对村庄进行了亮化、绿化；对村民庭院、厨房、厕所进行了统一改造，在房顶统一铺设琉璃瓦，围墙透绿。购置垃圾箱270个，建设公厕2座及垃圾中转站，净化了村民的生活环境。为了提高村民素质和生活质量，村内专门建立了标准化卫生室、农民培训场所和农民文化活动中心。

当我去该村调查的时候，该村的生态文明建设工程已经接近竣工。洁净宽敞的乡村道路在村民房屋之间穿梭，统一的乡村民居点缀在田间，街道整齐划一。自从村内街道硬化竣工以后，路上散步的人多了，嬉笑打闹的孩子们多了，一块谈天说地的老年人多了，人们在硬化的路上行走也方便精神多了，再也见不到以往泥泞、杂乱的街道和胡同。该村的通村道路，建设得别具风格，除了道路两旁间隔栽种了不同种类的绿化树，还在两棵树之间栽种了各种花草，并安排了具体人员对这些花草树木进行管理。各户门前也建成了自家的"花池"，用来栽种一些蔬菜之类的东西。另外，村里还在各个胡同安排了生态文明负责人，具体负责该胡同的卫生以及治安问题。

李西河村的生态文明村建设虽取得了巨大成效，但是也存在着许多的问题，例如：就在建设一开始，村干部就面临了各方面的压力，一是资金问题的紧迫；二是好多村民的思想跟不上社会的发展，没有远见卓识，只看到当前利益，无法正确衡量建设生态文明村的利与弊、得与失，所以造成许多人的不理解和反对。

我个人认为，不管什么地方，哪一个发展阶段，建设生态文明村都要充分考虑到以下几个问题：

1.建设生态文明村就是为了提高村民的生活质量与水平，所以首先要坚持以人为本，充分激发和调动广大农民群众用自己的双手建设美好家园的积极性和创造性，使他们真正成为生态文明村创建和收益的主体，切实增强创建工作的责任感，让他们从思想上、行动上支持生态文明村的建设工作。

2.建设生态文明村还要树立和增强科学发展的观念，坚持文明、生态一起抓，软件、硬件一起上。除此之外，最主要的是还要充分发挥农村文体中心或活动场所的宣传、教育、娱乐功能和作用，开展各种形式的群众文化活动，使农民朋友不仅在物质上有富有感，还要在精神上有充实感，例如：举办各种科技培训班和文化科技知识讲座等，大力普及科学文化知识，提高农民的思想道德素质、科学文化素质，传播健康文明的生活观念，倡导文明新风。要通过对农村人居环境的改造，提高农民生活质量，进而全面提升农民文明素质，最终达到物质文明、政治文明、精神文明协调发展，实现农村社会的和谐。

3.要坚持建管并重，建立健全长效建设管理机制。不能像有的地方那样，建而不管，修而不治，造成资源的极大浪费，长此以往，就会影响生态文明村在广大群众心中的地位。首先，作为村干部，不管到什么时候，都要将生态文明村的建设当作一件重要的事情来做，时刻想着为老百姓谋利益、谋发展。只要能为百姓办实事，就会得到百姓支持。

4.建立多层次、多渠道的资金投入机制，切实增强创建后劲。要根据自己村的实际情况，制定相应的发展战略，促进整个村庄的发展和村民生活水平的提高。譬如李西河村根据村庄实际建立自己的农场，既能促进村庄的经济发展，还能为村民提供一些相应的就业岗位。

5.形成边建设、边治理的建设模式。虽然中国的城镇化速度挺快，但是农村与城市相比，在各个方面都存在一定差距，譬如农村的环境问题，包括道路的卫生、生活垃圾的收集、村庄河流的治理、农作物秸秆的存放问题等，应该尝试建立一套生态链，最大限度地提升资源的利用率。

6.要坚持因地制宜，制定完善创建规划。可以根据当地的土地情况，制定相应的农作物种植方案，尽最大的努力提高农民的经济收入和生活水平，为农村向城镇化过渡奠定基础。

在生态文明村的建设中，除了要注意以上的问题之外，还要正确处理生态文明村建设与新农村建设的关系：其一，生态文明村建设是符合社会主义新农村建设目标和要求的；其二，既然是模式，就应该有多种，而不是一种，要允许各个地方根据中央精神因地制宜，有所创新。

盖新房子、修水泥路、建沼气池、种花种草等，这些确实是新农村建设的内容和措施，因为它们可以使“村容整洁”；同样，在农村搞多种经营也可以适当增加农民收入，使农村“生产发展”，农民“生活宽裕”。但这些并不必然建成生态文明村。生态文明村建设有其独特的内涵和理念。更为根本的是，要把发展生态经济作为重中之重来抓，因为这是建设生态文明村的基础。生态经济搞不好，即使生活再宽裕，村容再整洁，乡风再文明，管理再民主，也不能叫生态文明村。

所以我们必须提高认识，走出单纯地把村庄基础设施建设和村庄环境整治理解为生态文明村建设的误区。如果那样，生态文明村建设就会失去核心内容而流于口号和形式，生态文明村也会因此变成一个外壳，空泛无物。当然，这样讲不是说生态环境基础薄弱的地方不能搞生态文明村建设，而是强调要把发展生态经济放到生态文明村建设的首位。

（资料来源：百度文库，本书略有删改）

本章小结

乡村生态文化建设是建设文明、富裕、幸福的社会主义新农村的重要组成部分。社会主义新农村建设必须两手抓，既要抓好物质文明建设，使广大乡村生产设施优良、技术先进，广大人民群众生产方便、生活富裕；还要抓好精神文明建设，使广大乡村面貌整洁、环境优美，广大人民群众精神充盈、生活幸福。搞好乡村生态文化建设意义重大，影响深远，功在当代，福泽后世，必须树立乡村生态文明建设的先进理念，从乡村生态文化的角度维护好、利用好自然生态，用科学先进的思想和手段治理好生活生产环境，规划设计、开发建设好乡村生态文化项目，从而建设更加美丽富饶、幸福美满的社会主义新乡村。

思考题

1.试举例说明生态文化的特点。

2.结合工作实际，简要说明生态文明村建设的主要内容。

3.请结合生态旅游的发展模式，规划当地发展生态旅游的途径。

4.简要阐述中国传统生态文化思想的特色。

5.案例分析。下面是“山东生态旅游第一镇”柳埠镇在发展乡村生态旅游方面的相关材料，通过阅读材料并结合所学内容，请思考并总结出柳埠镇在发展乡村生态旅游方面的成功经验。

发展大旅游　建设新农村

出泉城济南，沿宽阔的省道103线南行，不到15分钟，就到了有“山东生态旅游第一镇”之称的柳埠镇。柳埠镇地理位置优越，交通便利，全镇172平方公里，辖5个办事处，87个行政村，6万人口。这里群山环绕，峰峦叠嶂，山水相依，风光旖旎，有“绿色明珠”的美誉。

近年来，柳埠镇在上级党委政府的正确领导下，围绕建设“文化柳埠、绿色柳埠、诚信柳埠、富裕柳埠”的总体目标，以发展都市农业、观光农业、绿色农产品加工业、生态旅游业为重点，精心打造“山东生态旅游第一镇”和“省城绿色农产品加工中心镇”，努力把柳埠打造成市民休闲度假的黄金之地。

柳埠镇旅游资源丰富。早在隋唐时期，这里就是山东的商埠重地。境内名胜众多，四门塔、九顶塔、龙虎塔、千佛崖并称“三塔一崖”，闻名遐迩。境内齐长城遗址、张良墓、天齐庙等文物古迹荟萃，文化底蕴深厚。柳埠历史悠久，人杰地灵。这里不仅有鲁班点化修名塔、唐太宗屯兵跑马岭的美丽传说，还有高僧朗公、唐末农民起义领袖黄巢等留下的动人故事。

四门塔景区位于柳埠镇琨瑞山北金舆谷内，建于隋大业七年，距今有近1400年的历史，素有“华夏第一塔”美誉，也是目前我国现存最古老的单层亭阁式石塔。龙虎塔与四门塔隔谷相望，因塔身雕有龙虎而得名；千佛崖雕刻精美，造型独特；新建成的神通寺博物馆瑰宝荟萃，是我国著名的佛教文化旅游胜地。江北第一竹林——涌泉竹林，竹影婆娑、泉水潺潺，有“细水长流、百尺飞瀑”的奇观。游玩其间，令人心旷神怡。

九顶塔民族风情园以九顶塔为依托，集民族风情、名胜古迹、游乐探险和休闲度假于一体，由民族风情区、游乐区、风景名胜区、休闲度假区四部分组成。整个九顶塔民族风情园融自然、文化、艺术三位一体，让您尽情感受休闲度假新概念。

带有浓郁乡土气息的槲树湾度假区您不可不去，这里是以青山绿水、民俗人文为主题的新景区。建筑承魏晋古风，风光旖旎，静谧幽雅。景区内还设有特色茶社、农家果园以及垂钓、射箭等娱乐场所，置身其中，远离城市的喧嚣，平添了许多闲情逸致。

跑马岭绵延60公里，林木茂盛，风景秀丽。相传曾是唐太宗操练兵马的地方，也是山东省最大的国家级森林公园。它集自然生态、动物科普、园林艺术、娱乐休闲为一体，是孩子们节假日游玩的好去处。

水帘峡风景区位于跑马岭脚下，是2005年新开发的一大旅游项目。景区占地6000亩，以泰山奇石、山泉等自然景观为主，景区内山泉众多，泉水甘洌。水帘泉泉水有“圣水”之称，富含对人体有益的多种矿物质和微量元素。峡谷幽深，有99道山谷，两侧怪石峭立，千姿百态，是您登山健身、赏泉戏水的理想之地。

辖区的山青世界是山东省青少年素质教育基地。基地由实践区、科技畅想区、森林探险区等六部分组成。在这里，不但能够模拟翻山越岭、登山攀岩，还能亲手饲养家禽、栽植花卉、树木等，是青少年亲近自然的理想场所。

济南以泉著称。而柳埠则是济南泉水的发源地。在新命名的济南72名泉中，涌泉、突泉等6泉都源自这里。此外还有滴水泉、水帘洞等许多不知名的泉水，清冽甘美，终年流淌，旱不涸，涝不漫，令人称奇。另外还有水库12座，塘坝65道，水量丰富。

柳埠镇为建设“山东生态旅游第一镇”，发展大旅游，建设新农村，将全镇规划为六大片区，以黄巢九寨为主的自然风景生态休闲区；以柳埠小城镇农产品深加工为主的商住、购物区，以四门塔景区；野生动物世界、九顶塔民族风情园、水帘峡风景区、槲树湾风景区、山青世界为主的古今文化观赏区；以锦阳川、涌泉、泥淤泉、突泉、缎华泉、避暑泉、苦苣泉为主的名川、名泉游览区；以三石奇峪、龙门西山为龙头，集星级酒店、高级会所为主的高级会展度假区；以闫家峡谷的核桃基地、桃科的板栗基地、三岔的山楂基地、王家峪的大樱桃基地为主的农业观光采摘区。柳埠镇将着力在以下方面争取做出新的文章：突出山东生态旅游第一镇品牌，力争锦阳川和黄巢等六大片区建设有新突破。继续实施“农家乐示范工程”，大力发展以休闲垂钓、餐饮娱乐、自助采摘、避暑度假等为主题的“农家乐”旅游项目，力争新发展经营户60户。精心策划推出以“生态旅游、健身游、探险游、文化游”为主题的产品和路线。争取将柳埠建成绿色农产品加工中心镇；成立乡村休闲游管理领导小组，负责制定乡村休闲游服务质量标准，以及乡村休闲游的规划、审批、管理、协调等工作。成立乡村休闲游协会，抓好从业人员的正规化培训，提高乡村休闲游管理水平和服务质量；制定乡村休闲游旅游宣传促销总体方案和年度促销计划，设立专项资金，利用办节、办会等多种有效形式，系统宣传乡村休闲游；继续加强生态建设，实施环境绿化工程，增强可持续发展能力，实现资源的永续利用。结合村村通公路工程，完善各休闲游景点的交通设施，解决景区景点间交通工具一次性通达问题；制定相应的土地使用政策、税费优惠政策、资金扶持政策，扶持乡村休闲游做大做强。

第六章　乡村民俗文化建设

学习目标

1. 了解我国传统婚丧生寿民俗的主要仪式和内容；
2. 了解生活民俗中有关饮食、服饰、建筑民俗的主要内容和特征；
3. 熟悉乡村民俗文化的内涵及特征；
4. 熟悉乡村民俗文化发展与传承的有关问题；
5. 掌握岁时节日民俗的特点、由来及主要内容；
6. 掌握农业生产习俗的特点和主要内容。

导　读

"好客山东"47项民俗活动开启元旦民俗之旅

每年元宵时节，山东各地划旱船、抬花轿、扭秧歌、骑毛驴等传统表演轮番上演，透着山东人特有的朴实豪爽，吸引了大量外地游客前来体验、欣赏。2014年元旦将至，贺年会大幕即启，47项民俗活动也将逐渐进入公众的视野，开始山东过年民间狂欢的"前奏"。

"好客山东贺年会"自启动以来，收到了良好的社会效益和口碑，这源于对山东年俗活动的深入挖掘。"贺年会"打造了一个平台，呈现了山东地区民众具有自发性和传统性的民俗活动，从而面向世界展示出一个"原生态"的山东旅游市场。贺年会从元旦开始，跨越春节到元宵节，以三大节点构筑了前后衔接、长达40余天的时间平台，全省各地的民俗节庆活动便分布于贺年会期间的各个时段。2014年，遴选出最富有特色的47项民俗活动。这47项民俗活动涵盖了山东不同地域的文化特色，具有典型代表性意义，它们将共同构成"好客山东贺年会"的著名品牌，成为展示山东形象的又一张名片。

（资料来源：山东旅游政务网2013-12-09）

|提　示|

在现代旅游业的蓬勃发展中，姿态万千的民俗文化日趋成为旅游观赏的重要对象，以参与体验民俗风情为主要内容的民俗文化旅游活动更成为跨文化交流的“重头戏”，显示了民俗文化在旅游业中的地位和作用。结合案例思考：你的家乡有哪些富有特色的民俗文化活动？这些民俗又该怎样传承和发展呢？

第一节　概　述

中国民俗文化底蕴深厚，群众基础广泛，丰富了乡村文化建设的内容；同时，乡村文化建设也为民俗文化的传承和发展提供契机，带来活力。加强乡村文化建设，我们要在准确把握乡村民俗文化发展规律的前提下，因地制宜，合理发展，正确引导，积极保护。

一、乡村民俗文化的内涵

关于中国民俗文化，有两句俗语生动地描述了它的特点和重要性：一句是“百里不同风，千里不同俗”，意思是说一个地方有一个地方的风俗，而中国幅员辽阔，不同地方的风俗习惯有很大不同；另一句叫“入境先问禁，入乡先问俗”，意思是说，到了一个新地方，要先弄清楚那里的禁忌和风俗习惯，尊重人家的规矩。汉语中还有“入乡随俗”之类的成语，都体现出民俗文化作为一种意识形态的存在，广泛影响着人们的思想和行为。

所谓民俗，就是民间的风俗习惯，它是一个国家或民族的广大民众创造、享用和传承的生活文化，是普遍存在于社会生活中的一种悠久的历史文化现象。民俗源于人类社会群体生活的需要，在特定的民族、时代和地域中不断形成和演变，为民众的日常生活服务。民俗一旦形成，就成为规范人们的行为、语言和心理的一种基本力量，同时也是民众认知、传承和积累文化创造成果的一种重要方式。

民俗文化作为人类社会文化的一个基本的组成部分，有着极为丰富的内涵和多彩的表象。它体现在广泛而富有情趣的社会生产和社会生活领域中，内含民族精神的延续和时代精神的认同。它孕育于民间，传承于社会，并世代延续承袭。可以说，民俗文化是特定的国家或民众群体，在改造自然发展自己的实践活动中，创造、选择、凝聚、升华而成的程式化的不成文的规矩，是一种在民众中自行传承、流行的模式化的、生动活泼的生活文化。

各地的民俗都与人文相关联，也可以说是由当地人民生活的习惯所形成的。乡村民间习俗是当地地域文化的一部分，它的形成、发展和演变受到外部和内部因素的影响。它发源于乡村人民群众的日常生活之中，同时又深受当地地域文化的影响，在地域文化的熏陶下形成自己的特点。乡村民俗文化是乡村社会民众在生产生活过程中所形成的一系列物质的、精神的文化现象，作为中国传统文化的重要组成部分，它是传统文明的“活化石”，又是现代精神文明的源泉，具有深厚的文化价值、历史价值，独特的艺术价值以及文化旅游价值。

二、乡村民俗文化的特征

就乡村民俗文化而言，一方面，它是普通人民群众在生产生活过程中形成的一系列物质的、精神的文化现象，并随着民族、时代和地域的不同而不断扩大和演变，从而具有集体性、普遍性、传承性和变异性的特点；另一方面，乡村民俗文化又体现出一定的价值取向，影响着民众的意识与行为，教育、规范着民众的生活，维系与调节着民众的各种关系，对社会的进步起着积极的作用。简而言之，乡村民俗文化具有如下几个基本特征：

（一）民族性和地域性

民族性是民俗文化的一个显著特点。民俗文化作为不同民族各自所创造的“人的文化”，为不同的民族文化打上了色彩斑斓的底色。以少数民族的传统节日为例，景颇族的“目脑节”，土家族的“摆手节”，傣族的“泼水节”，白族、彝族等的“火把节”，维吾尔族、回族的“古尔邦节”，藏族的“藏历年”等，都很好地体现出了民族文化的千差万别。

地域性是民俗在空间上所显示出的特征。生态环境的不同，经济生产的各异，必然导致独特的生产方式和生活方式的产生。《汉书·王吉传》中记载的“百里不同风，千里不同俗”，指的正是民俗的地域性差异。在中国，由于山川的阻隔形成民俗文化的区域差异是比较普遍的现象，这反映在很多省市的名称之中，如“山东、山西”“河南、河北”“湖南、湖北”“广东、广西”等。而在同一省份之内，南北东西的民俗文化常常也会有所区别，如“鲁西”和“胶东”，“苏南”和“苏北”，“南疆”和“北疆”，“藏南”和“藏北”等区域名称。中国民俗文化的地域性与中国的地域辽阔、各地文化发展的不平衡以及某些民俗本身的性质等因素有关。

（二）集体性和模式性

民俗文化的集体性，是指民俗由集体创造、集体享用、集体保存和集体传承的文化性质。如中国传统的春节习俗，自汉代逐步定型后，为各个朝代所接受。它首先是在民间流行的。春节时会出现官民同乐，实际上此时的“官”是以民众身份参与民众的集体习俗活动的。直到今天，春节仍被定为休息时间最长、民俗气氛最浓的固定假日。民俗大多只与一定的民众群体相适应，这种民众群体，大一点，便是民族；小一些，即是区域民众。所以，这种集体性，有些是带有普遍性的，也有些只是局部性的。大到超越民族界限，生活在共同文化圈中的人群的民俗文化活动，如春节习俗，中国周围的一些国家和民族也在奉行；小到家族、帮会内部所遵从的家风、家教、清规戒律等。

民俗文化的模式性是它在表现形式上的突出特点。民俗文化现象的存在不是个性的，而是类型的、模式的。换言之，民俗一旦形成，便会具有极大的稳定性，并在稳定的发展中形成一定的模式，为群体成员共同遵守，成为约束行为的标准和尺度。模式性一方面表现在时间的运转周期上，即依四时节令的变更有节奏地安排生产生活，调整衣食住行；另一方面则表现在民俗活动的具体程序上，如婚礼和葬礼习俗虽有地区差异，但其基本程序却是相对固定的。

（三）传承性和变异性

民俗文化的传播主要依靠言传身教。比如，民间故事、歌谣、传说、谚语等，主要是通过口头传承下来的。而在生活实际中，一些民俗往往通过一定的仪式而被固定下来，成为特定的礼俗。这些礼俗虽没有固定的文字记录，但通过世代相传，确保了民俗文化在时间上的连续性。中国民俗文化能够世代传承并能相对稳定，与中国社会的农业文化传统有关。比如岁时节日习俗，农历正月十五的元宵灯会和吃元宵，三月清明节的祭祖扫墓和踏青郊游，五月初五端午节的挂菖蒲、插艾叶、赛龙舟及吃粽子、饮雄黄酒，八月十五的中秋赏月和吃月饼，除夕辞岁的年祭和吃团圆饭，都是传袭了千年以上的岁时习俗。

民俗在传承和传播过程中必然会发生一些变异。有些民俗会随着时空的变化发生变异甚至消亡，又由于主要通过口耳相传，就更容易产生出许多不同的说法，这在民间文学传承中表现得尤为突出。另外，在历史进程中，有些民俗文化自身也在与时俱进。例如随着对外交流的扩大和加深，民俗的输入与输出日趋频繁，一些传统民俗被重新包装，如中国的“七夕”被称为中国的“情人节”；同时一些外来民俗也被本土化，如现在中国城市中许多年轻人也同样过起了圣诞节、父亲节、母亲节等。这些都属于民俗文化传承中的变异现象。又如过春节本是一种祭祀活动，但在其传承过程中逐渐增加了许多新的民俗活动，如贴对联、放爆竹、守岁、吃饺子、拜年等。而电视的普及，又使得一年一度的除夕晚会成了年俗中不可或缺的一部分内容。

（四）规范性和服务性

民俗文化是一种适应性文化。它表现为适应民众集体心理和生存需要的相对稳定的模式。这种模式的稳定性和约定俗成，使它具有不成文的强制或约束力量，对民众的行为、语言和心理起到制约作用，这就是民俗文化的规范性。规范化的民俗构成民众行为的准则。规范性特征在对孩子的教育方面表现得尤为突出。以新生民俗为例，中国民俗文化中对于新降生的小生命有很多的礼遇，诸如送红包、送首饰、送衣物等等，但红包的数目、种类等又遵照各地的风俗。

服务性指民俗文化在规范民众的同时又具有服务民众需要的实用功能。民俗文化体现了集体的智慧和创造，这种创造是服务于民众的社会需要、生产生活实践以及民众心理的协调等方面的。如尊老爱幼习俗是一种全体社会成员共同遵守的礼节；又如二十四节气的制定，主要服务于农事活动；再如掺杂了迷信成分的民间求神拜佛习俗，反映了民众的心理信仰。

三、乡村民俗文化的分类

由于乡村民俗事象纷繁复杂，所涉及的领域非常广泛，对于民俗的分类，学术界有不同的看法，如可以分为物质民俗和精神民俗，生产民俗和生活民俗等。这些“一分为二”的分类方法虽然符合逻辑分类的规则，却未必有利于人们了解民俗文化的丰富性和复杂性。根据乡村民俗文化存在和流传的客观情况，为了突出民俗文化的主要内容，我们把乡村民俗文化大致分为以下四部分：

（一）物质民俗

物质民俗，是指民众在创造和消费物质财富过程中所形成的模式性的民俗事象。它主要包括生产商贸民俗、衣食住行民俗、医药保健民俗等。

（二）社会民俗

社会民俗，也称社会组织及制度民俗，是指人们在特定条件下所结成的社会关系的惯制，它所涉及的是从个人到家庭、家族、乡里、民族、国家乃至国际社会使用并传承的集体行为方式，主要包括社会组织民俗（如血缘组织、地缘组织、业缘组织等）、社会制度民俗（如习惯法、人生仪礼等）、岁时节日民俗以及民间娱乐习俗等。

（三）精神民俗

精神民俗，是指在物质文化与制度文化基础上形成的有关意识形态方面的民俗。它是人类在认识和改造自然与社会过程中形成的心理经验，这种经验一旦成为集体的心理习惯，表现为特定的行为方式并世代传承，就成为精神民俗。它主要包括民间信仰、民间巫术、民间哲学伦理观念以及民间艺术等。

（四）语言民俗

语言民俗，是指通过口语约定俗成、集体传承的信息交流系统。它包括两大部分：民俗语言与民间文学。语言是一种文化载体，各个民族、地区都有特定的语言，即民族语言和方言，它们是广义的民俗语言。狭义的民俗语言，是指在一个民族或地区中流行的那些具有特定含义，并且反复出现的套语，如民间俗语、谚语、谜语、歇后语、街头流行语、黑话、酒令等。民间文学是指由人民集体创作和流传的口头文学，主要有神话、民间传说、民间故事、民间歌谣、民间说唱等形式。

社会生活是一个整体，为社会生活服务的民俗文化也有其整体性与系统性。物质民俗、社会民俗、精神民俗、语言民俗四大部类民俗之间存在着相互关联、相互制约与促进的有机联系，它们相互影响，并随着时代的发展而发展。

四、乡村民俗文化的传承与发展

早在1938年毛泽东同志就提出了“中国作风、中国气派”的理论，而为百姓所喜闻乐见的民俗文化往往成为最具“中国作风、中国气派”的民族形式的典范之一。虽然民俗文化在各地政府和相关部门的重视和支持下，在保护和发掘中取得了很大的成绩，但在发展过程中还存在不少问题，亟须加以保护并积极引导，使民俗文化健康发展。

（一）乡村民俗文化的嬗变与发展瓶颈

1.传统民俗的退化：现代科技的强势冲击

电视、电脑、手机等现代科技产品进入农家，使得传统的农耕社会的文化形态逐渐消退，带来人们消费方式和生活方式的巨大变化。人们对传统民俗文化的了解越来越少，许多传统民俗文化逐渐淡出人们的生活甚至“丢失”，长此以往，人们将陷于一种感性化、快餐式的文化消费，疏离经典而陷于肤浅。许多农村青少年成为“屏奴”，注意力转移到了聊天、游戏、网络世界中。他们追求时尚、新颖，对“老”东西不感兴趣，对本地、本民族的传统文化日渐陌生。过去，民歌、地方戏曲里蕴含着大量的民族历史、传统美德等信息，孩子们耳濡目染就能口口相传。但现在，游戏、流行歌曲、网络小说占据了他们的主要时间，民歌、戏曲被视为“老土”，民间传统文化的保留和传承也就无从谈起。

2.传统民俗的淡化：外来文化的快速涌入

三十多年的对外开放，使国家出现文化和价值取向多元化。由于保护意识不强，农耕文明架构下的一些优秀的传统地方民俗文化面临着瓦解、涣散甚至泯灭的窘境。不少社会习俗和生活艺术，在外来文化的冲击下，传统元素严重退化。比如西方情人节和中国七夕节演绎的是同样的主题，结果却不一样，前者受追捧，后者受冷遇。对外来文化的好奇吸引了青少年的注意，使传统民俗文化节日的传承力量出现断层，影响了传统民俗文化节日的保护和发展。

3.传统民俗的散化：乡村人口的频繁流动

改革开放以来，农村人群中的多数年轻人外出求学或打工，很多人对于传统的民俗文化活动多是一知半解。特别是随着近年来城镇化的发展，大量农村人口进入城市打工，与城市居民融合在一起。人们生产生活方式的改变，使传统民俗失去了赖以存在的场所和氛围；青壮年乡村文化骨干的流失，客观上也造成了一些地方传统民俗后继无人。村民外出经商务工，在家时间短暂，常年留守村落的人员主要是老人、妇女、儿童，很难组织起一定规模的民俗文化活动。由于缺乏青壮年男子的加入，许多民间独具特色的传统体育竞技活动在逐年减少，民俗文化中许多带有道具的表演已濒临失传。加之长期以来，一些乡镇领导习惯将主要精力放在发展经济上（硬任务），缺乏对农民进行有效的思想文化教育（软任务），出现“一手硬一手软”“经济繁荣，精神滑坡”的现象，表现出“富裕中的文化贫困”。

4.传统民俗的弱化：传统技艺保护不力

民俗既是社会意识形态之一，又是一种历史悠久的文化遗产。但是，随着现代化进程的加快，一些民间的、传统的文化习俗与技艺正在现代的文化标准化、工业化、城市化的语境下变异，甚至消亡。受“以经济建设为中心”

和“以GDP论英雄”的思维定式的影响，对于民俗文化的保护及其产业化开发明显不足。现在，老艺人人衰艺绝、老作坊破旧凋零、老工艺失传变味等现象层出不穷，即便是幸存的年画、皮影、剪纸等经典民间艺术，也没有做大做强。总体战略不清晰、产业布局混乱、创意力量薄弱分散，成为我国民俗文化产业化与可持续发展的瓶颈。

（二）乡村民俗文化的价值重构

我国著名民俗学家钟敬文认为：“一个人生下来，就生活在民俗中，就像鱼儿生活在水里。民俗几千年来，就和人民的日常生活紧密联系在一起。”[①]民俗文化是我们珍贵的文化财富、集体记忆的根源，也是“我们今天与过去的沟通渠道”。我们应当充分认识民俗文化的社会功能及其重要价值，大力继承与弘扬乡村民俗文化。

1.以社会主义核心价值观为目标，重塑乡村民俗文化

2013年，习近平总书记在中央城镇化工作会议上提出：要让居民望得见山、看得见水、记得住乡愁。具有浓郁气息的乡村传统文化，是农村人曾经的精神支柱，是其心灵家园。如今，这些乡村民俗文化的流失，使年轻一代农村人无法对乡村文化产生亲和力、归依感。他们生命存在的精神根基就极易发生动摇。生态环境的恶化、家庭邻里关系的淡漠和紧张、社会安全感的丧失，使乡村生活逐渐失去了独有的文化精神内涵。民俗乃民族认同的载体、社会团结的纽带，它渗透到每位国人的日常生活中。只有立足生活实际，才能生发出广大人民群众学习和践行核心价值观的强大精神动力。因此，要以继承和发扬传统文化为契机，以树立和践行社会主义核心价值观为目标，重塑乡村民俗文化。政府应发挥主导作用，带头弘扬和保护乡村民俗文化。要唤起村民对传统民俗文化的记忆，丰富村民的业余生活，重构村民之间的亲密关系，营造良好的乡村伦理氛围。市场经济条件下，基层党组织和政府既要带领农民经济上脱贫致富，也要帮助农村人摆脱“功利化”的短视意识，回归和睦淳朴的乡村文化生活，重塑农村精神家园。

2.与时俱进，促进民俗文化的融合与现代化

优秀的民俗传统文化有其顽强的生命力，会随着社会的发展而不断变化。因为在这些民间习俗表象的背后，有5000年悠久文明的积淀。许多民俗

① 钟敬文：《民间文学概论》，上海文艺出版社，1980年版。

中蕴涵的讲友善、守诚信、崇文明、尚和谐、求大同等思想，与社会主义核心价值观都是一脉相承的。中华民族所特别注重的节庆礼仪，就非常显著地体现了核心价值观中的富强、文明、和谐、爱国、友善的情怀。春节是中华民族的象征，凝聚着华夏儿女的爱国热情，无论你在世界哪个角落，只要放个鞭炮、吃个饺子、贴个春联，他人就能从这些春节的文化符号中读出你是中国人，爱国情怀也就扎根在灵魂深处；端午划龙舟，大家心往一处想，劲往一处使，既是团结的象征，同时还彰显了不怕苦、不怕累、让国家富强的力量以及“天行健，君子自强不息”的民族精神；中国人最重视的三节（春节、端午节、中秋节）都讲究吃个团圆饭，这也是人们崇尚和谐、友善的表现。此外，清明节对祖先的慎终追远、重阳节对长者的尊敬爱戴等，皆与核心价值观契合。通过积极培育和践行社会主义核心价值观，可以更好地继承和创新民俗，为民俗赋予新的时代内涵；通过继承和创新民俗，可以更好地培育和践行核心价值观，使核心价值观成为人们工作、生活的基本遵循。当今，现代文化的传播几乎没有国界与城乡的壁垒，乡村民俗文化已不是封闭的体系，而是不断由传统型向现代型融合转变。农村改革的深化，农村的富裕，青壮年农民文化素质的提高，这一切也必然带来乡村民俗的变化。现代文明的发展，科学技术的应用，消费观念、开放意识、商品交换意识等新思想、新理念的建立，使乡村民俗呈现出时代新内容、新特征。为了让那些优秀的乡村民俗文化能够代代相传，我们可以借助各种现代化的科技手段，如大数据、云存储、3D和4D技术等，将传统文化中的物品、声音、图像等物质和精神的东西永久保留。

3.加强传统文化教育，提升新型农民文化素养

“搞民俗学当然着重在广大农村。因为农村里保存着更多的传统的文化、风俗。”[①]文化遗产不是复制品，它是弥漫在民族圈里的内在心灵内核，并外化为居民的生活方式，蕴含着丰厚的民族精神特质和美德。这种美德并非单纯的礼仪规范，还在于技艺传承所蕴含的生命真谛，以及技艺所承载的生命延续和价值。确切地说，由技艺引发的传统记忆，必是工作目的、做人标准的重塑与叠合。缘此，习近平总书记强调：要大力弘扬中华民族优秀传统文化，大力加强党风政风、社风家风建设，特别是要让中华民族文化基因在广大青少年

① 钟敬文：《民俗学论集》，上海文艺出版社，1998年版。

心中生根发芽。应当在保护老一辈民间艺人的同时，重视年轻一代继承人的培养。青少年好奇心强，对于民俗是“想爱又不知如何去爱”。我们要用青少年喜闻乐见的形式，吸引青少年参与。传统民俗文化要坚持从娃娃抓起，把各类别“非遗”传承人、民间艺人聘请为中小学校外辅导员，开办民族乐器、民族歌舞等方面的兴趣小组，教授各种技艺，培养孩子们对优秀民族民间文化的认知、兴趣和爱好。民俗文化的传承，是一种长期的文化灌输。新农村建设的关键因素在于人，乡村民俗文化活动只有深深植根于广大农民群众中，才有旺盛不竭的生命力。

4.加强引导和管理，发挥民俗文化在社会主义新农村建设中的重要作用

国务院在《国家新型城镇化规划（2014～2020年）》中强调，要坚持“文化传承，彰显特色”的原则，要根据“不同地区的自然历史文化禀赋，体现区域差异性，提倡形态多样性，防止千城一面，发展有历史记忆、文化脉络、地域风貌、民族特点的美丽城镇，形成符合实际、各具特色的城镇化发展模式”。民俗文化是传承历史文明的，它承载的是历史发展长河中人们的精神与情感，是农村原生态的、深厚的文化积淀。无论时代如何发展，都需要汲取民俗文化中的精华，使民俗文化成为新农村建设持续发展的催化剂，在新农村（城镇）建设中发挥重要作用，成为新农村建设的重要财富。应发挥民俗文化的综合效应，加强与企业的合作，使民俗文化与市场经济紧密结合起来，打造与民俗民风有关的文化产业，促进区域经济快速发展。

第二节　婚丧生寿民俗

在我国乡村民俗当中，婚丧生寿是最为重要的内容之一。其中既涉及个体的诞生、成长与逝去的过程，也关系到家庭乃至整个家族的荣誉和社会地位。这类传统民俗有很强的仪式规范性和历史延续性，在促进个体顺利成长与发展、增强家庭和家族向心力和凝聚力等方面发挥了重要作用。

一、婚娶民俗

婚姻是维系人类自身繁衍和社会延续的最基本制度。婚礼，无论在古今中外，都被认为是人生礼仪中的大礼。古人认为，结婚不是个人行为，是“合两姓之好”，以及繁衍后代的家族大事。所谓“不孝有三，无后为大”，

人们通过繁复的礼仪行为来保障婚姻，使这一事关家族存续的重大礼仪隆重、热闹。结婚既有“礼”的内容，又有“俗”的形式。因此，婚礼和婚姻制度有密切联系，从一个侧面反映了人们的文明教化程度。

中国古代结婚，礼仪有纳采（送礼求婚）、问名（求媒人询问女子姓名及出生年月日时）、纳吉（男方根据双方八字卜得吉兆后送礼订婚）、纳征（男方给女家送聘礼）、请期（议定婚期）、亲迎（新郎至女方家迎娶新娘）六道，谓之“六礼”，因始于周代，又名“周公六礼”。随着时代变迁，人们据此演绎，敷衍成章，并愈演愈繁，成了我国民俗文化中别有趣味的一个传统。

传统的婚礼主要有以下仪式：

（一）说媒

媒人在传统婚姻中发挥着很大的作用。男女双方必须要经过媒人说合才能够结成连理。媒人可以主动揽活，为男女双方牵线搭桥；也可以是受人之托，忠人之事。说成一桩媒，媒人可以得到一些钱财，称之为谢媒礼。这笔钱一般由男方支付。如果是男到女家，则由女方支付。在成亲的前一天，将谢媒礼送到媒人家。媒人第二天一定要去引导接亲，称之为圆媒或启媒、发媒。谢媒钱的多少视主家经济状况决定，但无论多寡，均需用红纸封好，称为红包或包封。

（二）相亲

民间旧时男女授受不亲，女子更是大门不出二门不迈，身处深闺难睹芳容。在经媒人说合之后，男方一般会提出到女方家看一看，这种在媒人的带领下到女方家里做初次访问的活动，就称之为相亲，俗称看亲。相亲的日子由男方提出，由媒人决定时间并通知男女双方，双方都应做好准备。男方要带一些礼物，以表心意。如果男方被女方父母留下款待，这一般说明他已得到了女方父母及女方的认可。若迟迟不备饭菜且任由男方告辞出门，则说明这门婚事将告吹。当然，女方也可能会去男方家“拜访”，这在有的地方叫作“看当”。

（三）过礼

相亲之后，就可履行结婚手续，这个过程就叫“过礼”。过礼之际媒人要将男女双方的生辰八字分别送至对方，这时，迷信的父母大多会请算命先生推算男女双方八字的合与不合。合，则婚事继续；不合就此打住。在换贴、合八字之后，媒人会选个好日子，带男方去“过礼”订婚。“过礼”在婚礼中是一件大事。婚事的主动者，应向对方送一笔厚礼。各地风俗不同，所送之礼也有差异。过礼之后，双方即可商定成婚的日期了。

（四）择期

在中国传统观念中，为男女双方选择一个良辰吉日成婚是非常重要的，这叫作“择期”，或叫“择吉”。择期的任务一般由星相学者或算命先生完成，文化水平高的家长也可以自己看“皇历”或自己推算决定。婚期决定后，双方父母就可以发出请柬，邀请亲朋好友来参加婚礼了。婚柬一般由婚姻当事人或其父母亲自送到亲友手中，亲友在接到婚柬后，即使人去不了，也要送礼并在礼品上写上表示祝贺的话。

（五）迎亲

佳期将至，男女双方都要杀猪宰羊，做好迎亲摆宴的准备工作。传统婚礼一般是女家早晨准备出嫁酒，男家中午摆喜筵；如果是纳赘则反之。一切准备就绪后，男家鸣炮奏乐，发轿迎亲。新娘要由母亲或姐姐梳好头，用丝线绞去脸上的绒毛，化好妆，谓之“开脸”，然后蒙上红布盖头，等待迎亲的花轿。迎亲队伍进入女家堂屋后，花轿落地，新郎叩拜岳父、岳母，并呈上以其父名义写好的大红迎亲柬帖。接着是女家动乐开筵。席间亲朋好友中的平辈和晚辈青少年往往还要捉弄媒人和新郎，民间称之为“洗媒”和“挂红”，俗称“贺新客”。早宴之后，新郎、新娘在媒人的引导下，向新娘的祖宗牌位和长辈行过礼，新娘一般还要哭嫁以示对父母家人的依恋。新娘上轿后，即奏乐鸣炮，起轿发亲。娶亲的归途必须走另一条路，因此有时候要绕着路走，俗称“不走回头路”。接亲的队伍将要到达新郎家门口时，男家要鸣炮动乐相迎。花轿停在新郎家的堂屋门前，伴娘上前掀起轿帘，将新娘搀下轿来，傧相上前赞礼，宾客们向新郎、新娘身上散花，一般用红、黄各色纸屑替代，将婚礼推向高潮。

图6-1　新娘坐轿

（六）拜堂

男家发轿迎亲之后，傧相就要在男家堂屋布置好拜堂的场所。当花轿停

图6-2 拜天地

在堂屋门前，男方请的伴娘站到花轿前时，仪式开始。香案上香烟缭绕、红烛高烧，亲戚朋友、职司人员各就各位。傧相二人分别以“引赞”和“通赞”的身份出现，开始赞礼。新郎新娘接引赞和通赞的赞礼开始拜堂，也就是传统的“三拜”——一拜天地，二拜双亲，夫妻对拜；然后引进洞房。拜堂仪式至此结束。

（七）婚宴

拜堂之后，新娘便在新房落座，不再出来。新郎要走出新房并向宾客敬酒。喜筵要按来客的尊卑长幼排定座位，称之为“请客”。排座位的原则是上尊下卑，右尊左卑，客人按其长幼和身份、地位从高到低排列座次。主席要摆在堂屋上方正中，请“大亲”（又称“上亲”“高亲”，即新娘的伯父、父亲、叔父）坐上首右边席位，新郎的父亲或舅父坐上首左边席位作陪，其余按尊卑长幼对号入座。座位排定后，傧相宣布动乐鸣炮开宴，新郎要先到首席斟酒敬酒，然后，厨房开上第一道菜，婚宴正式开始。婚宴结束后，“大亲”起身告辞时，男家要“打发”衣料、鞋袜之类，讲究的还有红包。“送大亲”又是一个热闹场面，男家所有体面的人都要送到门口，还要鸣炮动乐，以示敬重。

（八）闹房

闹洞房是传统婚礼中不可缺少的一个环节，可以算作是婚礼的高潮。闹洞房除逗乐之外，还有其他意义。据说洞房中常有狐狸、鬼魅作祟，闹洞房能驱逐邪灵的阴气，增强人的阳气，因此有俗语“人不闹鬼闹”。闹洞房还能增添热闹气氛，驱除冷清之感，因而有的地方又称之为“暖房”。旧时代男女结合多是经人介绍，相互之间比较陌生，闹洞房能够让他们去除陌生感，为新婚生活开个好头。此外，闹洞房还能使亲友彼此熟识，显示家族的兴旺发达，增进亲友间的感情。闹洞房活动进行到一定时候，新郎要领着新娘“作揖认亲”。凡是男家的尊长，都要在傧相的赞礼声中一个个进来让新郎、新娘拜见，而且要赏一个红包给新娘作见面礼，称之为“作揖包封”。

（九）回门

婚后三天、七天或九天，新郎陪着新娘从婆家回到娘家。女家要隆重地做“回门酒”。席间，新娘要引新郎拜见本家亲友，从最年长、最尊贵的认起。被拜见者或点头，或起座相搀，或还半礼，同时要赏新郎一个红包。至此，中华传统的婚礼民俗才算完整了。

随着时代的变迁、经济的发展以及人们生活水平的提高，婚姻关系变得法制化，婚姻思想逐渐现代化，婚姻恋爱更加自由化，婚姻习俗也更加商业化，现代乡村的婚嫁礼仪变得更加个性化。传统婚礼的功能和意义将随着社会文明的进程，逐渐转向真正意义上的人生庆典兼社交活动，所保留下来的富有传统色彩的仪式、内容，主要体现在符合民族传统和习俗惯制的娱乐活动中。提倡并实行富有传统文化风格而又兼具现代文明特征的新婚礼，抵制和改革那些乱要彩礼、流于形式的婚礼陋俗，是社会进步的要求，也是历史发展的必然趋势。

二、丧葬民俗

丧是指哀悼死者的礼仪，葬是指处置死者遗体的方式。国人向来把死与生看得同等重要，民间相信人的灵魂不死，死人能投胎转世还有来生。我国的丧葬习俗往往被视为将死者的灵魂从“阳世”送往“阴世”（冥界）必经的手续，既要寄托对死者的哀思，又要让死者的灵魂安居于另一个世界，不要在家中作祟。因此丧礼在中国历来受到高度重视，丧葬的程序经过几千年的不断传承，也渐渐形成了定式，一般由送终、报丧、入殓、守灵、搁棺、吊唁、接三、出殡、落葬、居丧等环节组成，甚至还要做道场、烧灵屋、唱夜歌等等，所以在民间办丧事也俗称“白喜事”。传统的丧葬活动主要有以下仪式：

（一）送终

老人生命垂危之时，子女等直系亲属会守护在其身边，听取遗言，直到老人去世，这在习俗中称为“送终”。送终是一件大事，能为老人送终表明子女尽了最后的孝心，未能为老人送终常常成为人们一生中的一大憾事。有没有子女送终，是不是所有子女都来送了终，又是老人是否有福的一个评判标准。在老人临危之时，家人要将其从卧房移到正庭中临时铺设的板床上，较穷的人家也会用卸下的门板代替板床。因为民俗以为人若在床上死，灵魂就会被吊在床中无法超度。如果死者之上还有长辈，死时则不能移入正庭。在许多地方人死之后，家人都会烧纸钱，称为“烧倒头纸”，或叫“烧落气纸”。此外还要鸣放鞭炮：一是表示死者归西，二是向邻居报丧。人死之后家人要围在死者身边恸哭，人未死时通常是禁止哭泣的。

（二）报丧

死者咽气后，家人应尽快向亲友发出报丧帖，或登门通报死讯。报丧的孝子要穿孝服戴孝帽，到了别人家不能进门。有人来迎接时，无论长幼都要叩首。

（三）入殓

入殓有“大殓”和“小殓”之分。“小殓”是指为死者穿衣服，“大殓”是指收尸入棺，汉族民间俗称为“归大屋”。民俗认为，为死者穿衣时，不要将眼泪滴到死者身上，否则以后做梦就见不到死者。在死者死后的24小时内，要由专人选择好时刻，正式将尸体移入棺中。入棺时，死者一般是头朝里脚朝外。

（四）守灵

死者家人在老人死后到正式放入棺材期间，要昼夜轮流守护在死者铺侧以示服孝，叫作“守灵”。死者入棺之后，家人守护睡卧在棺旁，也叫“困棺材”。传统当中，守灵也是表达对逝者的尊重。

（五）搁棺

因为要选择吉地安葬死者，因此，可能要停柩在家，称为“搁棺”或“停棺”。“搁棺”的风俗，在古代常见，一般要搁七天，有的要十几天甚至几个月，现今则不常见。

（六）居丧

在丧礼中，晚辈给长辈穿孝主要是为了表示孝意和哀悼。这本来是出自周礼，是儒家的礼制，后来，又被人们引申成为亡人“免罪”。男女各依其与死者关系的远近，穿孝服，戴孝帽。孝子在居丧期间（一般为一月或百日）不能理发，不能同房，不能会晤亲友、参加宴会、进寺庙等。尤其是在安葬之前，这些习俗必须严守，否则不吉。

（七）吊唁

吊唁时，与死者关系的远近不同，吊唁的礼数、方式也不同。死者子女在接到凶讯以后，首先要哭悼，然后问明死因，尽一切努力尽快上路奔丧。临到家时要“望乡而哭”，出嫁的女儿有的甚至一路哭来。到家后，先要在灵前跪叩、哭悼，直到有人安慰才停止。亲友前往吊唁时，一般都要携带礼品或礼金，并在上面挂上用毛笔书写的“某某致”字样的纸条。现在多为送花圈。

（八）接三

接三也叫“迎三”“送三”。民俗认为，若在死者去世三天灵魂离去的时候，为他请僧众念经礼忏或者放焰火救度恶鬼，就能使死者赎罪积德，进入天堂。接三时要用纸扎一些车马，以供死者上路时用。

（九）出殡

出殡又叫“出山”，要先请阴阳先生选择吉日吉时，叫作“开殃榜”。出殡之前，先要辞灵，然后是“扫材”，取“捎财起官”的意思。在传统丧礼中，出殡习俗还有扬纸钱、摆茶桌路祭等。

图6-3　农村出殡场面

（十）哭丧

哭丧是中国丧葬礼俗的一大特色。哭丧仪式贯穿在丧仪的始终，大的场面多达数次，而出殡时的哭丧仪式尤其受重视。

（十一）落葬

到达墓地后，再次整理基坑，把随葬的物品放入墓坑壁上龛内，扫去脚印，然后将棺木徐徐放下，由阴阳先生用罗盘仪矫正方向，由丧主铲土掩棺，并堆土成坟堆。

新中国成立之后提倡移风易俗，火葬的方式逐渐被人们所认可，办丧事逐渐简化，但在我国农村的一些边远地区，人们仍然还是相信所谓“入土为安”的“古训”，因此传统的丧葬形式仍然比较流行，而且办葬丧也与办婚嫁一样，形式冗繁，程序庞杂。应该看到，由于文化差异以及社会文明程度的限制，一些看似迷信的丧葬活动对于当事人仍然有着重大的情感上的意义，传统丧葬民俗的革新仍然面临巨大阻力。在社会主义新农村建设的进程中，需要进一步发挥政府的政策引导和舆论的导向作用，大力倡导适应时代发展的丧葬观念，提倡厚生薄葬，引导广大农民正确认识丧葬活动的意义，避免过分注重形式，并以此为契机树立社会主义家庭和谐文化，教育子孙后代铭记家族传承，孝敬长辈，光耀祖先。

三、生寿民俗

生寿民俗是古代礼仪习俗中非常重要的活动，它包括一个人在生命历程中进入各个不同发展阶段而举行的仪式。在民俗学中有人把它称作“通世礼仪”。

（一）诞生礼

诞生礼又称人生开端礼或童礼，是指从求子、保胎到临产、三朝、满月、百禄，直至周岁的整个阶段内的一系列礼仪。诞生礼起源于古代的“生命轮回说”，人的诞生被视为人生的第一大礼，以各种不同的礼仪来庆祝。从妇女未孕时的求子到婴儿周岁，一切礼仪都围绕着长命的主题展开。诞生礼自古就有重男轻女的倾向。

1.三朝礼

“三朝礼”是婴儿诞生礼中重要的礼仪，在婴儿诞生三天时举行，包括“添盆”和“洗三”两种礼仪。在婴儿诞生三天的时候，婴儿的长辈准备鸡蛋、花生、枣子、栗子、桂圆等象征吉祥的果子，放进婴儿洗澡的盆里；再放几枚铜钱，加一点冷水，这就叫“添盆”。“添盆”以后，就开始“洗三”：一边给婴儿洗澡，一边要说祝福的话，如“先洗头，做王侯，后洗沟，做知州”，表达对孩子将来的美好期望。

2.满月礼

满月习俗各地大体相同，主要是三件事：一是“洗儿”，即用“午时草”（端午节留下的菖蒲等干草）烧汤为婴儿洗澡。二是剃头画桃。婴儿浴后，用洁净的剃刀剃去胎发，只在囟门处留下一小撮，再由其父或其祖父用雄黄在婴儿头顶画个大桃，谓能使其聪明长寿。之后，给婴儿换上新衣，戴上饰有“福”或“寿”字的小帽，挂上“长寿锁”，抱到厅堂拜祖先、拜灶公、拜长辈、讨“挂月豆”红包。三是给亲邻小孩们分红蛋。这天产妇娘家会送来婴儿衣物及喜蛋（熟蛋壳染红）等贺礼。

3.百日礼

百日时主要有两个礼仪：一是“命名礼”，由生父携糖饼请长者为孩子取名；二是“认舅礼”，舅舅在中国民俗中处于很尊贵的地位，举行认舅礼是对外祖父家的尊重。

4.周岁礼

周岁礼又称“试儿”“抓周”，是在小儿周岁之时预测其性情、志趣、前途与职业的纪庆仪式。“抓周”那一天，要把婴儿打扮得漂漂亮亮，在他的面前放上文房四宝、书、针线、金银财宝等，让婴儿自己选择一样喜欢的东西。如果选择文房四宝或书，那么预示婴儿将来是一个读书人；如果是选择金银财宝，那么预示婴儿长大会成为商人。“抓周”这种习俗虽未必有科学依据，但表达了父母对孩子未来的美好期待，其核心是对生命延续、顺利和兴旺的祝愿，是一种具有人伦味的信仰风俗。

（二）成年礼

成年礼也叫“成丁礼”，是少年男女成为成年人的一种礼仪，标志着一个人成为成年人，可以组织家庭、要承担社会赋予他的责任。

旧时男子一般到20岁要举行“冠礼”。举行冠礼要选择吉祥的日子。冠礼结束后，男子戴上成年人的帽子，标志着已经是成年人了，可以享受成年人的权利，同时可以得到名字里的“字”。

男子成年实行“冠礼”，女子15岁的时候，则要举行“笄礼”。笄是古代女子扎头发用的簪。女子举行完“笄礼”，表示她已经成年，可以使用簪子扎头发，可以婚嫁了。

冠（笄）之礼是我国汉民族传统的成人礼仪。在历史上，它对于个体成员成长的激励和鼓舞作用非常之大。中华人民共和国成立以后，规定18岁为成人年龄。现在许多学校还集中举行成人仪式，形式虽已发生了较大变化，但仍保留了成年礼仪的精神内核。

（三）寿诞

寿诞就是诞辰纪念，俗称“过生日”，也叫“做寿”“庆寿”“贺寿”等。农村对寿诞生辰历来重视，尤其对人生经历中婴幼儿及老年两个阶段更为看重，这便形成了“庆寿诞，重两头”的传统礼俗。在成年礼、婚礼之后，人生进入了一个漫长的过渡阶段。在这个漫长的阶段，人生礼仪稀少了，只有不同年岁的寿诞礼仪。人们创造祝福长寿的礼仪，是借以寄托“健康长寿”的美好愿望。

庆贺寿诞，过去有一套传统礼仪。一是要设寿堂，点寿烛，悬挂寿幛，张灯结彩。寿星端坐寿堂，亲友晚辈依次拜寿。辈分不同，礼数有别。平辈上寿只是相互一揖，后辈子孙上寿则要跪地四拜，客人拜寿时，子孙要陪之以礼。二是上寿礼。有的送以金钱和寿面、寿糕；有的送以寿屏、寿画、寿联、寿幛、寿匾；膝下子女，多是送寿衣、寿鞋等物品。三是设寿诞酒席款待宾客。酒筵上客人频频向寿星敬酒，子孙也要向宾客恭敬回礼。设寿堂拜寿是旧时礼节，至今已不多见。其他礼俗、礼仪仍然时兴。

一个人喜逢诞辰，俗称“过生”，每过一个生日，标志着人生又增长了一岁。一般人的诞辰庆祝活动大都比较简单，办一桌丰盛的酒菜，全家人团聚共餐，以示庆贺。不管是大人、小孩，都自觉注意修口，只说吉祥语言，忌说伤人语言，老老少少尽力营造祥和欢乐的气氛。成年人过生，兴吃“长寿面”。寿面可以自备，也可以由亲友馈赠。因为我国食品中面条形状最为绵长，寿日吃，表示延年益寿，所以吃寿面流行于我国大部分地区。近年来，庆诞辰风俗有了新的演化，亲友送寿酒、蛋糕，子女于家中设宴，举家欢聚一起，为老人庆寿。“糕”是“高”的谐音，意思是祝愿过生日者“寿高长久”。

庆寿时有许多“讲究”，如今仍受人重视。如老人活到100岁时，也只能说“祝老人家99岁大寿”，因为“百年”是人寿的极限，百年之后，意味着人已死去。还有的老人在73岁或84岁庆寿时，不愿说实际岁数，一般要少说或多说1岁，因为民间有“七十三、八十四，阎王不叫自己去”的说法。这实际上与孔、孟二圣有关，因为孔子活到73岁，孟子84岁逝世，人们认为这两个岁数是人生的“关口”，连圣人都无法躲过，何况黎民百姓？庆贺寿诞的传统礼仪习俗，出自传统的人生信仰。民间信仰认为，寿命在天，数由天定。人生其他一切都可以公享，唯独寿命才是真正唯一的私有。天地有四时，人间有五福。民间所说的“五福”，即“福、禄、寿、喜、财”，寿在其中。寿诞礼仪，是理解中国人的人生观和宗教意识不可或缺的环节。

中国社会发展到今天，由于各种原因，丢失了很多可以承载民族人文品格和精神气度的传统。“礼”是中华传统文化的核心要素，是一种寓教于“美”的文明教化方式，是我们民族特有的人文传统。礼乐文化的回归，无疑会给我们庞大的民族带来屹立风雨的底气，吹来一股涤荡庸俗文化的新风。自然，古人追求的礼仪我们并不需要完全照搬。作为文明的传承者，我们需要在尊重文明传统、吸取其既有合理内涵的基础上，为传统礼仪注入新的时代精神，继承这一份珍贵的历史文化遗产，让民族传统礼仪对振奋民族精神、弘扬民族文明，发挥应有的作用。

第三节　节日民俗

一、节日民俗的概念

中华文明具有五千年的历史。在这漫长的时间里，中国人创造了很多独具特色的岁时节日民俗，既给人们的生活带来了欢乐，也体现了中国民众与自然之间、人与人之间和谐、亲密的关系。中国传统节日大多历史悠久，到了汉代，中国的主要节日，如春节、元宵、寒食、端午、七夕等都已经成熟。魏晋南北朝时期，骑射、蹴鞠等节日习俗的出现，又给节日融入了许多娱乐性的元素。唐宋时期，国家经济发达，国力强盛，人文气息浓厚，使节日真正走向了礼俗性和娱乐化，如中秋节祭祀月亮转变成了赏月，元宵节对火的崇拜转变为赏灯活动。明清时期，节日的发展演变逐渐稳定。人们在节日期间拜访亲友，互相赠送礼物，更加注重礼节性、娱乐性。

中国岁时节日民俗具有以下几方面的特点：

（一）周期性

民间节日的产生大多是根据农业生产的需要，节日活动起初也多与农业生产有关。如清明前后是播种的最佳时间；五月是“恶月”，所以，端午节的活动都与防病、除害紧密相连；十一月冬至，民间有看雪的习俗，通过对雪的观察，了解病虫害情况和收成的多少。

（二）循环性

中国节日以“年”为一个轮回，周而复始，年复一年地进行。中国最早的由“二十四节气”形成的重要节日有八个，即立春、立夏、立秋、立冬、春分、夏至、秋分、冬至。这八个节日，恰好周期性地分布在春、夏、秋、冬的四时季节之中。

（三）传承与变异的统一

节日自从产生开始就被大家所接受，而且世世代代传承下去。中国现存的节日大都具有两千年以上的历史，一些节日民俗已经被纳入国家管理制度之中，成为一种礼俗。但是，随着社会的进步和发展，节日里落后的习俗遭到淘汰，同时新的习俗进入节日。改革开放后，一些中国民间节日也呈现出中西融合的倾向。

（四）民族性与区域性的统一

中国地大物博，有55个少数民族。各民族不同的生活习惯导致中国节日数量众多，像回族的古尔邦节，蒙古族的那达慕大会，傣族的泼水节，等等。同时汉族的节日习俗里也融入了少数民族的活动，例如荡秋千、杂技等。汉族节日与少数民族的节日，共同组成了中华民族的传统节日。

二、节日民俗的主要内容

（一）春节

农历正月初一，民间叫“大年初一”，古代叫“元旦”。农历年的最后一个月叫“腊月”，古代有“腊祭”活动，是为了答谢天地神和祖先。“喝了腊八粥，就把年来数。”腊月初八过后，人们就开始忙年。家家户户扫屋清尘，除旧布新，洗涤理发，做新衣，办年货。民间过年从腊月二十三开始，一直到正月十五元宵节，大约要持续一个月。北京一带流传着“二十三，糖瓜粘；二十四，扫房日；二十五，做豆腐；二十六，去割肉；二十七，去宰鸡；二十八，白面发；二十九，满香斗；三十黑夜坐一宵；大年初一出来闹一闹”的民谣，歌词描绘了人们在年终的忙碌情形。

图6-4　春联

腊月二十三或二十四，民间有“祭灶”的习俗。灶神是每户人家最重要的神，因为他监视着人间发生的任何事情，每年都要上天向玉帝汇报这户人家的情况。祭灶的食品中有一种叫“糖瓜”的东西，据说是为了把灶神的嘴粘住，不让他在玉帝面前乱说话。

过年期间，民间有在门口挂桃符、贴门神、贴春联、挂年画、放鞭炮烟花等习俗。一年的最后一天叫“除夕”。中国人有“守岁”的风俗，就是除夕晚上不睡觉，全家恭候新年的到来。除夕的晚上，一家人围坐在一起吃一顿丰盛的“团圆饭”。春节中国人有吃年糕和饺子的食俗。年糕有“年年高”的寓意；饺子是中国北方人新年必吃的食物。每年除夕晚上十二点的时候，人们就开始把包好的饺子投进锅里，这是新年的第一顿饭，寄托了人们对新年美好的愿望。除夕之夜，中国大地上鞭炮声不断。晚辈要先给长辈拜年，祝长辈长寿安康；长辈会将事先准备好的压岁钱分给晚辈。据说压岁钱可以压住邪祟，因为“岁”与“祟”谐音。晚辈得到压岁钱就可以平平安安度过一岁。现在长辈为晚辈分送压岁钱的习俗仍然盛行。

大年初一，人们都早早起来，穿上漂亮衣服，出门去走亲访友，相互拜年，恭祝来年大吉大利。春节期间娱乐活动丰富多彩，有舞龙舞狮、放花炮、踩高跷等等。春节是中华民族第一大节日，全世界的华人在这一天都会举行各种庆祝活动。春节展示了中华民族独特的文化魅力，也是中华民族团结的象征。

（二）元宵节

农历正月十五是中国传统的元宵节，又叫“灯节”。关于元宵节的起源，有很多种说法。一般认为元宵节与宗教活动有关。还有传说认为，汉朝的第一个皇帝汉高祖死后，他的妻子吕后叛乱，后来汉文帝在正月十五这一天平定了这场叛乱，为了庆祝胜利，每年的这天晚上，他都要出宫游玩观灯，“与民同乐”。

元宵节的两个最主要的活动就是看花灯和吃元宵。正月十五闹花灯的习俗从汉代开始，到隋唐时期达到鼎盛阶段。元宵节那天，人们带着假面具，表演杂技，在一起狂欢，俗称“耍百戏”。元宵花灯的历史非常悠久，而且花灯的制作和形式也不断变化发展。现在的元宵灯会规模越来越大，彩灯越来越精美，如上海豫园灯节、济南趵突泉灯会等，特别是中国东北地区利用自然条件制作的冰灯更是异彩纷呈。“猜灯谜”也是元宵节的一项传统活动，这一习俗最早出现在宋代，另外还有舞龙、舞狮等表演。元宵节还要吃元宵（南方叫“汤圆”），祈求团圆和平安。

图6-5　济南趵突泉灯会

（三）清明节

“清明时节雨纷纷，路上行人欲断魂。”这是唐代诗人杜牧《清明》里的两句诗。清明节是中国传统节日中唯一以节气命名的节日。清明即天清地明之意，有祭祖扫墓和踏青的习俗。扫墓习俗，在中国西周时期就已经产生。古时有"寒食上墓"的习俗，因寒食与清明相接，后来就传为清明扫墓。清明这一天，人们要携带酒食果品、纸钱等物品到墓地，将食物供祭在亲人墓前，再将纸钱焚化，为坟墓培上新土，折几根嫩绿的树枝插在坟上，然后叩头行礼祭拜。祭毕，席地而坐，薄暮而还。如今民间依旧保留着这种传统。

扫墓祭坟的习俗缘于中国人以家庭为中心的传统观念，体现了浓浓的亲情。郊游踏青的习俗，则表现了中国人对美好大自然的热爱。

清明还有插柳的习俗。俗信柳枝具有辟邪的作用。踏青归来的人们，尤其是妇女，把柳条编成精巧的圈儿插在鬓上表示青春常在。另外，"柳"与"留"谐音，因此在古代折柳相赠十分流行，表示不忍相别、恋恋不舍之意。杨柳是春天的标志，给人以欣欣向荣之意，折柳赠别就蕴含着春常在的祝愿。荡秋千也是清明节的习俗。秋千始于唐代，最早叫"千秋"，后为避讳改为"秋千"，至今依然是人们、特别是儿童所喜爱的一种娱乐活动。清明还有放风筝的习俗。过去人们把风筝放上蓝天后，便剪断牵线，任凭风把风筝吹向四方，据说这样能除病消灾。

（四）端午节

农历五月初五为端午节，又叫端阳节、重五、五月节、夏节等。端午节的来历，也有很多说法。据闻一多先生考证，端午节的起源比屈原早很多。端午节最主要的两个活动竞渡和吃粽子都跟龙有关，因而端午节是古代吴越民族——一个以龙为图腾的民族举行的节日。但现在最为流行的看法，认为端午节是纪念屈原的日子。相传屈原投汨罗江殉难是在农历五月初五，因此人们在这一天举行竞渡并吃粽子来纪念他。

图6-6 粽子

也有人认为，端午节起源于夏至。夏至在农历五月，民间俗信认为五月是"恶月"，五月初五被古人看作是最不吉利的日子。因此，端午节的不少习俗与辟邪、驱病、祈求健康平安有关，如在端午这一天，把艾草和菖蒲挂在家门口辟邪，祈求家庭的安宁；或佩戴"五色丝"等饰品避瘟驱邪；还有喝菖蒲酒和雄黄酒等药酒的习俗。端午节最重要的习俗是吃粽子、赛龙舟，山东各地还有吃艾叶煮鸡蛋的习俗。粽子是夏至的食品，人们用菰叶把糯米包起来，因为有角，古代也叫"角黍"。传说粽子的产生是因为屈原跳江以后，当地的百姓为了让水里的鱼虾和龙不吃屈原的尸体，就把米装在竹筒中，投到江中。但实际上粽子产生于更早以前的古代祭水神习俗。赛龙舟的习俗，据说是屈原跳江以后，当地的老百姓纷纷划着自己家的小船去救他，后来就演变成了龙舟比赛。

端午节是一个体现中国人传统观念，促进社会团结的重要节日，而且体现了中国人的智慧。

（五）七夕

七夕，指的是农历七月初七的夜晚。七夕来源于古老的牛郎织女的故事。相传，在每年的这个夜晚，是天上织女与牛郎在鹊桥相会之时，故亦称双星节、情人节。七夕作为节日始于汉代。七夕节最普遍的习俗，是妇女们在七月初七的夜晚进行的各种乞巧活动。

所谓乞巧，就是在七夕之夜，女孩子们打扫干净院子，在院中茶几上摆上水果一类的东西，拿出彩色丝线来穿针。对着一轮弯月，尽量防止风吹，或者一连穿两根针，或者连穿七根针，如果办到了，就是"巧"，即求得了心灵手巧。谁穿得快，谁乞得的巧就多，故称乞巧。七夕作为一个传统节日，其原有的不少习俗活动已弱化或消失。唯有象征忠贞爱情的牛郎织女的传说，一直流传在民间。

（六）中秋节

中秋节是中国传统节日中的第二大节日。由于中秋节在农历的八月十五，所以也叫"八月节"。为什么叫作"中秋"呢？按古代历法的解释是：农历八月居秋天（七月、八月、九月）之中；八月十五日又在八月中间，所以叫中秋节。中秋之夜，月亮最亮、最圆，月色也最娇美。中国人把月圆看作是团圆的象征，因而也称八月十五为"团圆节"。中秋之所以成为佳节，与"嫦娥奔月"的美丽传说有关。而中秋节真正成为节日是在宋代。明清时期，中秋节逐渐成为和春

图6–7　中秋月饼

节一样重要的传统节日。

中秋节举行的活动有祭祀月亮和祈求丰收。从唐代开始，中秋节逐渐成为人们赏月的节日，中国文学里也产生了大量描写中秋月色的文学作品。明清之后，社会生活中的现实功利因素突出，岁时节日中世俗的情趣更加浓厚，以“赏月”为中心的抒情性与神话性的文人传统减弱，“民间拜月”成为人们渴望团聚、康乐和幸福的形式。家人团聚是中秋节最重要的活动。中国人有着浓厚的家族观念，重视亲情。团圆，对每个中国人来说，具有十分重要的意义。在中秋节这一天，人们都要吃月饼以示“团圆”。月饼又称团圆饼，象征吉祥和团圆，因此，它成为中秋节最主要的食品。月饼在宋代就已经产生，到明代成为中秋节的重要食品。后来，月饼逐渐发展，形成了各种不同的风格，有京式月饼、广式月饼、苏式月饼等。

（七）重阳节

农历的九月初九是中国传统的“重阳节”。“九”这个数字在我国古代被人们认为是阳数，九月九日这天，月、日都是九，阳数重合，于是人们就把这天叫作重阳。在重阳节，古人有登高、插茱萸、喝菊花酒的习俗。民间传统观念认为，两九重合是个不好的日子，所以，人们要“登高”“插茱萸”来消除这一天的厄运。每年重阳节的时候，有些地方的人还把家畜赶到外面。重阳节登高，传说中是为了躲避灾难，但实际上也是为了欣赏秋天的美丽景色。

九月又叫作“菊月”“菊节”，所以重阳赏菊、喝菊花酒是必不可少的节日活动。有些地方还有佩戴菊花或吃重阳糕的习俗。重阳糕又叫“花糕”“菊糕”。在这一天，女儿要回娘家送重阳糕，人们也相互赠送重阳糕。“糕”和“高”发音相同，因此人们用吃重阳糕来暗示重阳节“登高”的习俗。

1989年，中国政府正式确定九月初九为敬老节，从此登高望远和尊敬老人一起成为重阳节的两大传统。

第四节　生产民俗

生产民俗是在各种物质生产活动中产生和遵循的民俗。这类民俗伴随着物质生产的进行，多方面反映着人们的民俗观念，在历史上对保证生产的顺利进行起过一定的作用。

我国的生产民俗，大体可分为农业民俗、牧业民俗、渔业民俗、林业民俗、商贸民俗、江湖习俗等。中国是一个传统农业国家，中国人口中百分之八十是农民，早熟和发达的农业文明孕育了丰富多彩的农业生产民俗。虽然如今中国农村的城市化速度很快，但几千年的农业文化传统，根深蒂固地烙在了中国人的心灵深处。另外，中国数量众多的江河湖海、森林草原资源，也滋生了丰富多彩的渔业民俗和林业民俗。我国社会虽然没有经历过资本主义阶段，但以农耕社会为背景发展起来的城镇商业活动，也孕育了诸多商贸民俗。

一、农业生产民俗

农业民俗是伴随着古代农业经济活动而产生的文化现象。它具有农业生产的季节性和周期性特点，是农民在长期的观察和生产实践中逐步形成的文化产物，既是生产经验的总结，又是指导生产的手段，具有明显的传承性。中国农业生产民俗内容丰富，历史悠久，影响深远。不少农业生产民俗，今天依然在不同程度地发挥着作用。中国农业民俗最具特色的内容是农历、农事和农谚等。农历是中国特有的一种历法；农事是指农业生产中的各项工作；农谚是用简单通俗的话语反映农业生产方面的深刻道理。

（一）农历

农历不同于一般的阴历和阳历，是一种阴阳合历，同时考虑了太阳运动和月亮运动的规律，通过增加闰月来调节阴历和阳历的年长度的历法。相传农历创始于夏代，一直沿用至今，如今中国的重要民俗节日都是农历节日。农历的特点是既能反映月亮的圆缺消长，又能反映季节的寒暑变化。农历还有一个最大的特点，就是运用“二十四节气”。

节气是中国农民根据月初、月中的月亮运行位置和天气以及动植物生长等自然现象之间的关系，把一年平分为二十四等份并给每等份取名，这就是“二十四节气”。二十四个节气事实上也就是表示地球在公转轨道上二十四个不同的位置。一年四季的顺序是：

立春、雨水、惊蛰、春分、清明、谷雨；

立夏、小满、芒种、夏至、小暑、大暑；

立秋、处暑、白露、秋分、寒露、霜降；

立冬、小雪、大雪、冬至、小寒、大寒。

二十四节气的名称有的表示季节变化，有的表示气温变化，有的表示降水降雪情况，有的说明作物生长的情况。其中四个“立”表示季节的开始；两个“分”和两个“至”是季节更换的转折点；小暑、大暑、处暑与小寒、大寒表明一年中最热、最冷时期的出现；白露、寒露、霜降反映气温下降的过程与程度；雨水、谷雨、小雪、大雪反映降雨降雪的程度；惊蛰、清明、小满、芒种反映季节和农作物的生长态势。民间还将二十四节气编成歌谣：

春雨惊春清谷天，夏满芒夏暑相连；

秋处露秋寒霜降，冬雪雪冬小大寒。

在这首节气歌中，每句除一两个字外，其余每一个字都代表一个节气。俗话说“种田看节气”，中国农民一直以来都按照二十四节气来安排农活，这也是农历一直保留至今的主要原因。

（二）农事

在中国这个农业大国中，农业生产民俗不仅历史悠久，内容和表现形态也丰富多彩，这主要表现在信天由人的自然农业习俗特点：

1.农业生产完全按时序节令来安排

现在提到的春耕夏种秋收冬藏，其实都是农业生产按时序节令长期因循而形成的。人们常说的“季节不等人”，表达的就是农事不能违背时序节令这个季节规律。农业生产有很强的周期性。“九九加一九，老牛遍地走。”北方传统的农业习俗，是九九之后开始农耕生产。按节日说，是二月二龙抬头前后；按节气说，是惊蛰到春分之间。“谷雨前后，种瓜种豆。”随后，便是以锄草、灭虫为主的田间管理。“三夏”包括夏收、夏种和夏季田间管理。秋收秋种则是一年中最忙的季节。秋种作物一般是冬小麦。过去，冬小麦种植完后就标志着一年农事的结束，乡村进入农闲时节。不过随着现代农业和科学技术的发展，这种局面在逐步得到改变，大棚种植、无土栽培等农业新科技的推广，使农业生产依循季节而变的传统，发生了微妙的变化。

2.占卜天象以预测农事

在生产力不发达、科学技术落后的时代，人们对臆想中的自然力怀着敬畏的感情，认为农业生产的丰歉与超自然力相关，所以，希望借助超自然的神灵来实现风调雨顺、农业丰收的愿望。比如有的地方忌正月和二月打雷，忌十月响雷，怕来年流行灾疫；也有的地方立秋忌无雨，认为该日雷鸣下雨则预示丰收，有所谓“雷动秋，狗儿猫儿不吃粥”的俗语。在江浙一带，还有“端午无雨是丰年，芒种无雨空种田。立秋无雨千人愁，万物从此欠丰收”等说法。这些习俗既是人们在长期的生产过程中形成的经验总结，同时也是人们遵循天地变化规律来预测农事的写照。

3.农事禁忌带着浓郁的迷信色彩

中国人一直认为农业是立国之本，所以，农事活动中有不少禁忌，使农事活动带上了仪式性、神秘性的特点。选种、下种、收割，包括农业养殖活动中，都有不少禁忌。如过去浙江武义地区的农民认为：育秧时挑谷种出去若遇到女人，是很不吉利的事情，须回头重挑一遍。江苏盐城地区请人插秧的“插秧饭”，必须八大碗一起上桌后开饭，要是像酒宴似的一碗一碗地上菜则预示今年收成不好。这些农事禁忌随着中国农业的发展，农业现代化的实现，在不少地区已经逐渐消失。

4.欢庆丰收活动频繁

古代农民基本靠天吃饭，农业生产受自然、气候等因素的影响很大，所以，丰收以后人们就要真诚感谢天地神灵的赐福，最终形成了一系列节日性的庆贺活动。这些庆贺或祭祀活动，又往往和春节、元宵、中秋等节日活动融合在一起，自然形成了来源于劳动实践并具有文娱性质的民俗文化。

（三）农谚

农民重视自然力在农业生产中的重要作用，创作了很多跟生产有密切关系的耕种、气象或节气类谚语，统称为农谚。农谚是历代农民对气象观测和耕作经验的总结，虽然不是条条应验，也有较大的可靠性与实用性，对从事农业生产有很大的参考作用。如：

图6-8　农田送粪

庄稼一枝花，全靠肥当家。

有虫治，无虫防，丰收先保苗健康。

要想丰收没有巧，一苗二肥三除草。

六月六，看谷秀。

春打六九头，耕牛满地走。

日没胭脂红，无雨即是风；日出胭脂红，有雨不到中。天上钩钩云，地下雨淋淋。

二、渔业生产民俗

我国有漫长的海岸线，还有众多的岛屿、河流、湖泊，居住在这些地域的居民形成了独特的渔业民俗文化。今天，渔业生产的器具和技术有了很大的改善，但许多当年的渔业民俗依然深深地扎根在渔民的心里，特别是对渔民的一些行为规范，至今还有着很大的影响。

（一）海上占验习俗

渔业生产伴随着鱼汛的季节和周期规律性进行，渔业民俗既反映了鱼汛起落的特点，又描绘了渔区江河湖海气候变化的情况，这部分民俗也就主要表现为“占天”（看风雨）、“占云”（看阴晴）、“占风”（看潮汛）、“占日”（看晴风）、“占雾”（看雾雷）、“占潮”（看水势）等。

沿海的渔民捕鱼前要占验天气，尤其是出海捕鱼时，显得更为重要。山东沿海渔民有供奉龙王、海神娘娘之俗。每逢节日和出海前，渔民摆设供品，焚香烧纸，祈求平安。新船下坞，船主择“黄道吉日”，船头披彩，船桅挂旗，设供品，点蜡烛，焚香纸，鸣鞭炮，行大礼，用朱砂笔为新船点睛、开光，高呼“波静风顺”“百事大吉”，送船入海。出海捕鱼前，举行祭祀，鸣鞭炮，焚香烧纸，敲锣打鼓，祈求平安。每逢初一、十五，渔民家属到海边为亲人祈祷、祝福。渔船满载归来时，于船桅挂“布挑子”，向乡亲报喜。浙江舟山渔民则在大船上供奉关菩萨，小船上供奉圣姑娘娘。关菩萨传说是三国时的关云长，圣姑娘娘则是宋朝的寇承女。关菩萨老爷旁还供有两个木头神像，一个叫“顺风耳”，另一个叫“千里眼”。供奉这些神灵的主要原因是海上作业危险性大，天气变化无常，人们无法掌握自己的命运，便将一切都托给神灵。

（二）禁忌习俗

渔业的禁忌习俗较多，涉及语言和行动两个方面。在船只出航时，渔民最忌讳的字眼是翻、沉、破、散等。不仅限于上述字，就连这些字的谐音字也不能讲。他们认为这些字眼对行船不吉利。若是不得不说也要使用隐语。在行动上，他们忌讳打翻东西，掉落筷子，忌讳晒在沙滩上的渔网被人跨过等。出

图6-9 渔船出海

海这一天人们不能吵架，也不能讲不吉利的话，否则要受处罚。

渔民的各种习俗，都是基于现实功用目的和信仰等因素而形成的。其中有些是生产生活经验的总结，有些是缺乏科学知识的迷信行为。随着现代渔业生产技术的进步，许多旧的生产习俗正在消亡，科学的生产观念正逐步形成。

三、商贸民俗

中国传统商贸业并不发达，但中国的商贸民俗却十分丰富。这些商贸民俗同样是中国民俗的一个组成部分，是带有中国特色的手工艺人、商人的精神生活的反映。

（一）手工艺人

手工艺人，民间俗称为“匠人”，技术高明者被称为“能工巧匠”。民间手工各行业的祖师爷都有各自的由来、传说，而有了祖师爷便有师祖的崇拜。人们不仅修筑鲁班庙、老君堂、药王庙等进行祭拜，而且在行业之内还有各种祖师爷生辰祭日的祭祀。各行手工艺都是特殊的工种，需要特殊的技能和特殊的训练，因此形成了手工艺民俗的以下特征：

1.讲究师承关系

手工业都是需要特殊技能的职业，需要有名师指点。手工业工匠们的技艺传承，总是通过收徒授艺、言传身教的办法来实现。“拜师”成为学艺的重要前提，不拜师就难以学艺，当然也就不会取得大的成就。一般而言，工匠们的师承关系都有很强的谱系性，师徒关系亲缘化。徒弟拜师入行必须有保人介绍，师傅、家长、本人三方商定，举行拜师仪式，在祖师爷前立了规矩，才算正式收徒。工匠艺徒大都来自农村，多为师傅家族成员或亲戚，或者来自同一地域等，从而形成了地区性行业趋势。

2.严格封锁技术

由于讲究师徒传承，技术只在师徒间传授，对于非师徒关系的人员则严格保密。有些绝活还形成了传男不传女的规矩，使行业传承的范围更加狭小。在师承制度上，传统的师徒关系是一种终生信誉关系。加上各行各业之间本身存在的竞争，手工艺同行之间的技术封锁，就显得更加严格。某种手艺有了名气以后，技术传授上保密，禁止外人模仿。如祖传秘方“只此一家别无分店”之类的说法，至今还常常能听到见到。这种技术封锁在一定程度上阻碍了地区手工业的发展。

3.生产活动具有神秘性

手工艺生产的特点和特殊性，使各种手工艺者的门户观念非常强。工匠的行业习俗具有祖师崇拜的特点。手艺人虽然身在江湖，背井离乡，但是通过祖师信仰形成彼此认同。例如木匠、瓦匠、泥匠、石匠的祖师是鲁班，铁匠、铜匠、银匠、锡匠的祖师是太上老君。工匠集团对内论尊卑，讲诚信；对外讲交情，重义气。封建社会里工匠集团之间也有竞争和矛盾，相互设防，行规森严。另外，他们为了求得自身的安全、维护自己的合法利益，生产活动常常显得很秘密，带有一定的神秘性。行业中有许多禁忌和特殊的行话，依照禁忌，形成攻守同盟。

数千年来，各行各业的工匠代代相传，在生产技艺方面精益求精，在技术传授方面讲究师承，且有各自不同的行话和禁忌，形成了很有特色的手工业民俗。

（二）商人

按照经营方式的不同，中国商人可以分为行商、坐商、客商等。

1.行商

民间的行商一般有两种形式：一种是资金雄厚、进行长途跋涉大宗交易的商队，像历史上来往于丝绸之路上的骆驼商队、云贵高原的马帮等；另一种是小本经营的小贩，他们身背肩挑上山下乡，走街串巷赚取薄利以养家糊口。著名的如浙江永康的小五金货郎担，义乌的鸡毛换糖等，都是历史久远的行商小商贩。这种行商随着商品经济的发展，现在已基本上退出了历史舞台。

2.坐商

这是一种有固定营业场所的商业行为。唐代之前城市中的“肆”，可视作是坐商的前身。到了宋代，坊市制度有了重大改变，城市中有了固定的经营者，这就是现在常见的商店。坐商一般集中在居民区和大城镇，大都有固定的消费者。坐商除了特别重视店名之外，一个非常重要的标志就是在店门口按经营内容，悬挂招幌，俗称“幌子”。

3.客商

一般而言，客商是指客居异乡的商人，如晋商、徽商等等。晋商，即山西商人。明清时期中原一带晋商十分活跃，甚至日本的神户、大阪、长崎，韩国的仁川，都曾留下他们的踪迹。晋商行商在外，不仅大大促进了黄河流域和所在地区的经济发展，而且有些风俗对中原文化与各地的文化交流也起到了促进作用。徽商，即徽州商人。明代中叶以后至清乾隆末年的三百多年，是徽商发展的黄金时代，无论营业人数、活动范围、经营行业与资本，都居全国各商人集团的首位。

鲁商，即山东籍从事商业营销活动的商人的通称。鲁商也是中国历史上兴起较早的商帮，并与徽商、晋商、浙商、粤商一起，被公认为中国五大著名商帮。从营销的地域上来看，它可以分成山东省辖区内的本省商人和在省外的山东籍商人两部分。鲁商构成了我国古代商业文化的一个重要组成部分。

第五节　生活民俗

生活习俗是包含最广的民间习俗，包括饮食民俗、服饰民俗、居住民俗等。它最先是以满足生理需要为目的的，随着社会的发展和社会分工的细化，加之等级身份的严格化、生产条件的差异、人生仪礼的繁复，以及宗教信仰、审美观点、政治观念、社会心理的差异等，各地区、各民族生活民俗也日趋多样化、复杂化。它所满足的不仅是生理的需要，同时也包含安全的需要、社会的需要、审美的需要和自我实现的需要等，在日常的衣、食、住、行中体现出文化的内涵。

一、饮食民俗

饮食民俗包括饮和食两个方面的习惯。中国饮食的特点向来有主食、副食之分，而且与岁时节日结合非常密切。

我国是一个多民族的国家，各民族之间，存在着地理环境、自然条件和宗教信仰等各方面的差异，因此形成了各自不同的饮食习惯，具体表现为南北、海陆、省际、民族间的差异，这就使中国的饮食文化表现得丰富多彩。

（一）主食

我国北方适宜种植小麦，所以一般都以面食为主食；而在相对湿润的南方，适合种植水稻，所以人们多以米饭为主食。

1.面食

北方人的面食各地有各自的特色，但主要包括以下几种：馒头、面条、包子、饺子、烙饼、油条等。

馒头，又称馍馍。相传三国时期，蜀国常受蛮洞主的骚扰袭击。为解后患，辅佐刘备的诸葛亮带军队去征伐孟获。蜀军向南征伐，必须渡过泸水一带。那一带人迹罕至，瘴气很重而且泸水有毒。诸葛亮手下有人提出只有杀死“南蛮”俘虏，用他们的头去祭祀泸水河神才能让蜀军安全渡河。诸葛亮主张以仁义收服孟获，不同意用俘虏的人头祭祀泸水的方法，于是他就用面粉和碱面，捏成人头模样蒸熟，当作祭品，来代替“蛮头”去祭祀河神。后来，“蛮”被改为“馒”，这种用面做成的食品便流传开来，并逐渐发展成为北方人民的主食。

2.米食

南方的米食主要有米饭、糯米饭、竹筒饭等多种，其中粽子是流传较为广泛而有特色的食品。

粽子，又称角黍、黏黍、筒粽等。关于粽子的来源，民间传说是农历五月初五屈原投江后，楚国百姓驾着船，把饭装到竹筒里，投到江中来纪念这位伟大的诗人。粽子不仅有这样的起源之说，古时人们吃粽子的程序也很别致，吃以前先做游戏，比赛看谁解下的粽叶长，长的为赢方。因此，又有人把端午节叫作“解粽节”。

粽子的种类有很多，从用料上看，大体可以分为三类：一是纯米粽子，二是馅米粽子，三是夹果粽子。从味道上分，又有咸味和甜味两种。所谓咸粽子是指糯米中裹以火腿、鲜猪肉、鸡蛋等，又有“南味粽子”之称；甜味粽子主要指的是糯米中裹以莲子、豆沙、小枣等，又称为“北方粽子”。从形状上分，南味粽子“四角尖尖草缚腰”，多为四角形；而北方粽子则为三角形。

（二）中国地方菜系

中国是一个餐饮文化大国，长期以来在某一地区由于受地理环境、气候物产、文化传统以及民族习俗等因素的影响，形成有一定亲缘承袭关系、菜点风味相近、知名度较高，并为群众喜爱的地方风味且形成流派，称为“菜系”。其中，最著名的是鲁、川、粤、苏、浙、闽、湘、徽等菜系，即人们常说的中国“八大菜系”。

1.鲁菜

作为八大菜系之首，鲁菜的形成和发展与山东地区的文化历史、地理环境、经济条件和习俗有关。由济南菜、胶东菜、孔府菜三大地方菜组成的鲁菜讲究调味纯正，口味偏于咸鲜，具有鲜嫩香浓的特色，常用的烹调技法有30多种，尤其擅长爆、扒，知名菜品有糖醋鲤鱼、九转大肠、红烧海螺、德州扒鸡等。特别是孔府菜用料精广，体现了孔夫子“食不厌精，脍不厌细”的美食理论。

图6-10　糖醋黄河鲤鱼

2.川菜

有“天府之国”美誉的四川，以其得天独厚的物产条件形成了中国主要菜系之一的川菜。正宗川菜以重庆和四川成都、乐山、自贡等地的菜肴为代表。川菜讲究色香味形，尤以“味”的多、广、厚著称，以辣、酸、麻脍炙人口，形成了独特的风味，享有“食在中国，味在四川”的美誉。其烹调方法擅长于烤、烧、干煸、蒸。代表菜肴品种有麻婆豆腐、夫妻肺片、赖汤圆、担担面等。

图6-11　麻婆豆腐

3.粤菜

粤菜系由广州菜、潮州菜、东江菜三种地方风味组成，起步较晚而影响极大。世界各国的中餐馆，多数以粤菜为主。粤菜涉及地域最广，用料庞杂，选料精细，技艺精良，善于变化，其烹调擅长煎、炸、烩、炖、煸等，风味讲究鲜、嫩、爽、滑，夏秋力求清淡，冬春偏重浓郁，著名菜品有鸡烩蛇、龙虎斗、烤乳猪、艇仔粥等。

图6-12　烤乳猪

4.苏菜

苏菜又称“淮扬菜”，是由苏州、扬州、淮安、南京等地菜肴为代表而构成的，素有“东南第一佳味，天下之至美”的美誉。我国许多标志性事件的宴会，如1949年开国大典的盛宴，就是以淮扬菜唱主角。其特点是鲜香酥烂，浓而不腻，口味平和，咸中带甜。其烹调技艺以擅长炖、焖、烧、煨、炒而著称。烹调时用料严谨，注重配色，讲究造型，四季有别。苏菜著名的菜肴品种有清炖蟹粉狮子头、大煮干丝、松鼠鳜鱼、三套鸭等。

图6-13　松鼠鳜鱼

5.浙菜

浙菜即浙江菜系，是以杭州、宁波、绍兴、温州等地的菜肴为代表发展而成的。其特点是鲜嫩软滑，香醇绵糯，清爽不腻。浙菜中不少名菜来自民间，制作精细，变化较多。烹调技法擅长于炒、炸、烩、溜、蒸、烧。浙菜久负盛名的菜肴有西湖醋鱼、龙井虾仁、油焖春笋、西湖莼菜汤等。

图6-14　龙井虾仁

6.闽菜

闽菜又称福建菜，是以福州、泉州、厦门等地的菜肴为代表发展起来的。其特点一是长于红糟调味，二是长于制汤，三是长于使用糖醋。闽菜色调美观，滋味清鲜，烹调方法擅长于炒、溜、煎、煨，尤以“糟”最具特色，著名菜品有佛跳墙、醉糟鸡、太极明虾、荔枝肉等。

图6-15　佛跳墙

7.湘菜

湘菜系即湖南菜，是由湘江流域、洞庭湖地区和湘西山区等地方菜发展而成的。其制作精细，用料广泛，品种繁多，特色是油多、色浓，讲究实惠。在品味上注重香酥、酸辣、软嫩。湘西菜擅长香酸辣，具有浓郁的山乡风味。湘菜烹调方法擅长腊、熏、煨、蒸、炖、炸、炒，其著名菜肴品种有剁椒鱼头、腊味合蒸、冰糖湘莲、湘西酸肉等。

8.徽菜

徽菜又叫“皖菜”，是以沿江、沿淮、皖南三地区的地方菜为代表构成的。其特点是就地取材，以鲜制胜，讲究火功，重油重色，味道醇厚，保持原汁原味。徽菜以烹制山珍野味而闻名，其烹调方法擅长于烧、焖、炖。著名的菜肴品种有符离集烧鸡、无为熏鸭、云雾肉、火腿炖鞭笋等。

二、服饰民俗

（一）服饰概述

服装一开始是为了御寒保暖、遮羞和防止野兽的侵袭，之后才逐步产生了审美观念，才在服装上配以饰品，形成服饰。服饰的产生和服饰民俗的形成与人类居住的环境，人们的生产、生活方式及文化传统关系密切。寒带地区的服装比之热带地区的服装要更复杂一些。

服饰民俗的内容复杂，不同的服饰款式，在不同的地区、民族和个人，体现出不同的含义，这就形成了不同的类型，并由此形成不同的服饰民俗。我国有56个民族，各民族服饰各异。但是，无论服饰的样式及民俗多么复杂，最原始的样式也只有“围”“披”“套”三种简单的形式。“围”即将兽皮或布围在腰部，后发展成裙；“披”即将兽皮或布披于肩背，后发展成为披肩、斗篷。“套”是开洞套头的整片衣服。人们发明了针线和缝合技术以后，才发明了制袖、裤等筒状衣物。具体到分布于人体的各个部位的衣着，服饰可分为头衣、体衣、足衣和装饰四大部分。

1.头衣

头衣是古称谓，相当于现在的帽子、头巾。我国古代贵族与平民的头衣区别十分严格，一般贵族戴冠、弁、冕，平民戴帻。男子二十岁行加冠礼，表示从此成人。

2.体衣

体衣包括平常所说的上衣和下衣。上衣有长短之分，长及腰者为短襦。将上衣与下衣连为一体，长及踝部者，称为深衣。短衣为平民所穿，统治阶级以深衣为常服。上衣由衣领、衣襟、后身、衣袖、腰带等构成。衣领常见的是交领，另一种是直领。衣襟，又称衽。古代将衣襟向左掩的称左衽，认为是异服，即蛮夷之服，而右衽则是汉族服装始终保留的特点。此外，在汉族及少数民族地区，还流行对襟上衣。衣袖是上衣的主要部件。古代流行长而宽大的衣袖，宗教法衣及藏族长袍和衬衣保持了这种古老衣袖的特色。

下衣，古代有裳、绔。裳指裙子，古代男女皆可穿用。绔，即今之裤子。古代的绔，无前后裆，只有两条裤筒。还有短裤，古人称犊鼻裤。

3.足衣

足衣指鞋袜。鞋，古人曰履，今曰鞋。木制的鞋称为木履。穿鞋之前还要穿袜子或用布包脚。

4.装饰

装饰可分为头饰、衣饰及鞋饰。头饰除发型变化外，还佩戴各种首饰，如插花戴簪，戴耳环等。头饰除美观外，还有特定的含义。衣饰，一般是在领口、袖口、襟沿、下摆加边。腰带制作讲究，除可系扎上衣外，还可佩戴各种饰物。鞋的装饰主要是在鞋面上绣以各种花卉和图案，既美观，又实用。

（二）服饰民俗的文化特征

服饰是人类特有的劳动成果，它既是物质文明的结晶，又具精神文明的含义。服饰的作用不仅在实用、遮身，更具有文化和美化的功能。人们将其审美情趣、色彩爱好，以及种种文化心态、宗教观念，沉淀于服饰之中，形成了服饰民俗。

在服饰民俗中，服饰的颜色、样式、制作方法都有许多禁忌。如子女在服孝期间不能穿红、黄、绿等鲜艳色彩的服装，只能穿白、灰、黑等素色；婚嫁、生育、过年等喜庆日子则忌穿白、黑等素色；衣服的下摆忌有毛边，带毛边的是丧服，穿了不吉利。在民间，许多习俗中都认为双数吉利，衣服扣子却喜单忌双，说是“四六不成才”，双数会影响穿衣人事业的成功。衣服破了或掉了扣子，忌穿在身上缝补。男人还忌从晾晒的女人衣裤下走过，说这会妨碍男人运气，实际上是轻视妇女的一种表现。有的禁忌与谐音有关，如做寿衣忌用缎子，“缎”与“断”同音，恐断子绝孙。

服饰既是人们生活的必需品，服饰民俗又体现着人们的社会文化观念，并且在每一个时代都具有不同的特点。从服饰的演变中可以看出历史的变迁、经济的发展和中国文化审美意识的嬗变。无论是商朝的“威严庄重”、周朝的“秩序井然”、汉朝的“凝重”，还是六朝的“清瘦”、唐代的“丰满华丽”、宋代的“理性美”、元代的“粗壮豪放”、明代的“敦厚繁丽”、清代的“纤巧”，无不体现出中国古人的审美设计倾向和思想内涵。

图6-16　商周服饰

图6-17　隋唐服饰

中国古代服饰礼仪最突出的文化特征，就是服饰已不仅仅是服饰，而成为中国礼制社会的一种标志。历史地看中国古代服饰礼仪，已成为中国传统文化不可缺少的一种形态。时至今日，我国各民族的传统服饰与现代服饰相互交融，交相辉映，仍是异彩纷呈。现在服饰变化的趋势是沿着简单、大方、时尚、美观的道路演变，作为等级观念、政治载体的含义日趋减少，更加注重个性化和适应时代的审美潮流。

三、居住民俗

中国几千年文明史体现在房屋建设方面，无论是皇家建筑、贵族庭院、富贾豪宅，还是民间房舍，都昭显着深厚的文化底蕴，并与鬼斧神工的自然景观相结合，造就了独一无二的园林艺术。

（一）影响中国民居建造的因素

中国地域辽阔，民族众多，影响民居建造的因素也多种多样。

1.气候与地形

东北地区属于冷湿性季风气候，冬季寒冷而漫长，有的地方长达8个月，积雪时间较长，最厚达50厘米。所以，东北的民居普遍比较低矮，窗户开得也小。在大雪的覆盖下，东北的民居就像一首凝重的乐曲。而西南则为亚热带季风气候，气温高，雨水丰，夏热冬干，冬短夏长，雨热同季，大部分地区长年无雪。所以，西南的民居普遍较高，宽敞，通风性能良好，光线充足。观赏西南地区的民居，就像欣赏一首清新舒缓的民乐。

地形的差异也使中国民居演奏出不同的曲调。山区地形复杂，有的民居建在山脚，依山傍水；有的在山腰，依山势而建，显得自然和谐。平原地势平坦，村庄规划整齐有序。

2.构造材料和方法

山区的房屋多用木材建造，像侗族、土家族的吊脚楼等。在云南西双版纳，竹子成了傣族人建房子的唯一材料。那一幢幢高低不一的屋顶起伏绵延，像一个个灵动的音符。汉族民居以土筑或砖砌为主，木材只做梁、门、窗等。那砖瓦、琉璃构造得错落有致、钩心斗角，演奏着让人心魄悸动的乐曲。

3.防御要求

先民们为了防止盗匪的袭扰，除了有时把房屋建在地势险要处之外，在房屋的构造上也费尽了心思。福建的客家土楼，之所以开始时建成方形，后来又改为八角形、圆形，是因为圆形的房屋没有死角，便于观察各个方向的来敌。站在高处鸟瞰客家土楼，那方形、圆形、八角形和椭圆形的土楼就像乐谱上的一个个音符。除了防盗贼，还要防地震、防风沙。四川理县有一座几百年的石楼，经历了三次7.0级以上的大地震，许多现代建筑都坍塌了，而这座石楼却安然无恙。

4.宗族信仰

中国民居常以家族为单位，一个家族的房屋建造体现了严格的家族等级制度。堂屋是体现家族威望的门面，建得高大、宽敞，陈列着列祖列宗的牌位，议事、会客均在此进行。一间堂屋就像一首低沉森严的曲子。福建客家土楼的心脏——祖宗祠堂，是族长聚集各户家长议事的地方。逢年过节，全族的每家都挑着各种供品，到这里祭祀祖先。男女娶亲，须在祠堂拜天地祭祖先、宴宾客。闺女出嫁，向列祖辞行后方可罩上盖头，踏着象征团圆的大圆匾出阁。老人谢世，祠堂成了举哀发丧的灵堂。就这样，一座祠堂将全族融洽地凝聚在一起，共享天伦之乐。

（二）中国民居建造的原则

所谓中国民居建造的原则，就是中国民居建造时普遍遵循的规律。有了这些原则，中国民居这首凝固了的音乐才不会杂乱无章。

坐北朝南是中国民居建造的首要原则。早在原始社会，中国先民就按照坐北朝南的方向修建村落房屋，考古发现的绝大多数房屋都是大门朝南。建房选择坐北朝南是有一定科学道理的。首先是采光好。我国位于北半球，绝大部分地区处在北温带，太阳多从东偏南升起，从西边落下。冬季，太阳高度角较小，住宅的门、窗朝南，可使更多斜射的太阳光线进入室内，从而提高室内温度。而在夏季，太阳高度角增大，太阳从门、窗射入的光线相对就少，从而使室内有一定的凉意。其次，可以避风。中国的地势特点决定了气候为季风型，冬天有西伯利亚的寒流，夏天有太平洋的凉风，一年四季风向变幻不定。房屋朝南，盛夏季节可避开下午最热时的直射阳光，隆冬季节又可避开西北寒风，起到防寒、保暖的作用。当然，古时候的人不明白这些科学道理，他们主要是以阴阳、五行、八卦和风水等为理论依据。总而言之，坐北朝南原则是先民们对自然现象的正确认识。这种建筑原则，得山川之灵气，受日月之光华，上则顺应天道，下则颐养身体。

一首曲子有变奏，才有跌宕起伏。当山形水势使住房不便于坐北朝南时，先民们便运用第二个原则——依山傍水。山和水于房屋的建造是很重要的两个要素。山有“左青龙，右白虎，前朱雀，后玄武”之说，水在风水理论中被视为财，意味着“发”。所以当水势为南北走向，或居住在河的南边时，就不能再拘泥于坐北朝南，而要依山傍水。

不占良田是中国传统民居建造的第三个原则。中国是一个传统农业社会，田地是人们安身立命之本，所以，古人建房盖屋尽量选用偏僻瘠薄之地。只可惜现在一些不肖子孙早已把祖先的遗训抛诸脑后，侵占良田现象时有发生。

（三）中国民居的类型

对中国民居的划分有多种标准，有的按房屋在地面的几何图形划分，分为圆形、纵长方形、横长方形、正方形等；有的按照建筑材料划分，分为木结构、竹结构、土木结构、砖（石）木结构等。如将构造方法和材料相结合，可以将中国民居划分为以下类型：

1.木构架庭院式住宅

以木构架的房屋为单体组合成为院落式住宅。一堂二厢，南北轴线上设正堂正室，东西设立厢房。利用一堂二厢形成多进及并进房屋。正堂间数为奇数，明间较大，门在明间以突出中轴线，像北京四合院、云南一颗印均属此种类型。

图6-18　北京四合院

2.干栏式住宅

干栏式住宅是指在木（竹）柱底架上建筑的高出地面的房子。这种建筑以竹木为主要材料，一般是两层建筑，下层放养动物和堆放杂物，上层住人。干栏式住宅主要见于南方少数民族地区，古时流行于南方百越民族的居住区，现在主要流行于壮族居住的比较偏远的地区，包括广西中西部、云南东南部、贵州西南部等。

图6-19　贵州侗族的干栏式住宅

3.窑洞住宅

窑洞是黄土高原的产物，陕北民居的象征。窑洞有靠山窑、平地窑，及砖、石、土坯窑三种。靠山窑一般修在朝南的山坡上，向阳，背靠山，面朝开阔地带，少有树木遮挡，十分适宜居住生活。在山坡高度允许的情况下，有时布置几层台梯式窑洞，类似楼房。平地窑又称下沉式窑洞（俗称地窑），主要分布在黄土塬区——没有山坡、沟壁可利用的地区。这种窑洞的建造方法是：先就地挖下一个方形地坑，然后再向四壁凿洞，形成一个四合院。人在平地，只能看见地院树梢，不见房屋。砖、石、土坯窑是一种掩土的拱形房屋，这种窑洞无需靠山依崖，能自身独立，又不失窑洞的优点，可为单层，也可建成为楼。

图6-20　陕北窑洞住宅

4.帐篷式住宅

游牧民族因为放牧的原因而居无定所，决定了他们的住房必须随时可以拔地而起，又随时可以安营扎寨，便捷的帐篷自然是他们最理想的住房，最有代表性的是蒙古族的蒙古包。

典型案例

端午民俗游，山东150家景区待客523.3万！同比增一成多

记者从山东省旅游发展委员会获悉，“端午”小长假，全省各地天气晴好，人们外出游玩的兴致高涨，据调查汇总，全省纳入重点监测的150家旅游景区接待游客523.3万人次，同比增长13.6%，150家旅游景区门票收入3.5亿元，同比增长13.7%。今年端午假期，“旅游+”产业融合提升了山东旅游品质。

各地推出龙舟赛等许多民俗主题活动

端午节全省各大景区纷纷举办丰富多彩的旅游活动，营造出浓厚的节日氛围。威海市举办首届龙舟邀请赛暨南海新区第三届龙舟赛，来自7个国家的18支龙舟队伍300多名选手同场竞技。同时还推出双人自行车水上竞速赛、大丰收、端午采青等项目，吸引大量游客参与体验。

临沂市沂水天上王城景区开启“穿古装玩转龙舟，射五毒赢粽子大战”

活动，游客们穿古装、射五毒，感受到了不一样的活动体验。

济宁水泊梁山景区推出“粽情迎端午”特色活动，举行戴五彩绳、装香囊、包粽子等民俗活动，安排了精彩的水浒剧和梁山功夫表演。

淄博周村古商城举行以“游古城赏民俗，过最传统端午”为主题的系列活动，增强了趣味性和参与性，丰富了游客的游玩体验。

“旅游+”丰富旅游内容，游客休假不只是看景

端午期间，山东省各城市结合地域特色，大力推进“旅游+”产业融合，通过“旅游+文化”“旅游+农业”“旅游+体育”“旅游+生态”“旅游+网络”等理念，催生出众多旅游新业态，提升了山东旅游品质。

莱芜市雪野农博园举办了“纵情端午小长假、畅享非遗文化艺术节”活动，剪纸、锡雕、刘家面塑、刘家葫芦烙画、打渔鼓等国家级、省级、市级非物质文化遗产传承人做了技艺表演和现场教学。

聊城市城区+郊外一日游、二日游的生态游颇为火爆，温泉度假、水边垂钓、生态园采摘等多个一日游项目备受青睐。

烟台市在福山区蓝湾果蔬采摘基地举办了“山东好时节·采摘季”，推出了非遗展示、文艺会演、“游客最喜爱的大樱桃”评选、大樱桃马拉松赛等系列活动，也大受欢迎。

从各大景区停车场抽样分析来看，自驾游成为端午出游的重要方式。

今年适逢端午节与“六一”紧接，各地各景区在组织常规端午节活动时，特别推出亲子游活动大餐，为传统佳节增添了盎然的童趣。

乡村游仍是最受游客欢迎的项目之一，与亲友一起感受乡村田园风情，尽享收获之愉悦，吃农家饭、住农家乐，呼吸清新的空气，放松疲惫的身心，让游客回归自然、融于自然。

端午假日期间，全省旅游市场运行安全有序，未发生重大旅游投诉和安全责任事故。

（资料来源：《齐鲁晚报》2017-05-31）

本章小结

民俗文化建设是乡村文化建设的重要组成部分，也是社会主义精神文明建设和新农村建设的一项重要内容。本章概述了乡村民俗文化的主要内涵及其特征，介绍了我国传统婚丧生寿民俗，岁时节日民俗，有关农、渔、商业生产

民俗，以及饮食、服饰、建筑等生活民俗的主要内容。同时，结合实际分析了目前乡村民俗文化传承与发展中存在的问题，提出要以继承和发扬传统文化为契机，以树立和践行社会主义核心价值观为目标，重塑乡村民俗文化的策略。

思考题

1.我国乡村民俗文化有哪些特征？
2.分析本地乡村民俗文化继承与发展过程中存在的问题，并提出整改对策。
3.结合本地实际，思考在婚丧民俗中有哪些需要继承和革新的方面？
4.中国岁时节日民俗有哪些特点？
5.介绍一下你所在的乡镇有哪些富有特色的节日民俗？
6.中国农业生产民俗有哪些特点？
7.中国“八大菜系”有哪些？选择一种你最喜爱的菜系加以介绍。
8.分析中国服饰民俗的文化特征。
9.中国民居建造的原则和主要类型有哪些？

第七章　乡村民间艺术建设

学习目标

1. 了解乡村民间艺术的分类；
2. 了解山东乡村民间艺术的特点及现状；
3. 了解吕剧的艺术特点；
4. 了解杨家埠年画的主要特点；
5. 熟悉乡村民间艺术、乡村民间表演艺术、乡村民间手工艺术的概念；
6. 掌握山东民间表演艺术的主要形式；
7. 掌握山东民间手工艺术的主要形式。

导　读

2017年4月28日，万众期待的山东省民间艺术博览会在聊城古城区鲁西民间艺术体验馆正式拉开大幕，来自全省各地的148位民间艺术传承人和省级非遗项目悉数亮相，像淄博的琉璃、陶瓷，潍坊的风筝、年画，博兴的柳编，济南的葫芦雕刻，日照的黑陶等，其艺术魅力让现场观众啧啧称赞。

欣喜之余，许多专家学者和民间艺术保护工作者，对山东乡村民间艺术的发展前景也不无担忧。像年画、布艺、葫芦雕刻等民间艺术品，主要靠在旅游景点销售，销量有限，收益微薄，加之人力成本的不断提高，目前都处于勉力维持的状态。当然，也有一些传统工艺产品近年来迅速走向世界，如山东博兴的柳编，就因其天然环保而深受欧美消费者的喜爱。

（资料来源：聊城新闻网2017-04-28，本书有删改）

|提　示|

当前，摆在人们面前的一个普遍迫切的问题是：如何保护、传承和发扬乡村民间艺术，使其能更好地发挥各自的优势，在带动农民增收、发展乡村经

济、振兴乡村文化方面，做出独特贡献。

第一节 概 述

一、乡村民间艺术的概念

民间艺术是艺术领域中的一项分类，旧时冠以“民间”字样主要是为了同“宫廷艺术”和“贵族艺术”区分。而现在所谓的民间艺术，主要是针对学院派艺术、文人艺术的概念提出的，有广义和狭义之分。广义上说，民间艺术是劳动者为满足自己的生活和审美需求而创造的艺术，包括民间工艺美术、民间音乐、民间舞蹈和戏曲等多种艺术形式；狭义上说，民间艺术指的是民间造型艺术，包括民间美术和工艺美术的各种表现形式。

综合以上两点，我们可以得出结论：乡村民间艺术是农村劳动者在长期从事农业生产和生活的过程中，为了满足自身生活和审美需求而创造的艺术形式。

我国的乡村民间艺术，是劳动人民千百年来创造并享用的文化，是民众智慧的结晶。它具有丰富的文化底蕴、深厚的群众基础、浓郁的民族特征和鲜明的地域色彩，而且代代相传，经久不衰。

二、乡村民间艺术的分类

对于我国丰富多彩的乡村民间艺术，学术界有多种分类方法：按照材质来分类，有以纸、布、竹、木、石、皮革、金属、面、泥、陶瓷、草柳、棕藤、漆等不同材料制成的各类民间手工艺品；按照制作技艺的不同，可分为剪刻类、塑作类、织绣类（包括印染类）、编织类、绘画类、雕镌类、扎糊类、表演类、装饰陈设类等（见表7–1）。另外，还有学者按照造型来分类。

表 7–1　　乡村民间艺术分类表

类别名称	包含内容
染织绣类	印染、手工纺织、刺绣、织锦、缂丝等
塑作类	泥塑、面塑、陶塑、糖塑、米粉捏制品、纸浆拍塑、琉璃和玻璃等
剪刻类	剪纸、刻纸、皮影、剪贴画、刻葫芦、铁画、石刻线画、瓷刻画等

（续表）

类别名称	包含内容
雕镌类	雕版、雕漆、雕花、浮雕等
绘画类	石刻线画、宗教版画、水陆画、影像画、庙画、年画、灯屏画、建筑彩绘、扇面画、现代农民画、布贴画
编织类	竹编、草编、藤编、柳编、棕麻编
扎糊类	纸扎、彩灯、风筝等
表演类	川剧变脸、皮影、民间音乐、民间舞蹈、戏曲等
其他类	建筑装饰、脸谱、面具、民间玩具、陶瓷等

从创作者的角度看，乡村民间艺术是以农民和手工业者为主体，以满足创作者自身精神、审美需求或以补充家庭收入为目的、甚至以之为生计来源的手工艺术形式。

从生产方式看，乡村民间艺术基本上是以一家一户为生产单位，以父传子、师带徒的方式世代传承的。

从功能上看，乡村民间艺术既包括侧重欣赏和精神愉悦的民间美术作品，也包括了侧重实用和使用功能的器物和装饰品。作品的题材和内容充分反映了乡村民间社会大众的审美需求和心理需要，造型饱满粗犷，色彩鲜明浓郁，既美观实用，又具有求吉纳祥、趋利避害的精神功能。

三、山东乡村民间艺术的特点

勤劳善良的齐鲁先民，用灵巧的双手创造的灿烂的乡村民间艺术，具有独特的艺术魅力。

（一）存量繁多，形式多样

山东乡村民间艺术资源丰富、形式多样，涵盖民间美术、民间音乐、民间舞蹈、民间曲艺、民间手工技艺等各个方面。像山东吕剧、山东秧歌、山东快书、潍坊风筝、杨家埠年画等都有很高的知名度。在国务院2006年和2008年两次公布的国家非物质文化遗产名录中，山东有84项入选，居全国首位。这充分说明了山东乡村民间艺术的多样性，以及在我国乡村民间艺术中的突出地位。

（二）地域差异，分布不一

山东乡村民间艺术除具有独特的生产技艺、民族特色外，更具有丰富的文化内涵、审美趣味。受地域文化的影响，山东乡村民间艺术又表现出显著的地域性、个性化色彩。以年画为例，山东东部地区的年画细腻、雅致，而西部地区的就相对粗犷豪放，这主要是源于历史上齐鲁文化的差异对当地乡村民间艺术的传承和发展的影响。鲁西南地区戏曲昌盛；潍河两岸绘制年画者众多；曲阜、邹城一带受孔孟圣人的影响，民间艺术更多地呈现出传统性特点；胶东沿海地区的渔家风情浓郁；鲁中平原则更多体现了农耕文化的特色。

在地域分布上，山东乡村民间艺术的分布不够均衡：鲁中、鲁西地区分布较多，而沿海地区分布较少。

（三）就地取材，寓意丰富

山东乡村民间艺术不论是表演还是手工，都来源于人们的日常生活、节日活动或祭祀活动。比如手工艺术，使用最普通的材料，在制造技艺方面往往因材施艺，有着强烈的装饰性。乡村民间艺术的作者是劳动群众，他们在生产劳动之余，按照自己的直觉和趣味，自由想象发挥，因而作品具有浓厚的乡土味，质朴大方。在表现形式上造型夸张，色调对比强烈。由于民俗传统的支配，大部分民间艺术都有深刻的寓意象征。

（四）传承悠久，影响广泛

山东民间艺术在整个历史发展的轨迹中，虽然曾受到过外来文化和艺术的冲击，但其传承性并未改变，根基没有动摇，始终深受齐鲁文化的浸润和影响。纯朴的齐鲁劳动人民即使在生活最为困难的时期，也秉持着子承父业、代代相传的家教和祖训，将祖辈所创造的乡村民间艺术继承和发扬光大。

在历史上，随着齐鲁先民数次南迁，山东乡村民间艺术也传播到了南方，在南方生根发芽，与当地的民间艺术形成了互融和渗透。在社会经济高度发展的今天，山东乡村民间艺术还走出国门，走向世界，被更多的国家和地区所了解并喜爱，为山东经济的发展创造了良好的文化氛围。

立足当下，用发展的眼光看世界，会得出这样一个结论：一个文化资源保存完整、开发较好的地区，往往也是现代化程度较高的地区。因此，挖掘乡村民间艺术资源，对提高本地知名度、促进经济发展，有着不可估量的作用。

四、山东乡村民间艺术的现状

山东乡村民间艺术是广大民众长期生活智慧和艺术创新的结晶，是我国艺术殿堂里的一块瑰宝。它来自于乡村民间，服务于乡村民间，是社会主义精神文明建设的重要内容，是乡村精神文明建设的窗口。目前，山东民间艺术的建设存在着诸如门类发展不平衡、个别门类消失、资金匮乏等问题，严重地影响了民间艺术的发展。因此，了解山东民间艺术的现状，找准症结，解决好民间艺术所面临的问题，使民间艺术在农村精神文明建设中更好地发挥其作用，更好地为农业、农村、农民服务，已成为摆在人们面前亟待解决的问题。

（一）发展不均，经营困难

民间艺术最初是以民办或民办公助面貌出现的。多年来，民间艺术在争取社会参与和资助等方面，积累了不少好的经验，如有的采取乡镇村资助形式；有的采取企业与乡镇文化站共同资助开展活动；有的艺术团体则注重增强自身的造血功能，来保证活动经费的来源，增加艺人的收入。但是，除了被纳入国家集体事业单位编制的民间艺术团体能够获得人员经费（有的只是部分工资）外，个体艺术团体根本得不到国家或集体划拨的经费。政府部门重视程度和各地经济发展水平的不同，经费来源以及政府资金扶持力度的不同，造成民间艺术发展的不平衡，有的门类经营困难，甚至走向消亡，如戏曲的部分种类，古画的装裱艺术等。

（二）队伍缩小，素质不高

多年来，一是由于民间艺术从业人员因行业团体不景气，待遇低，甚至常年发不出工资，不少人弃艺从商。二是地方领导重“硬”轻“软”的思想严重，没有把民间艺术建设纳入乡村目标管理。这表现在对经济建设肯花钱，而认为民间艺术建设的好坏对“政绩”影响较小，不重视民间艺术，不舍得投入。于是，民间艺术从业人员日益减少，队伍萎缩。从业人员庞杂，专业素质低，思想品位低。个别民间艺术团体表演的节目，内容浅薄、语言粗陋、格调低俗，有时甚至掺杂一些色情表演的成分，群众反映强烈。

（三）缺乏重视，疏于管理

政府对民间艺术的建设和发展重视不够，缺少科学规划、专业指导和有序管理。山东一些地区的舞龙、划旱船、踩高跷等民间艺术，由群众自己编创，具有浓厚的地域色彩，但由于缺乏专业人士的指导，在艺术价值和艺术层次上难以提高，仅限于自娱自乐，故无法形成产业。在大学中没有设立与非物质文化遗产相关的学科，不能培养、提供保护、开发文化遗产所需的高层次人才。像山东琴书、山东大鼓，就因人才培养断层的缘故失去了往日的活力。而一些乡村民间艺术团体，因政府疏于引导和管理，在经营中也存在诸多问题：

一是艺术服务水平较低；二是过分追求金钱，不太注重社会效益和社会影响；三是过分迎合时俗，陈旧、粗浅的表演过多，创新动力不足。

（四）定位不准，脱离实际

个别民间艺术团体服务农民、农业的观念滞后，热情不高，对农村社会的发展、变革，缺少深入认识、准确把握和生动表现，造成一些民间艺术种类脱离农村现实需求，不为农民大众喜爱和支持，演出市场和观众群体日益萎缩。

民间艺术创作、演出、管理上存在的诸多问题，应引起各级政府部门特别是文化主管部门的高度重视。政府部门特别是文化主管部门，要在政策上引导，思想上重视，资金、人才上扶持，千方百计为民间艺术的发展，创造物质条件和制度保障，努力使这一百姓喜闻乐见的民族艺术奇葩，开得更艳丽、更长久。

第二节　山东民间表演艺术

一、民间表演艺术的概念

民间艺术中，大量的内容是通过人的舞动、戏耍、操作、歌唱等形式来完成的，与这种表现方式有关的艺术门类都可称为民间表演艺术。其特点是：以部分民间艺术品、器械、工具等为道具或装饰手段，突出展现人在歌舞、演奏、说唱等方面的表演技能和身体禀赋。

二、山东民间表演艺术的主要形式

（一）吕剧

1.概述

吕剧又称化装扬琴、琴戏，是山东最具代表性的地方剧种，主要流行于山东大部和江苏、安徽、东北三省的部分地区。吕剧起源于黄河三角洲，由山东琴书演变而来。吕剧表演，以淳朴生动的语言，优美悦耳的唱腔，丰富多彩的音乐语汇而深得广大人民群众喜爱。

2008年6月7日，吕剧经国务院批准列入第二批国家级非物质文化遗产名录。

2.历史沿革

吕剧自形成以来，至今已有近百年的历史。纵观吕剧艺术的整个历史演变过程，大体上是循着“山东琴书—化妆琴书—吕剧”之脉沿革和发展的。

（1）起源

根据《黄河志》记载，在1884年以前，黄河入海口处的广饶（当时为乐安县）北部和利津东部并无防洪大堤，每到洪水季节，黄河常常泛滥成灾，这一带的穷苦农民不得不背井离乡，以逃荒要饭谋生。于是，以演唱当时民间流行“小曲”形式进行乞讨的难民逐渐增多。唱曲讨饭，成为许多人养家糊口的主要手段。

1900年（光绪二十六年）冬，以东路琴书艺人时殿元为首的同乐班，尝试着将《王小赶脚》改为化妆演出，用竹、纸、布扎成驴形，加以彩绘，一演员身绑彩驴，做骑驴状；一演员执鞭赶驴；另有艺人操坠琴、扬琴、竹板等乐器伴奏，演员在音乐声中载歌载舞。此种表演形式别开生面、生动活泼，初次演出便获成功。次年初春，时殿元带领同乐班遍走博兴、广饶、潍县、诸城、掖县、黄县等地。所到之处，深受群众喜爱。因演出《王小赶脚》时以“驴”为道具，群众就把同乐班称为“驴戏班”。时殿元感到此名不雅，每到一地首先声明唱的是“上妆扬琴”。

（2）初步发展

在常年的流动演出中，化妆扬琴艺人经常和京剧、五音戏、河北梆子等剧种的班社在同一集镇演出。这种演出方式，对促进化妆扬琴在剧目、表演、唱腔、舞台装扮、音乐等方面与其他剧种的借鉴融合和创新发展起了重要作用，使其逐渐从简单的化装演出发展成为比较完整的戏曲形式。1917年，由广饶县化妆扬琴艺人张凤辉等人组成的车里班首先进入济南市演出。此后，不少剧班也纷纷进入济南表演。吕剧在济南演出的主要剧目是《吕洞宾打药》，当地群众不明白这个剧种的来源，只听说叫“驴戏”，又由于主要剧目是“吕”字打头，就把它改称为“吕戏”。有的班社还经常到烟台、青岛甚至东北的大连、长春、哈尔滨等城市演出，进一步扩大了该戏的影响。当时较有影响的班子有黄家班、同乐班、庆和班、共和班等。

（3）高度繁荣

中华人民共和国成立后，化妆扬琴获得了新生。从1950年起，山东省文联地方戏曲研究室，对本省地方戏曲艺术进行了发掘、整理、试验、推广，并以化妆扬琴作为改革的重点，选择《小姑贤》为实验剧目。他们在学习传统剧目的基础上，又将现代题材的小说《李二嫂改嫁》改编演出。这些改编剧目的上演，使化妆扬琴的影响日益扩大，并涌现出郎咸芬、林建华、王俊英等一批著名演员。

1953年山东省吕剧团成立后，继续进行剧目的改革创新工作，先后整理加工了《姊妹易嫁》(《逼婚记》)等传统剧目，编演了《光明大道》等现代戏。1954年，在华东区戏剧观摩会演上，《李二嫂改嫁》《光明大道》《王定保借当》《小姑贤》分别获奖。《李二嫂改嫁》和《借年》于1957年由长春电影制片厂拍成黑白影片；《两垅地》于1965年由上海海燕电影制片厂摄制成黑白影片。

知识拓展

著名吕剧表演艺术家郎咸芬

郎咸芬，山东省潍坊市人，生于1935年，山东省吕剧院院长，国家一级演员。第一至五届、七届、十一届全国人大代表，山东省第六至八届人大常委，山东省文联副主席，全国戏剧家协会名誉主席。

郎咸芬同志忠诚吕剧表演事业，勤奋好学，表演朴实诚挚、热情洋溢，嗓音清亮淳厚，唱腔委婉舒展、含蓄深沉、韵浓情重。数十年来，她在吕剧舞台上先后塑造了众多不同时代、不同年龄和不同身份的光彩照人、栩栩如生的艺术形象。尤其是她在《李二嫂改嫁》一剧中的表演，真切感人，生活气息浓郁，曾令成千上万的人为之痴迷。此剧一出现，便唱遍了齐鲁大地，风靡了大江南北，其中的许多优美唱段至今传唱不衰。得益于《李二嫂改嫁》等剧的广泛传播和深远影响，吕剧这一地方小戏，也迅速成为在全国有很大影响的剧种之一。郎咸芬于1954年获华东地区戏曲观摩演出一等奖，1990年获中央广播电视部首届“金唱片奖”，2004年获“表演艺术家突出贡献奖”，2017年获“中国文联终身成就戏剧家”荣誉称号。

图7-1　吕剧表演艺术家郎咸芬

（4）重获新生

“文化大革命”期间，吕剧被禁演。1976年以后，吕剧复兴。《半边天》《逼婚记》分别于1976年、1979年由长春电影制片厂摄制成彩色影片。《潮涌黄河口》《孙武》《乡人俚曲》连续三届获得“泰山文艺奖”。《三春柳》《红柳滩》等优秀剧目，先后荣获山东省文艺“精品工程奖”。吕剧小品《随礼》，在第六届CCTV小品大赛中获优秀节目奖。《马书记上任》被国家文化部推荐为进京慰问演出剧目，先后获得第四届“中国小戏艺术节最佳推荐剧目”奖、全国第二届“中国戏剧奖·小戏小品奖”优秀剧目奖、观众最喜爱的剧目奖等多项殊荣。

3.主要特点

（1）贴近群众

首先是表演内容贴近群众生活。吕剧的剧目大多取材于家庭伦理，这些剧中人物如同生活在人们身边，而其故事也如同刚刚发生过似的，观众看后有一种天然的熟悉感、亲近感。此外，吕剧使用的语言属北方语系的济南官话：传统剧目的道白，以济南官话为基础又偏重于上韵；而现代戏的道白，则直接使用济南官话。在表演中，吕剧善于运用通俗易懂、形象生动的群众语言作为剧词，并以此来塑造人物形象。可以说，吕剧的唱词、道白，既具有鲜明的地方特色，同时又易被广大群众理解和接受。

（2）优美朴实

吕剧的音乐是由山东民间俗曲演变而来的“坐腔扬琴”的基础上逐渐发展而成。其最为突出的特点是：既是“戏曲”又是“曲艺”。其唱腔以板腔体为主，兼唱曲牌。曲调简单朴实、优美动听、灵活顺口、易学易唱。

（3）自然流畅

吕剧的唱腔讲究以字设腔，以情带声，吐字清晰、口语自然。男女腔均以真声为主，个别高音之处则采用真假声结合的方法处理。润腔时常用滑音、颤音、装饰音，与主要伴奏乐器坠琴的柔音、颤音、打音、泛音相结合，整个唱腔听起来优美、自然、顺畅。

4.艺术表现形式

（1）主要板式

有四平、慢四平、快四平、反四平、二板、慢二板、反二板、二平、反二平、二六、反二六、流水、反流水、散板、反散板、尖板、摇板、回龙、娃娃腔（又名娃娃调）、凤阳歌等。

（2）伴奏乐器

四大件：坠琴（主弦）、二胡、扬琴、三弦（现一般用琵琶）。其他：高胡、古筝、笙、竹笛、长笛、海笛（小喇叭）、唢呐、大提琴、电子琴、贝斯等。

打击乐器：板鼓、板、堂鼓、定音鼓、大锣、小锣、汤锣、荷叶钹、小钹、苏锣、木鱼、梆子、碰铃等。

5.角色行当

吕剧的角色行当是按照生、旦、净、丑四大行当划分的。

（1）生行

包括小生、老生、娃娃生、武生诸行。

小生在剧中多扮演年轻公子、儒生，以念唱为主，唱腔讲究情绪变化，行腔自然，注重褶片、水袖、折扇等功夫。

老生饰演的角色多戴黑三髯，故又称须生、胡生。所扮角色多为剧中正派人物，表演稳重大方，注重褶片、袍带、髯口、帽翅等技功。

娃娃生扮演戏中的儿童角色，表演天真，念唱爽朗。

武生扮演剧中的武士、侠客一类的角色。注重腰腿功和刀枪把子套路。

（2）旦行

包括青衣、花旦、闺门旦、彩旦、武旦、老旦等类。

青衣，扮演成年妇女角色。重唱工，要求行腔委婉流畅、字正腔圆、清亮细腻，并具水袖、圆场功夫，表演时情感充沛。

花旦，扮演活泼热情的青少年女性角色，要求唱腔甜润、吐字清晰、身段灵活娇俏。

闺门旦，扮演未出阁的大家闺秀或贫苦人家有教养的妙龄少女。道白注重声韵，唱腔委婉缠绵，形体端庄，注重水袖、折扇等功夫。

彩旦，又称彩婆子，扮演滑稽、狠毒、搬弄是非的妇女，其表演动作及台词多源于生活。

武旦，扮演剧中有武艺的女子，要求身段轻捷灵活。

老旦，扮演剧中老年妇女，表演侧重老态，要求唱做念白稳重大方。

（3）净行

主要是花脸。

1949年以前，以花脸行为主要角色的传统吕剧剧目较少，仅有《王定保借当》中的李武举、《温凉盏》中的洪彦龙等几个花脸角色，尚未形成该行当独有的成套表演程式。中华人民共和国成立后，该行当的角色才逐渐增多，如《打焦赞》《打瓜招亲》等剧中的武花脸表演。

（4）丑行

包括小丑、老丑、武丑。

小丑多扮演剧中富有诙谐、刁钻或奸猾等品性的角色。其表演生活气息浓厚，语言生动通俗，道白多用乡音方言。

老丑主要扮演男性老年角色，其表演生动风趣。

武丑角色在吕剧传统剧目中并不多见，后来由于移植吸收其他剧种的剧目才逐渐形成该行当。

（二）柳子戏

1.概述

柳子戏（又名弦子戏），是中国四大古老剧种之一。“泰山脚下黄河畔，东柳儒韵六百年。”柳子戏主要流传于山东、江苏、安徽、河北等省，其唱腔是以元、明、清以来流传于中原一带的汉族民间俗曲小令为基础，并吸收高腔、青阳、乱弹、昆腔、罗罗、皮簧等声腔的部分剧目及唱腔，逐渐发展演变而成。因曲牌中有一种柳子调，故得名柳子戏。在黄河以北则有“糠窝窝”“百调子”“吹腔”等称呼。

2006年5月20日，柳子戏经国务院批准列入第一批国家级非物质文化遗产名录。

2.历史沿革

早在明万历年间，沈德符在《野获编·时尚小令》中记载：“元人小令，行于赵燕，后流传各地。自宣德、正统至成化、弘治年间，中原流行《锁南枝》《傍妆台》《山坡羊》，之后又有《耍孩儿》《驻云飞》《醉太平》诸曲流行。嘉靖、隆庆间，兴起《闹五更》《寄生草》《罗江怨》《哭天皇》《干荷叶》《银绞丝》等曲，不问南北，不问男女，不问老幼良贱，人人习学，人人喜听。”沈德符所说的“中原”，是以河南开封为中心的周围地带，即后来柳子戏、大弦子戏、罗子戏、卷戏等剧种的主要流行区域。柳子戏现存的俗曲，许多与明、清俗曲刻本中的曲牌名称相同，如《山坡羊》《锁南枝》《耍孩儿》《沽美酒》《黄莺儿》等。由此可见，柳子戏主要是在元、明、清以来民间流行的俗曲小令基础上演变发展而成。

《聊斋志异》的作者蒲松龄，曾编过“戏三出”，其中的《闹馆》一剧至今仍为柳子戏传唱。到清中叶乾隆年间，柳子戏已在山东、河南一带广为传播。李绿园写于乾隆四十二年（1777）的小说《歧路灯》中，曾有“历城的一班弦子戏”在河南开封演出的记载。在四大徽班进京前，柳子戏在北京被视为“一时称盛”的剧种，与昆、弋、梆相提并论，被称为“东柳、西梆、南昆、北弋”。然而，自乾隆五十五年徽班进京后，皮簧逐渐占据京城剧坛，柳子戏只好返回山东、冀南和豫东一带，在农村集镇演唱，再未恢复当年盛况。

咸丰初年（1851），柳子戏艺人张天机在鲁西南创立科班，培养出一批深受群众喜爱的演员，如十里轰、盖山东、玻璃水眼、张道洪。咸丰十年（1861）前后，柳子戏名旦戴金枝，曾在一天之内连唱十五次《锯大缸》。在这之后的著名演员有刘玉柱（小生）、江米人（旦）、姚兰臣（丑）、周保三（净）等。到宣统二年（1910）左右，柳子戏职业班社以运河为界分为四路。西路为曹县的义盛班，由张庆云领班，活动于菏泽、济宁一带；东路由立家兴领班，活动于费县、临沂等地；南路由张敬友带班，活动于苏北、丰县一带；北路由苗发云组班，以章丘为活动中心。

抗日战争爆发后至中华人民共和国成立前夕，柳子戏几经磨难，艺人们或改唱它戏，或弃戏务农，只有个别剧社勉强维持演出，惨淡经营。

中华人民共和国成立后，柳子戏这一古老戏种得到恢复和发展。一些县级柳子戏剧团纷纷成立，如郓城县工农剧社、曲阜新声剧社、嘉祥县人民剧社等。1959年山东省柳子剧团成立。同年10月24日，毛泽东主席在济南观看了柳子戏《玩会跳船》《张飞闯辕门》。1962年，剧目《孙安动本》由上海海燕电影制片厂摄制成电影。1979年10月，曹禺同名话剧《王昭君》被改编成柳子戏，并参加山东省庆祝中华人民共和国成立三十周年献礼演出，获创作及演出奖。1982年山东省戏剧演出月期间，山东省柳子剧团演出的《琵琶遗恨》获剧本改编奖、导演奖、音乐设计奖、优秀舞美设计奖、服装设计奖等奖项，主要演员也获表演奖。

3. 主要特点

柳子戏表演程式粗犷豪放，风格独特；人物动作设计惟妙惟肖，生活气息浓厚。如武将出场，必先在台上表演踢腿、打飞脚、亮相；发怒时双脚跳起，表示急躁情绪；对打时多用真刀真枪。

柳子戏的唱腔以俗曲和柳子调为主，其中俗曲部分比重较大。现存的200多个传统剧目中，由俗曲联成的约占1/2。俗曲曲调委婉曲折，能够表达细腻复杂的思想感情，素有“九腔十八调，七十二咳咳”之称。

柳子戏的曲牌主要有曲子、小令和客腔。

曲子与小令是由长短句为主要结构组成的曲牌。这类曲牌的词格与唱腔的结构都比较严谨，每支曲牌的句数和每句曲词的字数都是固定的。突出特点是字简腔繁，中间多虚词衬字，或将一部分词反复吟唱。曲子与小令包括“五大曲”“复曲”“单曲”“小令”。“五大曲”是指柳子戏中常用曲牌《山坡羊》《锁南枝》《驻云飞》《黄莺儿》《耍孩儿》。其中每支曲牌唱腔都有各种不同的节奏变化，并且男女腔齐全，均可自成一套。“五大曲”代表了柳子戏音乐的主要风格。

客腔是指吸收其他剧种声腔形成的曲调。这些来源于不同剧种的声腔，以其特有的音乐风格和艺术特点为柳子戏增色不少，并在长期融合使用中逐渐“柳子化”，成为柳子戏唱腔曲牌音调的组成部分，如《越调》《平调》《二八调》《下调》。

柳子戏的乐队由丝竹乐器和打击乐器两部分组成。丝竹乐器俗称文场，以笛子、笙、小三弦为主，兼用唢呐；打击乐器俗称武场，包括板鼓、大锣、小锣、手镲、小镲、堂鼓、四大扇等乐器。打击乐合奏时，发出“荒、扑、歹”的声音，音调鲜明，与其他剧种多有不同。

4.角色行当

历史上柳子戏传统的角色行当分为四生、四旦、四花脸，三大门头十二行。自20世纪20年代以后，随着柳子戏演出剧目的增多、演员阵容的扩大，角色行当的划分也日趋明确具体，演变为现行的生、旦、净、末、丑五大门类。

生行包括红脸、净面大王、外角、帮生、秀生、大武生、武生、娃娃生等角色。

旦行中的角色有青衣、红衣、闺门旦、刀马旦、武旦、彩旦、老旦。

净行中有大花脸、二花脸、武花脸。

丑行有文丑、武丑、老丑、公子丑诸类。

图7-2　柳子戏表演艺术家陈媛

（三）山东梆子

1.概述

山东梆子主要流行于山东西南部的菏泽、济宁、泰安等地的大部分县市以及聊城、临沂等地区的广大城镇乡村。因流行区域的不同，群众对其称呼亦有不同。如以菏泽为中心的习称“曹州梆子”，以济宁、汶上为中心的称为“汶上梆子”或“下路调”，总称“高调”，以区别于流行在鲁西南、豫北、冀南的“平调”。山东梆子与平调以及苏北、皖北的“沙河调”都有一定的血缘关系，而与豫东的“祥符调”关系则更为密切。

2.历史沿革

据《秦云撷英小谱》和《燕兰小谱》等文献记载，山东梆子原系陕西、甘肃一代的秦腔，经过河南传到山东，受到当地方言的影响，逐渐演变成为独具特色的本地梆子。清乾隆时山东境内已出现本地梆子，并有山东籍演员到北京演出。

清代中叶以后是山东梆子的繁荣时期，许多地方组建了职业班社，培养出不少优秀演员。到光绪二十六年（1900），山东梆子开始有女演员登台演出。巨野县的女班中，小冷儿（旦）、小景儿（旦）的表演曾轰动一时。这期间，曾有一些山东梆子艺人到邻近的河南、江苏等地演出并受到欢迎。

抗日战争爆发后，许多山东梆子艺人以戏曲为武器，投身于中国共产党领导的抗日活动中，并陆续排演了《过年》《不作亡国奴》《参军光荣》等一批现代戏。

中华人民共和国成立初期，山东梆子业余剧团很普遍，仅菏泽就有一百余个。专业剧团也不少，据1953年山东省文化局戏曲工作组的统计，全省有43个梆子剧团。1958年山东省文化局组织“山东梆子剧目工作队”，对这个古老剧种的传统剧目和唱腔、曲牌进行了发掘整理，共记录传统剧目440出。通过整理传统剧目，创作现代戏，山东梆子在唱腔、表演、音乐伴奏等方面均得到创新和发展。1960年，山东梆子剧团到北京汇报演出时所表演的剧目《墙头记》《万家香》《玉虎坠》《两狼山》等受到好评。此后剧团又先后编演了一些现代戏，如《三回船》《前沿人家》《老王卖瓜》《铁马宏图》《柳下人家》等。1982年在山东省戏剧演出月期间，山东省梆子剧团演出的《程咬金招亲》，荣获优秀剧本创作奖、导演奖、音乐设计奖、乐队伴奏奖、表演奖。

3.主要特点

山东梆子的唱腔音乐属板式变化体。唱词结构为上下句式。各种板式均以七字句和十字句为主。其唱腔中的基本板式有慢板、二八板、流水板、非板四大类，并在此基础上发展变化成一些辅助板式。在板式的运用上，主要有两种形式，一种为单一板式的应用，即根据剧中情节和人物情绪，选用某一种基本板式作为一个独立唱段，主要用于情绪比较单一的唱词；另一种形式则是通过不同板式的有机组合和转接，构成节奏变化明显、旋律对比鲜明的大段成套唱腔。这是山东梆子唱腔音乐的主要表现手法。

山东梆子的唱腔优美动听、慷慨激昂、高亢健壮，具有“繁音激楚，热耳酸心”的特点。男腔以“二本嗓”（假声）为主，也有用“大本嗓”（真声）吐字、“二本嗓”甩腔。其中生行的发音较纤细，净行的发音则带沙音和炸音，使唱腔粗犷奔放。女声各行当都采用真假声相结合的演唱方法，发音多用口腔共鸣，声音圆润，音域宽广。

伴奏乐器分文、武场。文场的伴奏乐器以板胡、二胡为主，另有笙、阮、琵琶等；武场伴奏乐器与其他流行于山东境内的梆子基本一样。

山东梆子的传统表演程式与鲁西南一带的其他古老剧种如柳子戏、大弦子戏、平调等一样，表演动作粗犷，架势夸张。

4.角色行当

山东梆子的角色行当齐全，原分生、旦、净、末、丑五大类，现为生、旦、净、丑四大门类。末行归入生行，称“外角”。

生行分为：老生（红脸）、老外（外角）、小生。老生又细分为：大红脸（勾红脸的生角）、净面大生、跑马生；老外细分为：大外角、二外角；小生细分为：小生、官生、帅生、包头生、武小生、娃娃生等。

旦行分为：青衣、花旦、小旦、闺门旦、帅旦、刀马旦、泼旦、彩旦和老旦等。

净行分为：大净、奸净、毛净、童净。

丑行分为：公子丑、官丑、武丑、老丑、拉杂丑、娃娃丑等。

（四）山东快书

1.概述

山东快书是起源于山东省的传统曲艺形式，最早流行于山东、华北各地，中华人民共和国成立后发展遍及全国。演唱者手执竹板或鸳鸯板，以快节奏击板叙唱，又名竹板快书、滑稽快书。因以说武松故事为主，故又名说武老二的、唱大个子的。1951年定为今名。

由于山东快书一般是由一个或几个演员，用极简单的道具进行演唱，不受场地的限制，且能迅速地反映现实生活，所以有着极其广泛的群众基础，深受百姓喜爱。

2006年5月，山东快书经国务院批准列入第一批国家级非物质文化遗产名录。

2.历史沿革

山东快书发源于山东省临清、济宁、兖州一带，已有百年以上的历史。关于山东快书的起源，历来有三种传说，即刘茂基说、赵大桅说和傅汉章说。

刘茂基是明万历年间人，祖籍山东临清。他是个不得志的武举人，流落乡间，采集当地流传的武松故事，编成山东快书演唱。

赵大桅是清咸丰年间人，祖籍山东济宁。他是个落魄文人，穷极无奈，只好卖艺为生。他起初把武松的故事编成顺口溜演唱，后来吸取山东大鼓的“窜铜腔”，编成山东快书演唱。他用山东大鼓的梨花片作为伴奏乐器，后来演变成为山东快书的鸳鸯板。

清道光六年（1826），有落第举子36人（有的说10余人），归途雨阻临清。为发泄胸中愤懑不平，他们以梁山好汉武松故事为依据，编成《武松传》说唱。作者之一李长清将全书传给了表侄傅汉章，傅得《武松传》潜心研究，并加以充实发展，于道光十九年（1839）曲阜林门会（孔林前春秋庙会）上，正式“撂地”演出，受到当地群众热烈欢迎。

3.继承和发展

（1）中华人民共和国成立前

山东快书最早流传在农村，后来随着社会的发展变化，渐渐进入城市，并在地域上形成山东省内和省外两支队伍。

省内：由鲁西南地区扩及全省的许多城市、集镇。济南、烟台、青岛等地都曾留下过山东快书艺人的遗迹，特别是青岛地区，当今山东快书高、杨两派创始人高元钧、杨立德都是在此地一举成名。

省外：沿长江向东南发展。在20世纪30年代，徐州、蚌埠、南京、上海、武汉等地的舞台上，都曾活跃着山东快书艺人的身影。

（2）中华人民共和国成立后

50年代初期，山东快书开始向全国发展，在这过程中高元钧起了相当大的推动作用。1950年3月，他离开上海，先到天津，后在北京落脚。在北京，高元钧连续主持举办了山东快书培训班，学员分布之广，遍及大江南北，长城内外，于是山东快书在全国范围得以迅速普及。

山东快书在台湾也得到了长足发展。早在50年代初期，杨立德的弟子张天玉就到了台湾。张天玉曾在电台演播山东快书，自称“山东铁板快书”，所演多是长篇大书，如《武松传》《济公传》等，颇受欢迎，不少人“一闻乡音而鼓舞”。

4.主要特点

山东快书的曲目主要有“单段”“长书”“书帽”等。表演形式以说唱为主，即吟诵唱词，间以说白。表演时，演员左手击打两块相同的铜板（鸳鸯板）作为伴奏乐器，讲究“手、眼、身、步”及“包袱”“扣子”的巧妙运用。

山东快书的语言节奏性强，唱词基本上为七字句，句式为“二、二、三”的结构。为保证演唱的明快，一般句子最后为三个字。

5.代表流派

山东快书最有代表性的流派有三个：高元钧流派、杨立德流派及刘司昌流派。

图7-3　山东快书传承人孙镇业

高派：流传广、影响大、门生多、成就高。其表演特色为传神、情真、口甜、形美、亲切、风趣。

杨派：杨立德表演注意发音吐词的功力，不强调使用过多动作。轻松幽默，俏皮细腻，地方味足。

刘派：突出贡献在于对现实主义的深化，演唱剧目广泛地表现社会生活，塑造了众多有血有肉的艺术形象。此外，刘派还博采众长，广泛借鉴各种艺术形式，将歌曲、口技、电影、话剧、歌剧、杂技乃至芭蕾舞都引进到山东快书中来，极大地丰富了山东快书的艺术手段。

（五）鼓子秧歌

1.概述

秧歌是我国最具代表性的一种民间舞蹈形式，也是民间独具一格的集体歌舞艺术，具有极高的健身性与观赏性。山东秧歌各处流行，风格多种多样，其中影响最大的是“鼓子秧歌”，它与“胶州秧歌”和“海阳秧歌”，并称为“山东三大秧歌”。

鼓子秧歌是主要流传于黄河三角洲地区的一项艺术特色鲜明的民间体育活动。因其人数众多，组织严密，形式完整，舞技强悍遒劲，场阵磅礴恢宏，既寓藏着厚重的历史文化感，又具有浓郁的时代气息和鲜明的地方特色，被誉为“民间文化的奇葩，齐鲁文化的骄傲”。

2.历史沿革

鼓子秧歌最初发源于济南商河县，距今已有两千多年的历史。关于鼓子秧歌的起源，自古民间就有多种说法：

（1）抵抗洪水说

在黄河腰穿商河县境的岁月里，百姓屡受黄水危害。灾后百姓抢种庄稼，辛勤劳作喜有收成，便聚在一起舞之蹈之，抒发灾后丰收的喜悦心情。

（2）武舞说

有学者认为鼓子秧歌很可能起源于宫廷武舞或军队武舞。如周代礼乐制度“六舞”中的《大武》，唐朝军中的《秦王破阵乐》，宋朝的《讶鼓舞》等，在阵形、舞技、功利诸方面，与鼓子秧歌有密切联系。

（3）祭祀说

祭祀在商河历史上很长一段时间内都是一项很重要的活动。“渔读耕樵诸戏”常年参加“祭祀”“礼俗”活动，为鼓子秧歌提供了产生和流传的条件。

图7-4　山东商河鼓子秧歌

3.主要特点

鼓子秧歌总体风格特点，是在山东传统文化的浸润和鲁北自然环境的陶冶下形成的。鲁北地区自古以来土地贫瘠，战乱频繁，艰苦的生活条件使当地人民经受了考验与锤炼，练就了强壮的体魄与耐力。山东自古多豪杰之士，唐代黄巢，宋代宋江，明代唐赛儿，清代宋景诗与义和团运动，为中华民族写下了可歌可泣的篇章。当地群众强壮的体魄、刚毅的性格，与鼓子秧歌所使用的道具融汇成磅礴的气势，形成威武、矫健的形象和风格，充分显示出山东人民敢于造反、勇于革命的斗争精神和英雄气概。

4.角色构成

秧歌博士、大鼓、炮手、探马、收赠礼人、丁伞、小鼓、花角、外角。

三、山东民间表演艺术的传承与发展

山东民间表演艺术历经沧桑传承至今，是这片古老大地上世世代代劳动人民智慧的结晶，是山东特有的宝贵艺术财富。如何把山东民间表演艺术更好地传承和发展下去，是人们一直关注和探讨的问题。

（一）搞好民间表演艺人的管理，提高艺人的素质

艺人的素质直接影响到民间艺术的建设和发展，民间艺术在农村、农民、农业方面所产生的社会效益和经济效益有时是直接的、即时的，有时又是潜在的、间接的和滞后的，有时能体现出来，有时体现不出来。要想将民间艺术的各种功用充分发挥出来，需要全体民间艺人的辛勤努力，需要艺人具有“蜡烛精神”和“人梯精神”，需要不断提高他们的思想觉悟，坚定他们的职业信仰。

（二）采取多种措施，加大对民间表演艺术的投入

一是省级人民政府与文化管理部门，对民间艺术要给予高度重视，要制定出切实可行的规章制度，比如《山东民间表演艺术管理制度》《山东民间表演艺术演出制度》《山东民间表演艺术培训制度》等。这些规章制度一旦确立，就要用强有力的手段付诸实施，并长期坚持下去，使之成为民间表演艺术从业人员的行为规范。

二是加大资金投入。可采取乡镇划拨，或团体自筹与文化站（文化中心）、行政村、企业、个人资助相结合的形式，以保证表演经费来源。要采取切实有效的措施，提高民间艺术团体的自我造血功能。通过开展优秀剧目、优良技艺、优质文明服务等为重要内容的创建、评比活动，促使各个民间表演团体自我完善、自我提高。

（三）积极开展为农村、农业、农民服务的演出活动

在经济欠发达地区，农民收入还比较低，特别是在偏远贫困地区，许多农民仍在温饱线上冲刺。有鉴于此，政府应大力推动演出下乡活动，开展民间艺术扶贫，让民间表演艺术更好地为农村、农业、农民服务，为农村弱势群体服务。这样，一方面可吸引更多的农民观看演出，壮大观众群体；另一方面，也可以端正民间表演艺术团体的经营思想和经营行为，使民间表演艺术始终沿着正确、健康的道路发展。

第三节　山东民间手工艺术

一、民间手工艺术的概念

民间手工艺术是指民间的劳动人民为适应生活需要和审美要求，就地取材，以手工创造生产工艺美术品的艺术活动。手工艺品的品种繁多，如竹编、草编、手工刺绣、蓝印花布、蜡染、手工木雕、泥塑、剪纸、民间玩具等。由于各地区、各民族的社会历史、风俗习尚、地理环境、审美观点的不同，各地的手工艺品也具有不同的风格特色。

二、山东民间手工艺术的主要形式

（一）杨家埠年画

1.概述

年画，顾名思义，就是过年时张贴的画。旧时候，每当春节来临，家家户户都把房院打扫得干干净净，在堂房、卧室、窗户、门上以及灶前、院内的神龛上，贴上年画，营造焕然一新、喜气洋洋的新年气氛，借以祈求上天赐给幸福，消除灾祸与不幸。

中国有三大木版年画：天津杨柳青、苏州桃花坞、潍坊杨家埠。

潍坊杨家埠木版年画是山东民间艺术的一朵奇葩，也是中国民间艺术的一朵奇葩。2006年5月20日，杨家埠木版年画经国务院批准，列入第一批国家级非物质文化遗产名录。

2.历史沿革

杨家埠木版年画起源于寒亭南三华里的杨家埠村，从业者多是杨氏家族后裔。1862年至1908年（清同治初年至光绪末年），为杨家埠木版年画的极盛时期。此时杨家埠画店已达100多家，附近十几个村庄也兴办了画店，生产各种年画200多种，每年来往于杨家埠的画商小贩多达5000人左右，产品除销往山东各地外，还远销江苏、安徽、山西、河南、东北等地。其间，还出现了专业性经营的画店，如专供东北销售的“东大顺”被称为关东庄，还有专营戏曲年画的西路庄和专印“横披”“洋条子”“灶马”的胶州庄等。

3.主要特点

杨家埠年画题材极为广泛，表现内容丰富多彩，主要有：祈福迎祥、消灾除祸、吉祥欢乐、人情世事、男耕女织、小说戏曲、神话传说、山水花卉、飞禽走兽、时事新闻、讽刺幽默等，同时也有反映民间生活、针砭时弊之作，但喜庆吉祥是杨家埠年画的主题。

杨家埠年画体裁形式新颖多样，从大门上的武门神、影壁墙上的福字灯、房门上的美人条和金童子到房间内的中堂、灶王、炕头画等，无所不及，无处不有。

图7-5　杨家埠木版年画

杨家埠木版年画具有独特的艺术风格。其内容与农民群众的生产、生活息息相关，洋溢着浓厚而淳朴的乡土气息。在艺术表现上具有概括性和象征性，常用浪漫和夸张的手法表现主题，而且诗画结合，构图完整、饱满、匀称，富有装饰性，造型夸张、粗壮、朴实，线条简练、挺拔、流畅，色彩鲜艳，对比强烈。杨家埠年画是真正的农民画，它典型地体现了我国北方农民粗犷、奔放、勤劳、幽默、爱憎分明的性格与高尚的道德情操，反映了他们在劳动生活中的喜怒哀乐与健康的审美情趣。

（二）风筝

1.概述

潍坊的杨家埠风筝与民间木版年画一样，源远流长。它以造型合理、色彩艳丽、起飞高稳、富有民间乡土气息而自成一家。

关于杨家埠风筝，在清代曾流行着一首《十个大姐放风筝》的民歌："三月里来是清明，姐妹十人去踏青，捎带着放风筝，放风筝。大姐放的是白素贞，二姐放的是许相公，西湖来调情，来调情……六姐放的是崔莺莺，红娘真机灵，真机灵。七姐放的是祝九妹，八姐放的是山伯兄，尼山读《诗经》，读《诗经》。九姐放的是牵牛郎，十姐放的是织女星，天河隔西东，隔西东。风筝越高情越浓，引来一群小后生，一阵脸儿红，脸儿红。不知不觉拽风筝，暗暗拜求月老翁，红线你传送，你传送。”从这首民歌中，不仅可以窥见那时当地群众放风筝的习俗，还可以看出风筝很早就对人们的生活与思想产生了一定的影响。在法国出版的《中国年画》一书中，印有清末杨家埠永长兴画店所刻印的内容为十个姑娘放风筝的《十美图》木版年画，也充分说明了这一点。

2.历史沿革

杨家埠风筝在明代已经产生，这从杨家埠的年画可以得到佐证。当时，杨家埠艺人用印制年画剩余的纸头、染料糊绘风筝，既节省又方便。五彩缤纷的风筝飞到天空，相距很远就能观赏，对于炫耀年画艺人之才华、技艺，比之灯彩事半功倍，因此他们也乐意为之。由此也可见出，杨家埠风筝的起源，与木版年画有亲密的关系。

明代的杨家埠扎风筝不是用竹子，而是用当地所产的苇子和高粱秸做骨架糊绘而成，这和当时主要是制作“八卦”“七星”风筝有关。“八卦”风筝的骨架无须弯曲，长挺高粱秸即可做成。“七星”风筝是由五个圆圈联结而成，苇子薄而柔韧，制作“七星”骨架十分理想。因年代久远，明代杨家埠风筝制作的具体情况，如生产的规模、销售的数量、产品的品种等目前尚未发现明确的文字记载，但当地有这样一个传说：从前，有位杨家埠人卖风筝，路上遇到一只狼。在惊慌中他拿起风筝去打狼，狼却把风筝叼走了。这个传说暗示那个风筝表现的题材，不是人物就是狼喜欢扑食的动物。同时也说明，那时制作风筝的技巧相当高明，已经达到了以假乱真的程度。

到了清代，杨家埠风筝和年画、扇子一样，成为杨家埠农民家庭中三项主要的副业之一。他们秋冬印年画，春天扎风筝，夏天糊扇子。由于制作风筝的收益比较丰厚，制作风筝的艺人越来越多。到了清代乾隆年间，以西杨家埠为中心，饥庄、三角埠、王家道、仓上等村的农民，纷纷做起风筝生意。仅西杨家埠村就有30余家画店先后投入风筝生产，年产风筝4万余只。

进入民国时期，因为战祸连绵，民不聊生，杨家埠风筝的生产日渐衰落。中华人民共和国成立后，党和政府十分重视杨家埠风筝的发展，在年画改革的同时组织恢复了风筝生产。

特别是1984年后，随着潍坊国际风筝会的召开，杨家埠风筝名扬海内外，生产、销售屡创新高。

3.主要特点

杨家埠风筝在题材内容、表现形式、绘制技法、色彩运用以及放飞等方面，都有其独到之处。

其一，借动人的神话故事、历史传说和花鸟、瑞兽、鱼虫等来表达人们美好的思想和愿望，是杨家埠风筝在内容选择上的主要特点。

艺人们选择著名的神话故事或历史传说，形象化地把它们绘制在风筝上，既给人以美的享受，又给人以精神上的寄托和启迪，使人得到心理上的满足。几百年来杨家埠风筝能流传至今，受到人们的欢迎和喜爱，这是很重要的原因之一。如87岁高龄的风筝艺人杨同科先生，根据大禹治水的历史传说，创作了“禹王锁蛟”风筝，展示了禹王擒锁大蛟、消除水患、让人们过上安居乐业生活的场景。在灾难深重的旧中国，人们无力抗御自然灾害的侵袭，只有在精神上寻求寄托。杨同科老人把握人们的愿望要求，创作“禹王锁蛟”风筝，很自然地受到人们的欢迎和喜爱。又如“钟馗”风筝，也是把这个能捉鬼的神的形象画到风筝上来，迎合了人们驱邪保平安的心理愿望。还有反映人们期望健康长寿、荣华富贵的“麻姑献寿”“仙鹤童子”“天女散花”等风筝，之所以深受人们的喜爱，亦是同样的道理。

另外，风筝艺人把象征吉祥如意的鸟兽、虫鱼、器物等，也纳入风筝的世界。龙是我们炎黄子孙最崇拜的祥瑞物，亦是我们民族精神的象征，所以从过去到现在，扎制得最精美、最长的风筝就要数龙头蜈蚣风筝了。在第三届潍坊国际风筝会上，杨同科老人扎制的350米长的龙头蜈蚣风筝，被誉为世界之最。此外，“飞虎”“雄鹰”“凤凰”“金鱼”“蝙蝠”“蝴蝶”等，也是风筝表现的主要对象。

其二，以象征、寓意表现主题，以概括、简练塑造形象，是杨家埠风筝表现手法上的突出特点。

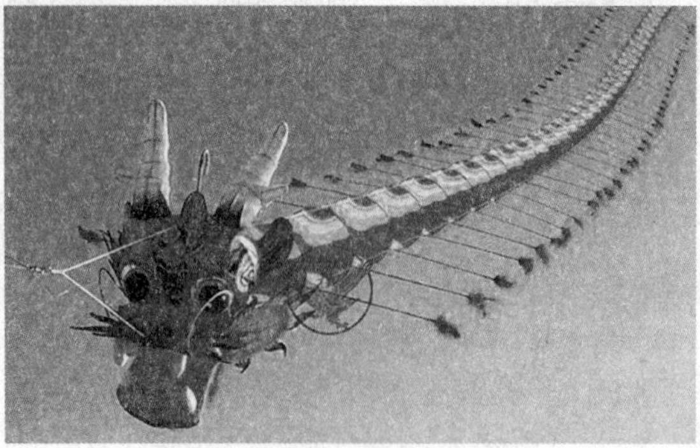
图7-6　龙头蜈蚣风筝

杨家埠风筝借鉴了木版年画象征寓意的表现手法，把象征连年有余的鱼、百福并臻的蝠、延年益寿的鹤等这些人们喜闻乐见的形象，描绘到风筝上，表现了人们的美好愿望。同木版年画一样，这种题材的风筝，是杨家埠风筝中的“看家产品”，不仅中国人喜欢，就是外国友人也爱不释手。

在形象构图上，杨家埠风筝把故事的主要情节加以概括提炼，集中描绘，其他的则省略或一笔带过，达到了既主题突出、又形象生动的效果。如“禹王锁蛟”，选取禹王擒锁大蛟的场面，把禹王的面部、头饰、肩胄、巨手集中细致地加以描绘，其他的地方寥寥几笔稍加点染，显得淹没在云海水雾之中的禹王的身躯更加魁梧。对大蛟的刻画，也是只突出蛟的头部和爪，而将其他部位隐没在浪涛之中，既给人印象清晰、逼真的感受，又反映了蛟龙那翻江倒海、惊心动魄的气势。这种表现手法，是将木版年画的夸张、简洁和手绘年画潇洒生动的表现技巧，巧妙结合在了一起，显得气韵生动、神韵天成。

其三，在色彩上，杨家埠风筝具有鲜艳、明快、生动的特点。

杨家埠风筝在色彩运用上既借鉴了木版年画的对比手法，以人们喜爱的红、绿色为主调，形成强烈对比，给人以鲜艳、明快的感受，同时又吸收了手绘年画渲染、层涂的敷彩技法，给人以层次厚重和气韵生动的美感。

杨家埠风筝的色彩运用，虽然看上去有点单调、土气，但它反映的是广大农民的艺术追求。火红的太阳每天把农民唤醒，给整个大地带来生机；一望无际的绿色庄稼是他们赖以生存和希望之所在，因此，这两种颜色自然受到农民的欢迎。

其四，在放飞上，杨家埠风筝有起飞平高、放飞稳定的特点。

杨家埠风筝经历代艺人的苦心钻研和实践，从扎制、裱糊到彩绘、放飞积累了成熟的经验，不仅题材丰富，形式多样，而且以起飞高、放飞稳受到人们的欢迎。杨家埠的各式风筝，不管是软翅、硬翅，还是串式、立体式的，除板子风筝需要坠外，其他均不需任何辅助物，都能平稳地直升蓝天。并且，在收回时，风筝不落地，而是像训练有素的鸟儿直接收到放飞者手中。尤其是硬翅风筝，线有多长它就能飞多高，是其他风筝无法比拟的。

（三）泥塑

我国泥塑的历史久远，新石器时代就有了用手捏制的陶猪、陶埙等。在战国秦汉墓葬中，发现了大量的陶明器、兵马俑，说明泥塑制作在这一时期已很成熟。山东济南无影山出土的汉代《乐舞杂技俑》，塑造十分精美。

山东民间泥塑相传起源于明代，这或许与明初人口大迁移有密切联系。只是由于缺乏明确的资料记载，现在还难以准确考证。

山东的民间泥塑，最有代表性的是潍坊高密的聂家庄、滨州惠民的河南张，还有临沂河东区九曲和兰陵的郭家村泥塑。其他地方也有制作，但从产品的数量、种类及影响来看都不如这三个地方。

1.聂家庄泥塑

聂家庄泥塑被称为高密四绝之一。明代万历年间聂家庄人从河北泊镇迁来之初，由于自然灾害较多、生活困难，就开始制作一种叫“锅子花”的泥玩，以在出门乞讨时换回食物。此后，家家户户制作，逐渐形成了以聂家庄为中心，周围十几个村都制作泥玩具的景象。

聂家庄泥塑经过几十代人的发展，“清嘉庆年间，聂家庄泥玩的制作进入成熟期”[①]，花色品种越来越多。供家庭欣赏的，有坐狮、观音菩萨、戏曲人物、历史人物；供小孩玩耍的，有叫虎、叫鸡、叫猴、摇猴等。坐狮在以观赏为主的前提下，还保留有实用功能，即作为烛台使用。

民国至中华人民共和国成立初期，生产者为适应农村市场需要，不断出新，聂家庄泥塑逐渐形成了“形、色、声、动四大特点”[②]。“形”是指取材广泛和形态多样；“色”是指用色鲜艳醒目；“声”是儿童玩具的重要特点，聂家庄泥玩具的“声”来自于“哨”和“鼓”，靠拉合、嘴吹产生的气流和摇晃转动中的轴带动木棒起落发出；“动”是指泥玩具会做出各种有趣的动作，从而对玩耍者带来积极的心智影响。

在传统的聂家庄泥塑中，以坐狮、叫虎、摇猴最具代表性。坐狮形象威武，多成对使用。平时放在条案两头作为装饰，年节时插上蜡烛作为烛台。叫虎、摇猴可玩耍性强，其形象塑造得较活泼，是儿童喜闻乐见的玩具，所以生产量很大。

随着时代发展，聂家庄泥塑的取材更加丰富，并不断有新的形象创造出来。第二十代传人聂希蔚就是善于创新的民间艺人。小说中的《西游记人物》，传说中的《八仙》，坐娃形象的《莲生贵子》《富贵有余》，还有在《叫虎》基础上创作出的《叫狗》《叫猪》，用他的话说，“有功夫就琢磨，做点新样子”。他所制作的泥塑广受好评，曾被文化部评为“中华一绝”。

---

① 张在湘、蔡万江：《潍坊文化通鉴》，山东友谊出版社，1992年版。

② 李寸松：《高密民间艺术精品选·序》，亚太国际出版公司，1999年版。

典型案例

山东高密泥塑网上推广　传统艺术注入“新生命”

山东省注重传统艺术的创新发展，注重非遗传承人的培训、扶持，提升他们的创新意识，为老艺术注入新生命。

新年假期这几天，山东省高密市聂家庄的聂臣希收到的泥塑订单，已经排到了正月十五，年前这段时间，每天少说也得做出100多件泥塑。老聂的传统泥塑之所以受欢迎，是因为他在做了近40年的手艺活里加进了不少新元素。

国家级非遗项目“高密泥塑”传承人聂臣希说：“以前画老虎的时候很少写字，（现在）写上一些比较吉祥的话语，（对）人们的一种祝福吧。”

加上了吉祥语，画上了长睫毛，创新调制了新颜料，萌萌的样子让这个百兽之王变得格外可爱。老聂说，自从有着400多年历史的高密泥塑入选国家级非遗名录后，当地的文化部门，每隔一段时间就要组织传统艺人到外地去参观、学习、开眼界。老聂的儿子最近还在政府部门的支持下，把高密泥塑推到了网络上。

聂臣希的儿子聂鹏高兴地说：“很多客户通过网上看了以后，都来看看这个实体店，让更多的人通过网店来了解了我们这项民间艺术。”

更让老聂一家高兴的是，就在离他们家不远的地方，一处由当地政府融资3亿多元建造的“红高粱民俗民艺村”正在建设中，老聂已经在这里买下一个店面。

高密市文广新局局长徐明表示：“各个门类的传统文化的经营业户都集中到一个地方来进行集中的经营和展示，对弘扬整个传统文化我觉得会起到一个积极的推动作用。”

图7-7　聂家庄泥塑

据山东广播电视台新闻中心《山东新闻联播》，去年以来，山东加大政府投资，重点培训了近6000名非遗传承人，建起了民间艺术馆、非遗博览园等，为传统艺术提供集中展示经营平台。同时，山东还设立专项资金重点扶持、补贴传统文化创新发展，老戏曲演新题材，并为500个庄户剧团更新配备了演出器材。去年全省立项的艺术科学重点科研项目中，传统文化研究占到一半以上。

（资料来源：齐鲁网2015-01-05）

2.惠民河南张泥塑

与聂家庄泥塑相比，河南张泥塑的名声并不十分响亮，这与其所处地理位置和政府的重视程度有一定关系。关于它的产生时代没有可靠的记录，有的说是明代，有的说是清初。关于它的起源，据说最早是由姓路的一家制作，后来张姓家族受其影响，在农忙之余也做起了泥玩具。因制作者张姓居多，村名又叫河南张，所以人们把这种泥塑叫河南张泥玩。盛时，河南张家家户户都做泥玩，有“河南张，门朝南，家家户户做泥玩”的赞誉。

河南张泥玩的种类比较多，据艺人张炳敖和张伦五回忆，仅传世类别就不下四十余种：不倒翁系列有《老寿星》《抓髻娃娃》《瓜皮帽娃娃》等；戏曲人物中有《关公》《关平》《周仓》《穆桂英》等；神佛类有《财神爷》《观音》等；还有《七品芝麻官》《对娃娃》《坐狮》《鸟形泥哨》（又叫“泥咕咕”）等。经过艺人们的不断创新，至今天又有众多新形态出现。张炳敖就新创有30余种，因此他也成为河南张泥玩的代表人物，其作品《不倒翁》曾入选“中国民间艺术一绝”大展，受到文化部的表彰。

河南张泥玩在材料使用上有自己的特色。必须选用“歇过来的土”，经多次过筛，使颗粒细如粉末。和制时掺上棉絮，反复脚踩棍砸，使其均匀，以防泥胎断裂。这种材料处理方法，在其他泥玩制作中比较罕见。

在色彩的应用上，与聂家庄泥塑以红绿为主色调不同，河南张泥塑黄颜色的使用面积较大，明亮度提高，在同样为五彩斑斓的浓烈中，更显欢快亮丽。在色彩表现上，河南张泥玩以奔放的用笔涂画大块面的纹样，不拘于边界轮廓的规整，很少有精细的平涂，以至于不同颜色间或留有大小不等的空白，或有一定重叠，显示出鲁北地区人们的粗放性格。

河南张泥玩的总称叫“泥娃娃”，当地人直接叫“娃娃”，这与其作品中多为人物造型有关。每年的农历二月初二，在距河南张村不远的火把李村有民俗大集——庙会。每逢此日，做泥玩的艺人们便车拉肩挑，聚集至此销售。四面八方的百姓也蜂拥而至，他们除购买生活必需品外，还会买一个

"娃娃"抱回家，图个吉祥、吉利，这已成为当地的风俗，因此这一庙会又叫"娃娃会"。

当地人还曾有拴娃娃的习俗。媳妇婚后几年未生育，婆婆就会带着儿媳到泥塑艺人家中，将随身带的红绳交给艺人，拴在娃娃（男娃）的脖子上，让儿媳抱着回家，如同到娘娘庙、观音庙或泰山顶上的碧霞祠里拴娃娃的做法一样。

民间艺术的产生、发展，都与其所在地域的民风民俗有难以割舍的内在联系，河南张的"娃娃"也不例外。

3.临沂河东区褚庄和兰陵小郭家泥塑

山东鲁南地区的民间泥塑艺术也丰富多彩，临沂市河东区的褚庄和兰陵兴明乡的小郭家村泥玩具就很有地方特色，其风格明显不同于高密的聂家庄和惠民的河南张。

据史料记载，河东区褚庄泥塑距今已有近400年的历史，始于清代早期，兴盛于20世纪的二三十年代。据说，其起源是由于褚庄人参加维护临沂城墙时偶尔得一泥马，甚为喜欢，回家后反复审视，遂开始了从动物到人物的泥塑创作。他们最早制作的是"八洞神仙"（道家八仙），之后，神话故事、戏曲人物、各种泥哨等陆续出现。由于泥塑造型变化多样，颜色鲜艳，在市面上销售颇受欢迎，四邻八舍竞相制作，从业人员越来越多，品种样式不断丰富。到20世纪的二三十年代，其销售范围从临沂地区扩展到了江苏、河北等地。由于泥塑所获得的经济效益很高，民间谚语赞为："贞一吴兰印票子，不如褚庄泥哨子"；"铁匠木匠强，不如佃文家泥哨行"（临沂城的王贞一、吴兰，曾在1949年以前给官方印制流通货币。佃文指泥玩制作艺人褚佃文）。

褚庄泥塑以泥哨类泥玩最有代表性，有鸟哨、公鸡哨、牛头哨、双音哨等。还有一种"五丝哨"（比较小的泥哨），用五色丝线拴挂在儿童胸前，被认为有祈福消灾避瘟疫的作用。泥哨用嘴吹气发声，与高密泥玩中的叫虎、摇猴发声原理不同。

褚庄泥塑的制作工艺和装饰表现有自己的特色。一般泥塑的制作过程，和泥、制胎、晾干、描画即可，而褚庄泥塑则在晾干、描画中间加了一道烧制陶器的做法——放到窑内低温烧制。在上色描画上也很特殊，红、黄、蓝、绿的花纹画完后，再罩一遍清漆，既鲜亮又不易褪色。泥塑艺人程学义对此有这样的解释："烧制的泥玩具比较结实，小孩子玩东西容易摔打，这个不容易坏；罩一遍清漆是为了不掉颜色，小孩子啃几口也不要紧。"

程学义是褚庄泥塑的唯一传人，被誉为“沂蒙泥塑第一人”，曾获国家文化部“中国民间艺术家”称号。其作品《田间青蛙灭虫》，在1993年的北京国际艺术博览会上获得一等奖。

兰陵兴明乡小郭家村泥塑，起源于清代咸丰年间，时间相对较晚。泥塑的种类与其他地区大同小异，主要是人物、动物，具体包括：抓髻娃娃、杨宗保、县官、孙悟空、猪八戒、财神爷、菩萨等人物类；狗、虎、狮、猴、鸡、蛙等动物类。

在造型处理上，小郭家泥塑由于其泥土中有一定含沙量，制作大件作品容易开裂，所以不管人物、动物，少有大件，一般都在十五厘米左右，还有很多是三五厘米大小的小玩具。

在颜色的使用上，小郭家泥塑用一种从枣庄峄城山脚下挖来的白色土块调成泥浆作化妆土，均匀地罩在泥坯上，然后绘制其他颜色。在色彩表现上，小郭家泥塑不同于其他泥塑采取的块面涂刷，而是采取写意式的笔触，花纹较稀疏，白色的化妆土暴露较多，形成了疏朗自由的装饰风格。

在200年的发展历程中，小郭家泥塑曾经历过辉煌，是村民们农忙之余的主要副业。但在改革开放后，随着社会经济的快速发展，民间泥塑的市场逐渐萎缩，销量减少，价格也难以提升，原来家家户户彩绘忙的景象已一去不复返。不大的村落里，只有四五户人家的老人由于做不来体力活，还在坚持着这门手艺。第五代传人刘福祥及李发银、李希海等，几乎是泥塑最后的守望者。

（四）剪纸

1.概述

剪纸是中国最普及的民间传统装饰艺术之一。其材料易得、成本低廉、效果立见、便于学习，且适合农村妇女闲暇制作，作品既可作实用物，又可美化生活，因而受到民众的普遍欢迎。全国各地都能见到剪纸，并形成了不同的地方风格和流派。

2.历史沿革

剪纸的主要材料是纸。纸是中国的四大发明之一，过去一直公认造纸术是蔡伦于公元105年前后发明的。后来陕西省扶风县出土了西汉时期的纸，专家们认为纸在我国出现的时间要提前到平帝之前，可能在宣帝时期（前73～前49）。不管结论如何，在纸发明之前，不会有真正的剪纸。

早期的剪纸大约跟道家祀神招魂祭灵有关，例如杜甫诗中就有“暖汤濯我足，剪纸招我魂”的记载。今天苗族仍有年节剪鬼神之形，贴于牛栏或门上的巫术习俗。

用纸剪成美丽的图案花纹，目前最早发现而且有据可查的，是在新疆吐鲁番火焰山附近出土的南北朝时期的五幅对马团花、对猴团花、金银团花、菊花团花和八用形团花剪纸。

3.山东剪纸的分类及特点

山东剪纸是我国民间剪纸的主要发祥地之一。山东剪纸的种类繁多，用途不一，有春节时为了增强节日气氛的门笺、窗花、墙花，有正月十五的灯笼花，新屋里的顶棚花，还有送礼用的礼花、喜花，用作刺绣底样的鞋花、兜兜花、枕头花、衣花，等等。

图7－8　山东剪纸——老鼠上灯台

山东民间剪纸从造型风格上大致可分两类。一类是渤海湾区域粗犷豪放的风格，与黄河流域其他省份的剪纸一脉相承；一类则是更具有地域特点的山东胶东沿海地区的精巧型剪纸，它以线为主，线面结合，与山东汉代画像石细微繁缛的风格一脉相承。山东胶东剪纸用途最多的是打扮窗户。在胶东称手巧的女子为“伎俩人”，“伎俩人”不管出在哪个村，都是人们引以为荣的事。她们的花样子常常用烟火熏在土纸上到处流传。胶东的窗户多是细长条形的格子窗，一般只能贴一些小的窗花。妇女们独出心裁，运用化整为零的方法，把大的构图分割成条形剪出，再贴到窗上组合成一个完整的画面。这种称为“窗越”的剪纸，一般贴在窗心。另有“窗角花”“窗旁花”以及悬挂在窗前会活动的“斗鸡花”等，构成了系列性的“棂间文化”。与节庆的居室布置相适应，剪纸还用于墙围及天顶仰棚的装饰，以及器皿的贴花。

民间剪纸和民俗活动有极为密切的关系，是伴随着民俗活动而发展起来的，是为生活而创造的艺术。它有着自己独特的艺术体系和造型体系，这种艺术体系和造型体系不是取法自然的真实形象去表达作者的某种观念，而是用观念去看待和描述某种事物，使作者的观念暗寓其中。所以，民间剪纸是最自由、最有生命的艺术，是用简单的形式表现中华民族的群体意识、情感气质和习俗心理的艺术。

（五）草柳编

1.草编

草编，是流行于民间的一种手工艺品。各地居民就地取材，把人们司空见惯的草，染上各种颜色，编成不同图案的生活用品，如提篮、果盒、杯套、盆垫、帽子、拖鞋和枕席等，既经济实用，又美观大方。

2008年草编入选第二批国家级非物质文化遗产名录。

目前有据可考的中国最早的草编遗物是河姆渡人制作的，距今已有7000年之久。另据《礼记》载，周代有以莞（蒲草）编制的莞席，并有专业的“草工”，“作萑苇之器”。到春秋战国时期，有用萱麻和蒲草编制的斗笠。秦汉时期，草编已在民间广泛使用，品种有草鞋、草席、草扇、草帘及僧侣信徒打坐的蒲团等。汉代至盛唐，草编亦较发达，特别是分布在黄河流域的草编艺术最具特色。

山东是草编大省，而莱州是山东草编的发源地。莱州草编的雏形是草辫，它源于沙河一带的农村，已有1500多年的历史。先民受发辫的启示，用灵巧的双手将一根根的麦秸，经过不同的挑压交叉，编掐出了各种纹理结构的草辫。以后品种渐增，用草辫制作的生活用品也越来越多。至明朝，草辫通过直隶、豫州等地，在国内外传播开来。1896年，湖广总督张之洞在鄂创办草辫业，特聘掖县（即莱州）艺人前去传艺。民国初年，全国草辫四大名品“沙河白”“沙河黄”“沙河锯条”“莱州花”均为掖县人所创。其品质之优为当时意大利“正草黄”和日本“劈草货”所不及。1915年，四大名品在巴拿马万国博览会上获金奖，以后又在国际上多次获奖。

中华人民共和国成立后，山东莱州的草编工艺焕发出新的生命力。莱州草编艺人在继承传统手工技艺的基础上不断革新和创造，开发出了种类繁多、造型新颖、款式独特的草编用品。现在，莱州是我国最著名的草编工艺品出口基地之一。

2.柳编

柳编制品是柳编技艺的载体，它以柳树枝条为原材料，采用多种编织手法编制而成。柳编制品的生产过程大体分为选料、上色、浸泡、编织、熏蒸、晾晒、刷漆等七个环节，全部采用手工制作。柳编工艺品既具有普遍的使用

图7-9　博兴柳编

价值，同时又具有很高的审美价值，是实用与审美的结合。

柳编的起源可追溯到旧石器时代早期。原始人在从事采集作物的过程中，用有韧性的植物，借助初步掌握的编织方法，制作出不同类型的产品，来满足人类的生产和生活需要。

山东省博兴县是我国柳编技术发达较早的地区。据《博兴县志》载：博兴柳编技艺“在县内已有800多年的历史，它发祥于兴福镇一带”。博兴县民间柳编技艺源于兴福镇的王缠，民间还有不少关于他的传说故事。王缠自幼丧父，家境贫寒，与母亲相依为命。俗话说“穷人的孩子早当家”，从小王缠就非常勤劳、节俭，他家的许多小农具都是他自己制作的。有一次在地里干活，干了一段时间之后，王缠累了，蹲在地头歇息，随手从地头折了柳条玩。他发现柳条非常柔软，就突发奇想，为何不用柳条编制几个筐子呢，以后运送肥料或者收获地瓜的时候用，那多方便呀，于是就在空闲时候编制了几个简陋的筐子。他的母亲在家里养了几只鸡，想下了鸡蛋换点油盐酱醋，但是攒的鸡蛋老是被老鼠偷吃。王缠又用柳条编制了篼子，把鸡蛋放在里边，然后用绳子把篼子吊在房梁上，这样老鼠再也不能偷吃鸡蛋了。后来他用柳条编制的筐、篮、篓、篼等器具逐渐多起来，花色品种也越来越丰富，便把编制的器具拿到集市上卖，从此和老母亲过上了富足的生活。当地很多人对柳编技艺感兴趣，王缠就向他们传授柳编技艺。随着从事柳编制作的民间艺人越来越多，柳编成为当地具有广泛代表性的民间手工艺术形式。

历经数代民间艺人的传承、革新，柳编的实用价值、审美价值和经济价值，越来越得到社会的认可，博兴也因此成为全国柳编工艺品出口基地，并被文化部命名为“中国民间文化艺术之乡”“中国草柳编之乡”，入选国家级非物质文化遗产名录。2015年，博兴全县从事草柳编工艺品加工的农民达到3.5万多人，年加工能力6000万件，产品销往美国、西欧等40多个国家和地区，出口创汇4306万美元，成为全县出口创汇的支柱产业。

三、山东民间手工艺术的传承与发展

山东自古深受孔孟思想的浸润，文化底蕴深厚，人杰地灵。这块富有灵性的土地曾经培育了许许多多心灵手巧的民间艺人，他们用聪明才智创造了众多的民间艺术表现形式，诸如剪纸、泥塑、年画、风筝等等。这些传统民间艺术形式，历经风雨的洗礼已经成为齐鲁文化乃至中华文化的重要组成部分。很多外国人，往往将这些传统文化形式视为古老中国文明的特征之一，他们认识中国也往往是从此起步的。

山东是手工艺产品生产大省，自古民间手工艺品类就非常丰富。但是，长期以来，由于手工艺术的文化发掘与产业创造力不足，特别是近年来，伴随工业化、现代化发展，人们的生产方式、生活方式、消费意识和生活观念发生改变，加之文化生态破坏严重，手工艺的传承和应用受到很大冲击，许多手工艺形式濒临失传。

民间手工艺术发展面临困境，主要有以下几方面的原因。从立法层面看，目前出台的相关法规，对手工艺的保护多局限在物化样态，对与手工艺相关的传统知识、民间艺术形态以及文化环境和空间的保护相对空缺；从人才培养角度看，专业教育相对滞后，而“从父到子、从子到孙”的传承机制在很大程度上被消解，造成部分传统手工艺陷入后继无人、人亡艺绝的危机；从产业机制看，广大农户处在产业链末端，来样加工，分散经营，设计和营销能力不足，发展空间有限，在贸易公平方面得不到有效保障，而且民间手工艺术向设计产业、时尚产业以及当代生活空间的延伸、融合不足，没能在当代成为一种标志性的文化样态和产业形态。

民间手工艺术的可持续发展，必须坚持走自主创新的路子。若想从根本上改变现状，需要政府加强对民间手工艺知识产权的保护，加快国家级手工艺技术标准和设计规范的制定，进一步建立健全从中央到地方的民间手工艺管理、促进的组织机构，搞好人才培养教育和非物质文化遗产的传承工作。

本章小结

山东乡村民间艺术根植于广袤的齐鲁土地，来源于人民的劳动与生活，体现了这一地区广大劳动人民的艺术创造力和审美感受力，是中华民族无比珍贵的文化遗产。

乡村民间艺术作为一种独特的艺术形式，融入了强烈的民族情感，并与人民大众的生活息息相关。如何妥善地保护和开发乡村民间艺术资源，是当前摆在人们面前的重大而又紧迫的课题。近年来，山东乡村民间艺术正不断加强品牌意识，以期在创新中求发展，在发展中求壮大，在壮大中求永恒，为提升山东的整体文化形象，发展和繁荣山东经济，起到应有的作用。

思考题

1.什么是乡村民间艺术?

2.山东乡村民间艺术的特点是什么?

3.你最喜欢哪种乡村民间艺术形式?请谈谈喜欢的原因。

4.你能动手学习制作一两种手工艺术吗?如果可以，请谈谈心得体会。

5.你认为山东乡村民间艺术该如何传承、发展?

附 录

关于进一步加强农村文化建设的意见

（2005年11月7日）

中办发〔2005〕27号

为贯彻落实党的十六大和十六届三中、四中、五中全会精神，促进农村文化和经济、政治、社会协调发展，经党中央、国务院领导同志同意，现就进一步加强农村文化建设提出如下意见。

一、充分认识加强农村文化建设的重要性和紧迫性

1.解决好农业、农村和农民问题，是全党和全国工作的重中之重。加强农村文化建设，是全面建设小康社会的内在要求，是树立和落实科学发展观、构建社会主义和谐社会的重要内容，是建设社会主义新农村、满足广大农民群众多层次多方面精神文化需求的有效途径，对于提高党的执政能力和巩固党的执政基础，促进农村经济发展和社会进步，实现农村物质文明、政治文明和精神文明协调发展，具有重大意义。

2.近年来，党和政府高度重视农村文化建设，采取一系列政策措施，着力推进重点文化工程建设，组织开展形式多样的农村文化活动，积极培育农村文化市场，广泛开展文化科技卫生“三下乡”，农民群众精神文化生活得到改善，农村文化建设呈现较好的发展局面。同时也要看到，农村文化建设与全面建设小康社会的目标要求还不相适应，与经济社会的协调发展还不相适应，与农民群众的精神文化需求还不相适应，主要问题是文化基础设施落后，现有资源尚未得到有效利用，文化体制不顺、机制不活，文化产品、文化服务供给不足，文化活动相对贫乏，城乡文化发展水平差距较大。这种状况必须引起高度重视，迫切需要采取有效措施，切实加以改变。

二、农村文化建设的指导思想和目标任务

3.农村文化建设要坚持以邓小平理论和“三个代表”重要思想为指导，树立和落实科学发展观，全面贯彻党的十六大和十六届三中、四中、五中全会精神，始终把握社会主义先进文化的前进方向，努力满足广大农民群众多层次多方面精神文化需求。要坚持“多予少取放活”，加大政府投入，调整资源配置，深化体制改革，加强文化基础设施建设，构建公共文化服务体系，实现和保障农民群众的基本文化权益。发挥市场机制作用，加强政策调控，积极发展文化产业，充分调动社会各方面力量参与农村文化建设，提供更多更好的文化产品和服务。大力发展先进文化，支持健康有益文化，改造落后文化，抵制腐朽文化，倡导科学、文明，克服愚昧、落后，促进农村物质文明、政治文明、精神文明协调发展。

4.农村文化建设的目标任务是，按照建设社会主义新农村的要求，经过5年的努力，基本形成适应社会主义市场经济体制、符合社会主义精神文明建设规律的农村文化建设新格局。县、乡、村文化基础设施相对完备，公共文化服务切实加强。农村文化工作体制机制逐步理顺，现有文化资源得到有效利用。文化队伍不断壮大，农民自办文化更加活跃。文化产业较快发展，看书难、看戏难、看电影难、收听收看广播电视难的问题基本解决。农村文明程度和农民整体素质有所提高，文化在促进农村生产发展、生活宽裕、乡风文明、村容整洁、管理民主等方面发挥重要作用。

三、加强农村公共文化建设

5.大力推进广播电视进村入户。以提高中央台和省台广播电视节目入户率为重点，采取多种技术手段，加大实施广播电视村村通工程的力度，争取到2010年基本实现20户以上的已通电自然村全部通广播电视。重视完善和发挥现有无线转播台站的作用，利用无线、有线和卫星等多种技术手段，力争使农民群众收听收看到套数更多、质量更好的广播电视节目。中央财政对中部地区国家扶贫开发工作重点县和西部地区村村通的建设给予适当的基建投资支持，对新疆、西藏、内蒙古、宁夏和青海、甘肃、云南、四川藏区的村村通工程运行维护给予适当的经费补助。西新工程要继续重点解决好新疆、西藏等老少边穷地区广播电视覆盖和少数民族语言译制等问题。完善农村广播电视公共服务

覆盖体系，做好农村接收广播电视的服务工作，积极探索适合当地实际的运行服务机制，确保村村通长期有效运行。

6.积极发展农村电影放映。继续实施农村电影数字化放映“2131”工程，加大专项资金投入，重点做好配送电影流动放映车和电影拷贝工作，丰富农村电影片源。加强农村中小学爱国主义教育影片和农村科教影片的放映。采取定点、流动、录像放映等多种形式，积极探索农村电影放映的新方法新模式，到2010年基本实现全国农村一村一月放映一场电影的目标。加强农村影院的更新改造，增加农村电影固定放映点。推广电影数字放映技术，在农村逐步实现由胶片放映向数字放映的转变。

7.开展农村数字化文化信息服务。加快全国文化信息资源共享工程建设。积极发展文化信息资源共享工程农村基层服务点，重点支持边远贫穷地区乡镇、村基层服务点建设。文化信息资源共享工程要与农村文化设施建设统筹规划，综合利用，使县文化馆、图书馆和乡综合文化站、村文化活动室逐步具备提供数字化文化信息服务的能力。要依托农村党员干部现代远程教育和农村中小学现代远程教育网络，以共建方式发展基层服务点。

8.推动服务“三农”的出版物出版发行。实施服务“三农”重点出版物出版工程，出版单位选题规划要向农村倾斜，重点支持和培育一批服务“三农”为主的出版单位，增加农民群众买得起、读得懂、用得上的通俗读物的品种和数量。发展农民书社等农民自助读书组织，为农民群众读书提供方便。继续实施送书下乡工程。以政府采购形式，每年集中招标采购一批适用于农村的图书，直接配送到国家扶贫开发工作重点县的乡村文化站（室），方便农民群众阅读。改进报刊订阅发行工作，缩短发送时间，使农民群众及时看到报刊。

9.加强乡村文化设施建设。坚持以政府为主导，以乡镇为依托，以村为重点，以农户为对象，发展县、乡镇、村文化设施和文化活动场所，构建农村公共文化服务网络。到2010年，实现县有文化馆、图书馆，乡镇有综合文化站，行政村有文化活动室。县文化馆要具备综合性功能，图书馆要加强数字化建设。乡镇可结合乡镇机构改革和站（所）整合，组建集图书阅读、广播影视、宣传教育、文艺演出、科技推广、科普培训、体育和青少年校外活动等于一体的综合性文化站，配备专职人员管理。村文化活动室可“一室多用”，明确由一名村干部具体负责。在学校布点整顿中腾出的闲置校舍，可改造为村文化活动基地。充分发挥农村中小学在开展农村文化活动方面的作用，提倡中小学图书室、电子阅览室定时就近向农民群众开放，把中小学校建成宣传、文化、信息中心。对西部及其他老少边穷等地广人稀适宜开展流动服务的地区，由政府给乡文化站配备多功能流动文化车，开展灵活、多样、方便的文化服务。

10.加大文化资源向农村的倾斜。对重要的公共文化资源进行合理调整，逐步增加为农村服务的资源总量。人民日报要加大农村和农业报道的分量，逐步创造条件开办农村版。农民日报等专门面向农村的报刊要不断提高质量，坚持为“三农”服务的方向。中央人民广播电台、中央电视台增加农村节目、栏目和播出时间。农业大省的省级党报要开设农村版，电台、电视台要开办农村频率、频道。有条件的省级党报和电台、电视台也可开办专门的农村版和农村频率、频道。市（地）党报和市（地）县广播电台、电视台要把面向基层、服务“三农”作为主要任务。

四、丰富农民群众精神文化生活

11.开展多种形式的群众文化活动。农村文化活动要贴近群众生产生活实际，坚持业余自愿、形式多样、健康有益、便捷长效原则，丰富和活跃农民群众精神文化生活。充分利用农闲、节日和集市，组织花会、灯会、赛歌会、文艺演出、劳动技能比赛等活动。紧密结合农民脱贫致富的需求，倡导他们读书用书、学文化、学技能，普及先进实用的农业科技知识和卫生保健常识。以创建文明村镇、文明户等为载体，积极引导广大农民群众崇尚科学，破除迷信，移风易俗，抵制腐朽文化，提高思想道德水平和科学文化素质，形成文明健康的生活方式和社会风尚。根据时代的特点和农民群众精神文化需求的变化，不断充实活动内涵，创新活动形式。

12.着力发展农村特色文化。加强对农村优秀民族民间文化资源的系统发掘、整理和保护。授予秉承传统、技艺精湛的民间艺人“民间艺术大师”“民间工艺大师”等称号，开展“民间艺术之乡”“特色艺术之乡”命名活动。对农村传统文化生态保持较完整并具有特殊价值的村落或特定区域进行动态整体性保护，逐步建立科学有效的民族民间文化遗产传承机制。积极开发具有民族传统和地域特色的剪纸、绘画、陶瓷、泥塑、雕刻、编织等民间工艺项目，戏曲、杂技、花灯、龙舟、舞狮舞龙等民间艺术和民俗表演项目，古镇游、生态游、农家乐等民俗旅游项目。实施特色文化品牌战略，培育一批文化名镇、名村、名园、名人、名品。

13.提供更多更好的农村题材文化产品。加强选题规划和内容建设，把农村题材纳入舞台艺术生产、电影和电视剧制作、各类书刊和音像制品出版计划，保证农村题材文艺作品在出品总量中占一定比例。宣传文化领域的有关专项资金要加大对农村题材重点选题的资助力度，每年推出一批反映当代农村生活、农民喜闻乐见的文艺精品。购买适合农村需要的优秀剧本版权，免费供给基层艺术团体使用、改编并为农民群众演出。全国性文艺出版评奖要安排一定数额，用于奖励反映农民生活的优秀文艺作品。报刊、电台、电视台对优秀农村题材文艺作品，在刊发、播出、宣传评介等方面给予重点支持。

五、创新农村文化建设的体制和机制

14.加快公益性文化事业单位改革。县级文化馆、图书馆的改革主要是增加投入，转换机制，增强活力，提高公共服务水平。深化劳动、人事、分配等方面的内部改革，建立健全竞争、激励、约束机制和岗位目标责任制，全面实行聘用制和劳动合同制。县文化馆、图书馆、乡镇综合文化站等属于公益性事业单位，不得企业化或变相企业化，不得以拍卖、租赁等任何形式，改变其文化设施的用途；已挪作他用的，要限期收回。县、乡文化机构要面向农村，面向基层，制订年度农村公益性文化项目实施计划，明确服务规范，改进服务方式，开展流动文化服务，加强对农村文化骨干和文化中心户的免费培训辅导，扶持奖励民办文化。

15.逐步推动经营性国有文化事业单位转企改制。根据试点先行、稳步推进的原则，推动基层国有艺术团体、电影公司、电影院、新华书店等经营性国有文化事业单位转企改制。转制企业按现行文化体制改革试点工作有关配套政策内容，给予3年财政税收、社会保障、劳动人事等方面的优惠政策。加快产权制度改革，积极鼓励社会资本参与经营性文化事业单位的股份制改造，实现投资主体多元化。鼓励艺术团体以各种形式和企业合作。鼓励电影公司、电影院以“院线制”形式、新华书店以连锁经营形式，在更大范围内进行文化资源整合，提高经营能力。

16.大力发展农村民办文化。通过民办公助、政策扶持，鼓励农民自办文化，开展各种面向农村、面向农民的文化经营活动，使农民群众成为农村文化建设的主体。积极扶持热心文化公益事业的农户组建文化大院、文化中心户、文化室、图书室等，允许其以市场运作的方式开展形式多样的文化活动。支持农民群众自筹资金、自己组织、自负盈亏、自我管理，兴办农民书社、集（个）体放映队等，大力扶持民间职业剧团和农村业余剧团的发展。引导文化专业户相互联合，进行市场化运作，逐步向个体、私营等非公有制文化企业发展，开发文化资源，变资源优势为产业优势。扶持以公司加农户、专业加工户等形式，从事农村特色文化产品开发和文化服务，促进农村文化产业发展。有关行政部门要简化对农村个体、私营等非公有制文化企业的登记审核程序，在土地使用、信贷、行业政策等方面，与国有文化企业享受同等待遇。鼓励社会资本在政策范围内，以各种形式兴办文化实体，形成以公有制为主体、多种所有制共同发展的文化产业格局。

17.加强对拓宽农村文化市场的政策调控。按照普遍服务原则，运用市场准入、资格认定、价格调节、财税优惠等政策，引导各类市场主体在出版物发行、电影放映、文艺表演、网络服务等领域，积极开发农村文化市场。重点推动面向大众的文化产品和服务进入中西部和老少边穷的农村地区。通过各种有效的调控，把发挥市场机制积极作用和构建公共文化服务体系有机结合起来，努力使广大农民群众享有更加充分、质优价廉的文化产品和服务。

18.探索农村文化设施运行管理新机制新办法。统筹文化、教育、科技、体育和青少年、老年活动场所的规划建设和综合利用，努力做到相关设施能够共建共享，着力解决农村文化设施分散、使用效率不高的问题。对电影院、剧院等设施，在确保其功能不变的前提下，鼓励其进入大型文化企业集团，也可以实行所有权与经营权相分离的运营模式，采取公办民营、公开招标、委托经营的方式，更好地提供文化服务。机关、学校内部的文化设施，有条件的要采取多种方式对农民群众开放。

19.规范农村文化市场。坚持一手抓繁荣、一手抓管理的方针，大力加强农村文化市场管理，营造扶持健康文化、抵制腐朽文化的社会环境。加强和充实县级文化市场行政执法队伍，充分发挥乡镇综合文化站监管作用，健全农村文化市场管理体系，加强执法力量，加大监管力度，提高执法水平。整顿和规范市场秩序，严厉打击违法违规活动，取缔无证经营。重点加强对演出娱乐、电影放映、出版物印刷和销售、网吧等方面管理，坚决打击传播色情、封建迷信等违法活动，确保农村文化市场健康有序发展。

六、动员社会力量支持农村文化建设

20.继续开展文化科技卫生“三下乡”、文化对口支援活动。积极探索“三下乡”活动的长效机制。对重要项目和产品采取财政补贴，以政府采购的方式，直接送到农村。充分发挥流动文化车、文化小分队的作用，使“三下乡”活动小型化、经常化，努力做到灵活多样、行之有效。鼓励和组织专业文化工作者到农村辅导群众文化活动。把农村文化建设纳入对口扶贫计划，建立和完善东部地区对西部地区、发达地区对欠发达地区、城市对农村的文化援助机制，支援农村文化建设。

21.积极引导社会力量捐助农村文化事业。重点捐助文化站（室）、图书室等农村文化基础设施建设以及农村公益性文化实体和文化活动。动员城市单位和居民以各种方式捐赠电视机、收音机、计算机和农民群众需要的图书杂志、音像电子出版物等，可由捐助者直接交付农村，也可由民政部门、人民团体和有关民间组织负责组织发送。鼓励权利人许可基层文化单位无偿使用其作品或录音录像制品。社会力量通过依法成立的非营利公益性组织或国家机关向农村文化事业的捐赠，纳入公益性捐赠范围，按税法的有关规定税前扣除。对贡献突出的单位和个人，给予表彰和奖励。

22.积极组织开展农村文化服务活动。在“大学生志愿服务西部计划”和“高校毕业生到农村服务计划”中增加农村文化服务的内容，鼓励应届大学毕业生深入广大农村从事文化信息传播、活动组织、人员培训等活动。有关部门应根据实际情况及时研究解决因增加农村文化服务内容而需要扩大人员规模和经费等问题，确保农村文化服务活动的顺利开展。

七、加强对农村文化建设的组织领导

23.高度重视农村文化建设。各级党委和政府对加强农村文化建设负有重要责任。要把农村文化建设纳入各级党委和政府的重要议事日程，纳入经济和社会发展规划，纳入财政支出预算，纳入扶贫攻坚计划，纳入干部晋升考核指标，确保农村文化建设各项目标任务的实现。建立农村文化建设目标责任制，把农村文化工作列入创建文化先进县（市）、乡镇和创建文明城市、文明村镇等相关评价体系。建立健全基层文化单位的评价机制，将服务农村、服务农民情况作为文化单位工作的重要考核内容。推动农村文化建设的法制化、规范化、制度化。

24.切实加大政府投入力度。各级财政要统筹规划，加大对农村文化建设的投入，扩大公共财政覆盖农村的范围，不断提高用于乡镇和村的比例。保证一定数量的中央转移支付资金用于乡镇和村的文化建设。中央和省、市三级设立农村文化建设专项资金，确保农村重点文化建设的资金需求。提高财政资金的使用效益。

25.加强农村文化队伍建设。采取有效措施，稳定和发展专兼职结合的农村文化队伍，逐步提高队伍的整体素质。根据相关法律法规的规定对农村文化事业单位的人员实行从业资格制度。鼓励高校毕业生到农村从事文化工作。采取多种形式，充分发挥专业艺术人员的积极性，加强农村文化队伍的教育培训。积极培养农民文化骨干，充分发挥民间艺人、文化能人在活跃农村文化生活、传承发展民族民间文化方面的作用，巩固农村文化建设的群众基础。注意发挥农村文化经纪人的作用。对做出突出贡献的农村文化单位和基层文化工作者予以表彰奖励，在全社会形成关心支持农村文化建设的良好氛围。

26.落实有关部门责任。中央和国家机关有关部门要按照中央的统一部署，认真制订农村文化建设规划，因地制宜，分类指导，完善政策，明确措施，抓好各项工作的贯彻落实。建立党委、政府农村文化工作联席会议制度，明确各有关部门职责，密切协作、各负其责、齐抓共管、形成合力，共同做好农村文化工作。宣传文化部门要充分发挥主管部门的职能作用，搞好综合协调。群众团体要努力发挥在农村文化建设中的重要作用。有关部门对农村文化建设特别是重点文化工程，要加强专项监督检查。

各省（自治区、直辖市）、中央和国家机关有关部门要按照本意见的精神，结合实际，制定贯彻落实的具体措施。有关部门要加强对本意见贯彻执行情况的督促检查。

参考文献

[1] 罗先泽, 张美萍. 社会主义法治文化建设研究［M］. 北京: 中国政法大学出版社, 2016.

[2] 王运声, 易孟林. 中国法治文化概论［M］. 北京: 群众出版社, 2015.

[3] 李秀忠, 李妮娜. 当代中国乡村文化建设问题研究［M］. 济南: 山东人民出版社, 2014.

[4] 郭永芳. 农村劳动力迁移与留守老人的生存状况［M］. 北京: 经济科学出版社, 2013.

[5] 李恩. 中国农村生态文化建设研究［D］. 长春: 吉林大学, 2012.

[6] 徐扬杰. 中国家族制度史［M］. 武汉: 武汉大学出版社, 2012.

[7] 李树志, 张宇平. 齐鲁文化概论［M］. 北京: 中央广播电视大学出版社, 2011.

[8] 柯玲. 中国民俗文化［M］. 北京: 北京大学出版社, 2011.

[9] 刘静怡. 乡村生态旅游发展及其模式探析［D］. 福州: 福建农林大学, 2010.

[10] 朱亚非. 明清山东仕宦家族与家族文化［M］. 济南: 山东人民出版社, 2009.

[11] 杨发. 新农村文化建设读本［M］. 北京: 中国社会出版社, 2008.

[12] 周赢, 赵川芳. 新农村文化服务［M］. 北京: 中国社会出版社, 2006.

[13] 卢正青. 中国历代家训观止［M］. 北京: 学林出版社, 2004.

[14] 钟敬文. 民俗学概论［M］. 上海: 上海文艺出版社, 1998.

[15] 何丽丽. 柳子戏中的山东民歌元素探究［J］. 西安音乐学院学报(季刊), 2014 (2).

[16] 张雪, 王欢. 当代农村生育观念的新发展及其影响因素［J］.法制与社会, 2012 (1).

[17] 矫克华, 李梅. 山东高密扑灰年画民间艺术与儒家思想文化研究[J]. 中外教育研究, 2012(1).
[18] 李全彩. 当代农村养老问题的社会认知研究[J]. 安徽农业科学, 2012(4).
[19] 韩海侠. 家族势力对农村基层民主建设的积极作用[J]. 天津市经理学院学报, 2012(5).
[20] 王丽娟. 从一场纠纷透视农村邻里关系的变迁[J]. 中国青年研究, 2012(8).
[21] 刘昂. 浅析山东民间艺术的产业开发模式[J]. 山东艺术学院学报, 2011(1).
[22] 肖群忠. 论中国古代邻里关系及其道德调节传统[J]. 孔子研究, 2009(4).
[23] 梅玉洁. 从齐鲁文化角度看山东民间剪纸[J]. 甘肃联合大学学报(社会科学版), 2009(9).
[24] 陶玮. 论农村法治文化的建设[J]. 江苏大学硕士学位论文, 2009(12).
[25] 陈寿朋, 杨立新. 论生态文化及其价值观基础[J]. 道德与文明, 2005(2).
[26] 潘建峰. 论农村新型孝文化及其构建[J]. 华中师范大学硕士学位论文, 2005(5).
[27] 柴毅龙. 生态文化与文化生态[J]. 昆明师范高等专科学校学报, 2003(2).
[28] 冯尔康. 中国传统家族文化的当代意义[J]. 江海学刊, 2003(6).

后 记

为贯彻落实中共山东省委组织部、山东省教育厅、山东省财政厅、山东省人力资源和社会保障厅、山东省农业厅联合下发的《关于开展农村和城市社区基层干部专科学历教育实施素质提升工程的意见》，山东广播电视大学聘请有关专家成立了教材编写组，组织编写了《乡村文化建设》一书。

本书由山东广播电视大学教授李树志、临沂广播电视大学教授左兴俊任主编，山东广播电视大学副教授滕欣欣任副主编。李树志、左兴俊拟定了教材章节纲目，并由李树志对教材进行了统稿。

编写分工如下：第一章，李树志；第二章，滕欣欣；第三章，孙书平；第四章，张辉；第五章，葛玉兰；第六章，于倩；第七章，刘媛媛。

在本书编写过程中，我们得到了中共山东省委组织部、山东省教育厅、山东广播电视大学、临沂职业学院、临沂广播电视大学的大力支持和无私帮助，在此谨致诚挚的谢意！编写者在编写过程中参考了一些专家、学者的论著，未能一一注明，谨此一并致谢！由于时间仓促、编者水平有限，书中不当之处在所难免，敬请广大专家、读者批评指正。

编 者

2017年7月